交通运输低碳发展战略与关键技术丛书

Towards Carbon Neutrality:
Research on Strategy Choices and Implementation Pathways for Urban Transportation Development

迈向碳中和目标：
城市交通发展战略选择与实施路径研究

李振宇　陈徐梅　宋伟男　杨新征　编著

人民交通出版社
北京

内 容 提 要

本书基于我国城市交通发展现状，提出了未来的发展趋势与挑战；介绍了碳达峰碳中和的基本理论，分析了城市交通碳排放机理和主要影响因素；利用情景分析方法，分析预测了至2050年我国城市交通的节能量和减排量；借鉴国外经验，提出了碳中和目标下我国城市交通低碳发展的战略选择、实施路径和对策建议。

本书有助于完善低碳交通理念、战略政策、制度，可供城市交通、低碳交通研究领域的教学、科研、管理人员使用，亦可作为交通规划与城市规划相关专业师生的参考用书。

图书在版编目(CIP)数据

迈向碳中和目标:城市交通发展战略选择与实施路径研究/李振宇等编著.—北京:人民交通出版社股份有限公司,2024.4

ISBN 978-7-114-19434-4

Ⅰ.①迈… Ⅱ.①李… Ⅲ.①城市交通—交通运输发展—低碳经济—研究—中国 Ⅳ.①F512.3

中国国家版本馆CIP数据核字(2024)第048537号

Maixiang Tanzhonghe Mubiao: Chengshi Jiaotong Fazhan Zhanlüe Xuanze yu Shishi Lujing Yanjiu

书　　名： 迈向碳中和目标：城市交通发展战略选择与实施路径研究
著 作 者： 李振宇　陈徐梅　宋伟男　杨新征
责任编辑： 杨丽改　刘捃梁
责任校对： 赵媛媛　龙　雪
责任印制： 刘高彤
出版发行： 人民交通出版社
地　　址： (100011) 北京市朝阳区安定门外外馆斜街3号
网　　址： http://www.ccpcl.com.cn
销售电话： (010) 59757973
总 经 销： 人民交通出版社发行部
经　　销： 各地新华书店
印　　刷： 北京虎彩文化传播有限公司
开　　本： 787×1092　1/16
印　　张： 15
字　　数： 252千
版　　次： 2024年4月　第1版
印　　次： 2024年4月　第1次印刷
书　　号： ISBN 978-7-114-19434-4
定　　价： 90.00元
(有印刷、装订质量问题的图书由本社负责调换)

编 写 组

组 长：李振宇 陈徐梅 宋伟男 杨新征

编写成员：李 超 李 成 王林阳 宋晓敏

廖 凯 杜云柯 赵 屾 周 康

刘 洋 高 畅 路 熙 彭 虓

安 晶 刘晓菲 于 洋 冯淑贞

冯旭杰 安 然 尹志芳 赵海宾

张晚笛 穆 凯 孟 悦 崔占伟

前言 | PREFACE

自工业革命以来，人类生产活动产生的温室气体排放持续增加，引发了全球范围的气候危机。气候变化已成为人类生存和发展面临的严峻挑战，推动各行各业减少碳排放，建立绿色低碳的生产生活方式已成为全世界的广泛共识。自然资源保护协会的资料显示，人类的能源消费和二氧化碳排放活动主要集中在城市区域，产生了约70%的碳排放。因此，城市已成为推动实现碳中和发展战略及促进未来人类可持续发展的“主战场”。2020年9月22日，习近平主席在第七十五届联合国大会一般性辩论上的讲话中提出：“中国将提高国家自主贡献力度，采取更加有力的政策和措施，二氧化碳排放力争于2030年前达到峰值，努力争取2060年前实现碳中和。”❶ 经过系统研究，国家碳达峰碳中和“1 + N”政策已先后出台。2021年9月22日，《中共中央 国务院关于完整准确全面贯彻新发展理念做好碳达峰碳中和工作的意见》正式发布，明确了总体要求、主要目标和重点任务等，标志着我国“碳达峰碳中和”任务全面启动。2022年，能源绿色低碳转型行动、交通运输绿色低碳行动、绿色低碳全民行动等碳达峰十大行动计划相继启动。目前，我国仍处于快速发展阶段，在这一背景下提出碳中和目标既是履行大国的责任，更是对全球巨大的贡献，这意味着要实现碳中和，各行各业都必须要处理好发展与减碳之间的关系，尽可能去减少碳排放，而且从碳达峰到碳中和仅有30年时间，比发达国家少

❶来源：《人民日报》，2020年09月23日03版。

20～30 年，实现难度之大可想而知。“碳达峰碳中和”目标的提出对我国经济社会转型提出了新要求，将倒逼我国能源结构、生产方式、经济结构转型，推动交通运输行业加快低碳转型，走向高质量发展之路。

交通运输是能源消耗和温室气体排放的重点领域。为加快推进交通运输低碳转型，切实做好碳达峰碳中和工作，2022 年 7 月，《交通运输部 国家铁路局 中国民用航空局 国家邮政局贯彻落实〈中共中央 国务院关于完整准确全面贯彻新发展理念做好碳达峰碳中和工作的意见〉的实施意见》（交规划发〔2022〕56 号）印发，进一步明确了交通运输行业的发展方向，提出了发展目标、重点任务和保障措施等。

城市交通是社会经济发展的重要基础，随着社会经济的快速发展和城镇化进程不断加快，广大市民对交通的依赖程度不断加强，对交通运输保障提出了新的、更高的要求。截至 2021 年底，我国城镇化率达到 64.7%，我国城市交通出行需求仍处于刚性增长阶段，实现国家碳达峰碳中和目标的时间紧迫，而交通运输行业化石能源依赖性强、转型投资需求大等问题都将阻碍我国交通运输领域的低碳发展进程，城市交通运行环境、交通能源安全、温室气体排放都面临着巨大压力。碳达峰碳中和目标既是城市交通发展的重要挑战，更是城市交通绿色低碳转型的重要机遇。因此，我国城市交通的低碳转型势在必行，开展碳中和目标下的城市交通发展战略与路径研究，明确重点任务和关键性措施，在法规标准和技术方面加强突破创新，形势紧迫，意义重大。

为适应全球气候变化、建设生态文明的新形势，加快建设交通强国，迫切需要研究提出碳中和目标下交通运输行业深度减排的战略路径。为此，交通运输部科学研究院设立了应对气候变化重大专项研究课题，本书即基于其中城市交通专题研究成果整理而成。本书的重点内容包括：城市交通碳排放现状、趋势与挑战，城市交通碳排放相关理论和主要影响因素，城市交通碳排放情景分析，典型国家低碳城市交通的发展经验与启示，我国城市交通低碳发展战略目标与实施路径。

本书由交通运输部科学研究院城市交通与轨道交通研究中心研究团队撰写，研究团队长期从事城市交通、能源、气候变化等领域研究，具有扎实的研究基础以及丰富的能源需求、碳排放预测方面的研究经验。书中城市物流专题部分得到交通运输部科学研究院现代物流研究中心的大力支持。为了加快推动我国城市交通的低碳发展，助力国家碳达峰碳中和目标的实现，现将研究团队的研究成果整理出版，希望能向关注城市交通低碳发展的学者、专家和从业人员分享经验。

由于作者的编撰时间和水平有限，书中不妥之处在所难免，敬请读者批评指正。

编著者

2023 年 5 月

目录 | CONTENTS

第一章

城市交通碳排放现状、趋势与挑战

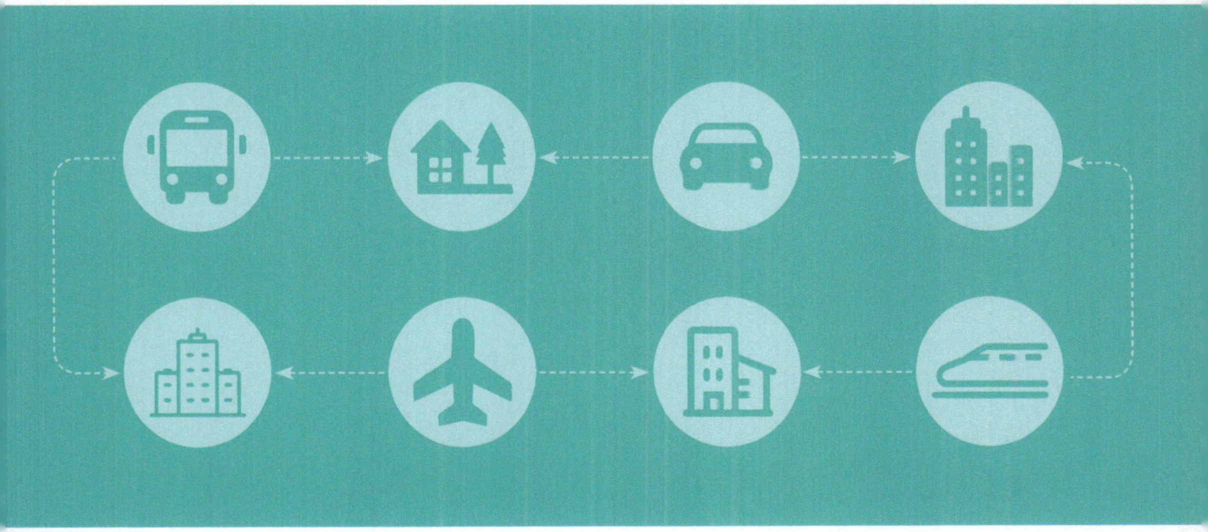

第一节 发展现状

一 社会经济发展现状

1. 经济发展现状

改革开放以来，我国社会经济迅速发展，取得了举世瞩目的辉煌成就。我国的国内生产总值（GDP）保持了 30 多年的快速增长，在 2011—2021 年间的年均增长率 8.5%，远远高于同期世界经济年平均 3.0% 的增长速度，与日本经济起飞阶段国内生产总值年平均 9.2% 的增长率和韩国经济起飞阶段国内生产总值年平均 8.5% 的增长率不相上下。2002 年，我国 GDP 突破 10 万亿元后，仅过 4 年，便突破 20 万亿元，2010 年又突破 40 万亿元，2017 年突破 80 万亿元，2020 年突破 100 万亿元大关，2021 年达到 114.37 万亿元，如图 1-1 所示。

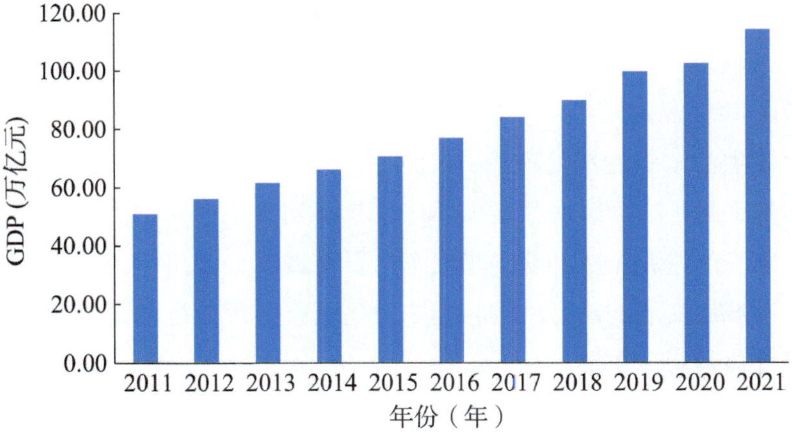

图 1-1 2011—2021 年我国 GDP 增长情况

数据来源：中国统计年鉴，2011—2021。

目前，我国经济总量跃居世界第二，已提前完成现代化“三步走”战略部署的前两步。2002 年，我国确定了 2020 年全面建成小康社会的目标。同年，我国的人均 GDP 首次超过 1000 美元，2007 年达到 2460 美元，2010

年达到4382美元，2013年达到6876美元，2015年达到7924美元，2020年达到10504美元，2021年达到12551美元，首次超过全球平均水平。

2. 社会发展现状

“十二五”期以来，我国城镇居民人均可支配收入依然保持快速增长的态势，2021年，达到了47412元，比2011年增长了117.4%（图1-2）。这一方面表明城镇就业岗位不断增加，城镇居民生活水平正在迅速提高；另一方面表明我国城镇居民人均可支配收入还处于较低水平，有较大的增长空间。

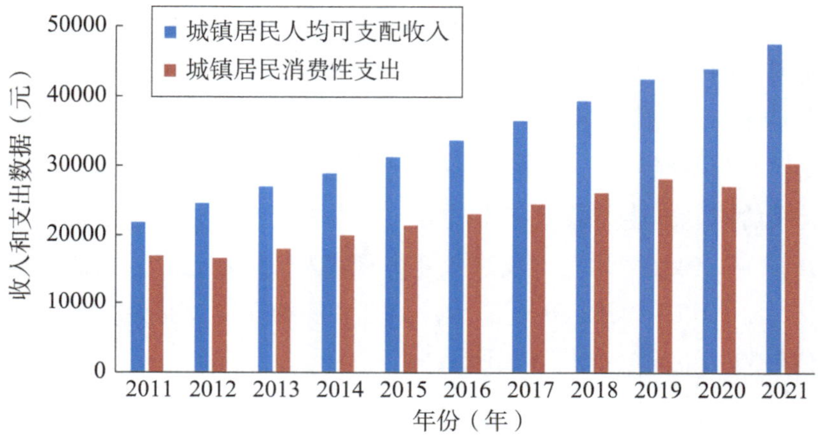

图1-2　2011—2021年我国城镇居民人均可支配收入及消费性支出

数据来源：中国统计年鉴，2011—2021。

人民生活水平逐步提高，一方面将会使社交、休闲等方面的交通需求快速增加，另一方面表明我国城镇居民具备购买小汽车的经济条件，小汽车进入家庭的进程正在加快，小汽车出行与城市公交出行的竞争将更加激烈，我国城市交通的出行结构将随之发生调整，现阶段的政策引导、公众参与等都显得十分重要。

“十二五”期以来，我国城镇居民人均交通通信消费支出占人均可支配收入的比例不断增加。2000年，我国城镇居民用于交通通信的人均支出为427元人民币，2005年增长到997元人民币，2010年再次增长到1984元人民币，2015年增长到2895元人民币，2020年达到3474元人民币，已达到2000年的8.14倍，如图1-3所示。无论是在支出费用还是在人均可支配收入中，交通通信支出都占据越来越多的份额，而且增速不断加快，这意味着近中期城镇居民的出行需求将会进一步增长，人均交通通信支出的比例还会进一步增加。

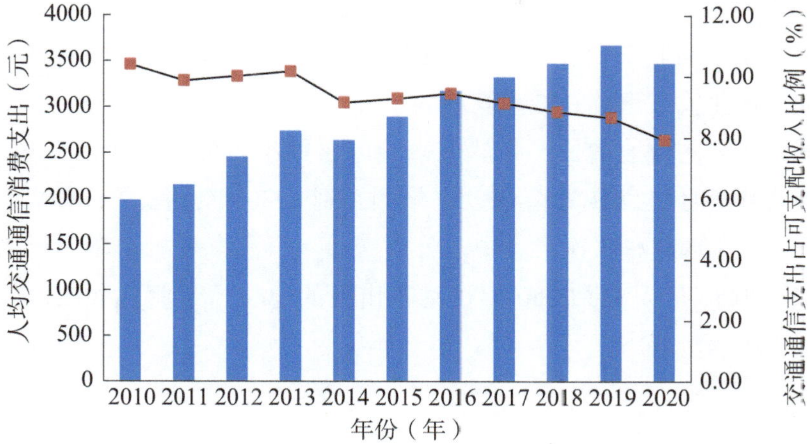

图 1-3　2010—2020 年人均交通通信消费支出及占可支配收入比例

数据来源：中国统计年鉴，2011—2021。

3. 城镇化进程

近年来，我国城镇化步伐不断加快，城镇总人口不断攀升，如图 1-4 所示。我国城镇总人口从 2011 年的 6.91 亿人，增长到 2021 年的 9.14 亿人，增长了 32.3%，而城镇化率也相应从 51.4% 增长到 64.7%，年均增长 1 个多百分点，每年有 1000 多万人口从农村转入城市或城镇生活。

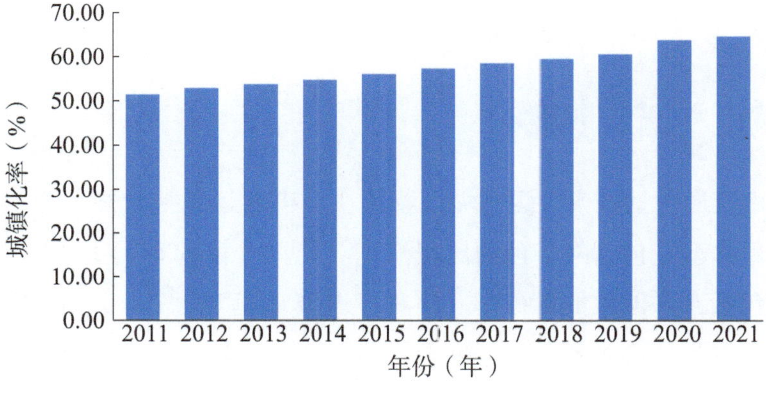

图 1-4　2011—2021 年我国的城镇化率

数据来源：中国统计年鉴，2011—2021。

根据《国家人口发展规划（2016—2030）》和联合国《世界城市化展望（2018）》预测：2030 年我国城镇化率约 70%，城镇人口增长到约 10.3

亿人；2050年，我国城镇化率约80%，城镇人口增长到约11.2亿人。从发达国家的发展经验来看，按照城镇化进程的一般规律，城镇化率在35%~70%之间是城镇化加速增长期。我国正处于这一快速发展时期，农村富余劳动力向非农产业和城镇转移，城市人口和城镇数量的急剧膨胀，走新型城镇化发展道路是城市发展的根本。

城镇人口的快速增长，必然带来城市居民出行需求总量的快速增加，按照宏观社会经济发展的情景设定预测，到2030年，我国未来城市总出行人次将达10800亿人次，其中，公共交通、小汽车等机动车出行的总出行量将达3456亿人次，2050年机动车出行的总出行量将达4622亿人次，如图1-5所示。

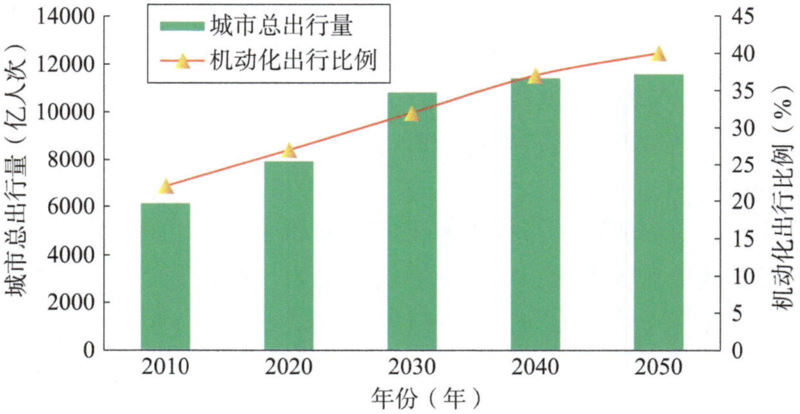

图1-5　城市居民出行趋势分析

二 城市交通发展现状

城市交通包括城市客运和城市物流，城市客运包括常规公交、轨道交通、出租汽车［包括网络预约出租汽车（简称“网约车”）］、小汽车、自行车［包括互联网租赁自行车（俗称“共享单车”）］、步行等方式。绿色出行方式主要是指轨道交通、快速公交、常规公交、自行车和步行。

1. 发展现状

1）常规公交

截至2021年底，全国地面公交运营线路75770条，运营线路长度159.38万km，公交车专用车道长度18263.8km。城市公共汽电车保有量

70.94 万辆，占我国城市公共汽电车运营车辆总数的 71.7%，经营业户数 4188 户。全年完成运营里程 335.27 亿 km，客运量 489.16 亿人次。

随着城市公共交通优先发展战略深入实施，尤其是依托国家公交都市建设，地方党委、政府对于发展公共交通的积极性被有效调动，各创建城市加大对公共交通的投入，公共交通发展水平稳步提升。南京、上海、杭州等城市公共交通出行分担率已经超过 60%，以公共交通为主体的城市交通体系基本形成。2011—2019 年间，常规公交完成的年客运量一直都保持比较稳定。2020 年和 2021 年受新型冠状病毒感染疫情影响，各地城市公共交通客运量下降幅度较大，如图 1-6 所示。

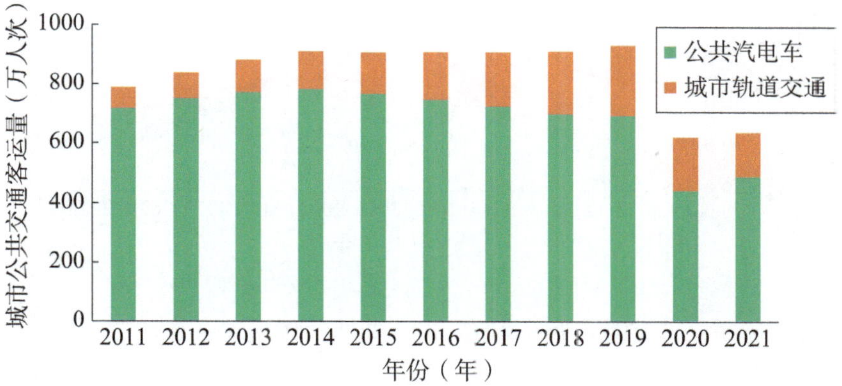

图 1-6　2011—2021 年城市公共交通客运量

数据来源：《中国城市客运发展报告》，2011—2021。

“十三五”期间，城市交通行业成为我国新能源汽车推广应用的主阵地。截至 2020 年底，城市交通行业累计推广应用新能源汽车超过 100 万辆，大幅超过原订的 60 万辆目标。其中，新能源公交车、城市物流配送车、巡游出租汽车分别达到 46.6 万辆、43.0 万辆和 13.0 万辆。2021 年，新能源公交车使用规模继续增长，达到 50.9 万辆，占我国城市公共汽电车运营车辆总数的 71.7%，而柴油、天然气等传统燃料车型占比继续下降，如图 1-7 所示。

2）出租汽车

近年来，我国出租汽车车辆规模保持相对稳定，2017—2021 年我国出租汽车营运车辆保持在 139 万辆上下。自“十二五”期以来，出租汽车的能源结构不断得到优化，汽油车辆一直保持下降，由 2011 年的 66.7% 下降到2021年的31.2%，占比下降高达35.5%。天然气车辆比例持续增长，直至2019年达到最高，占比为57.1%，2020年起开始下降。在“十三五”期间，我国新能源出租车辆规模持续增长，2021年我国新能源出租车辆达20.78万辆，占出租汽车车辆总量的14.9%，增长速度呈逐年加快趋势。2011—2021年我国不同燃料出租汽车比例变化情况如图1-8所示。

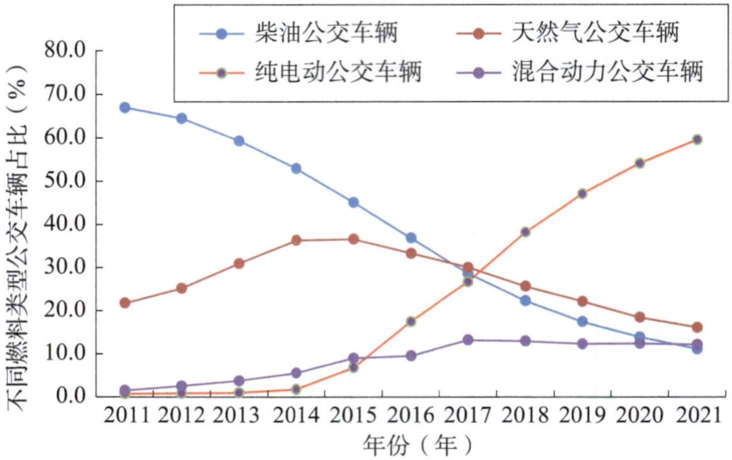

图1-7　2011—2021年公共汽电车主要燃料类型占比变化

数据来源：《中国城市客运发展报告》，2011—2021。

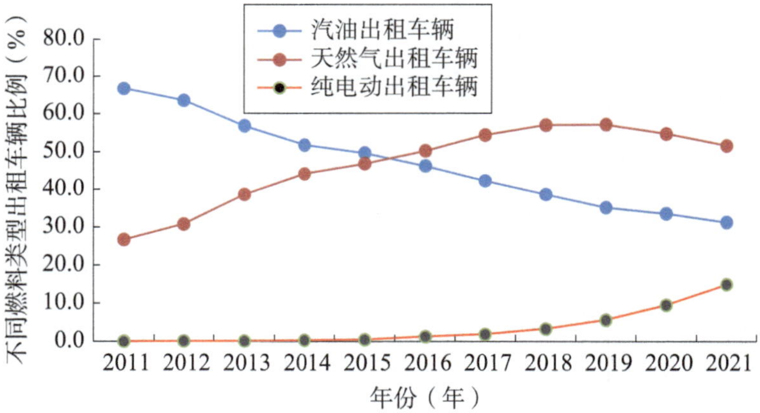

图1-8　2011—2021年出租车辆规模与不同燃料车辆占比变化

数据来源：《中国城市客运发展报告》，2011—2021。

3）新业态

城市交通作为运输服务与互联网融合发展的最前沿，近年来先后涌现出了网约车、共享单车等新业态，得到了社会的认可和公众的欢迎。根据《中国共享出行发展报告（2020—2021年）》，全国有230余家网约车平台公司获得经营许可，各地共发放网约车驾驶员证330多万张、网约车运输证约127万张，日订单量约2100余万单；共享单车在全国360余个城市投放运营，投入车辆达1945万辆，注册用户数超3亿人次，日均订单量达4570余万单，累计服务超过10亿人次，有效解决了城市交通出行“最后一公里”问题。小微型客车分时租赁投入运营的车辆超过20万辆，开通运营城市180余个。城市交通新业态的出现，丰富了城市交通体系，为市民的日常出行提供了更多的选择和便利。

4）城市轨道交通

截至2021年底，全国共计开通城市轨道交通运营线路275条，运营里程8735.6km，其中，地铁7664.0km，轻轨262.9km，单轨144.7km，有轨电车420.5km，磁悬浮轨道57.8km，自动导向轨道6.0km，市域快速轨道179.7km。全国城市轨道交通车站总数为5284个，其中，换乘站为466个。城市轨道交通配属车辆共计49424辆。我国城市轨道交通运营员工数39.38万人，经营业户81户。

2021年，我国城市轨道交通完成客运量237.3亿人次，全年完成城市轨道交通旅客周转量达1982.9亿人km。截至2021年底，全国已有51个城市开通了城市轨道交通线路，运营里程稳步增长，增长率持续回升。2012—2021年我国城市轨道交通运营里程变化情况如图1-9所示。

图1-9　2012—2021年我国城市轨道交通运营里程变化情况

数据来源：《中国城市客运发展报告》，2011—2021。

从城市层面来看，截至2021年，上海市轨道交通运营里程领跑全国，成为首个超过800km的城市，北京市、广州市、成都市紧随其后，运营里程均超过500km。此外，2021年上海市新增运营里程超过100km，武汉、沈阳、南昌、西安、广州、北京六市新增运营里程超过50km。

5）小汽车

近十多年来，随着我国居民生活水平的提高，小汽车得到快速发展，驾车出行已成为城市交通体系中一种重要组成方式。2021年，我国小汽车保有量为15732万辆，比2011年增长了2.08倍，10年的年均增长率为11.9%，如图1-10所示。目前我国机动化水平还比较低，千人汽车拥有量为214辆，相比美国的837辆、日本的591辆以及世界平均数的400辆差距较大。我国小汽车的增长潜力较大，且越来越多的人在追求大排量、豪华型车辆，部分人还存在“开小汽车是人民群众对美好生活的向往”的错误观念，所以若不加强对市民小汽车消费和使用行为的引导，小汽车“三高一大”问题（高速度增长、高强度使用、高密度聚集，大排量占多）将更加突出，会大大加剧城市交通的能源消耗和碳排放增长。

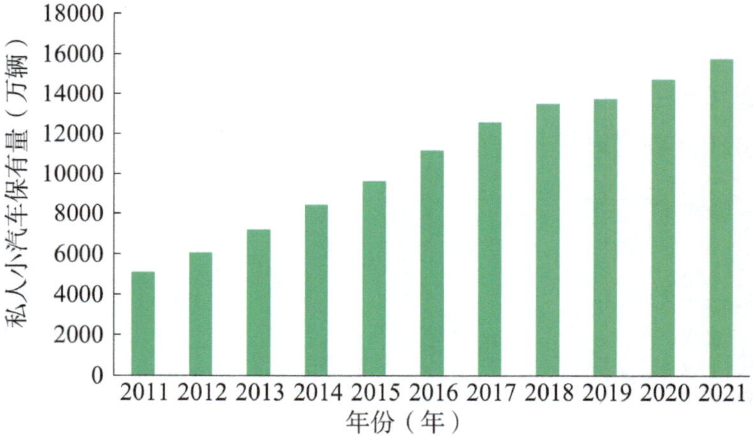

图1-10　2011—2021年我国私人小汽车保有量发展

数据来源：中华人民共和国国民经济和社会发展统计公报，2011—2021。

6）城市物流

近十多年来，随着我国居民物质需求的提升，我国城市物流规模快速增长。2021年，社会消费品零售总额44.1万亿元，其中，网络零售额10.8万亿元，占社会消费品零售总额的25%，同比增长12%；2021年，城镇消费品零售额38.2亿元，10年间年均增长率基本保持在10%左右；

2021 年，社会物流总额达到 335.2 万亿元，按可比价格计算，同比增长 9.2%；单位与居民物品物流总额 10.8 万亿元，增长 10.2%；2021 年，全国快递业务量达 1083 亿件，快递业务收入完成 10332.3 亿元，连续十余年保持迅猛增长态势，其中快递业务量排名前五位的省份主要是广东、浙江、江苏、山东和河北，占全部快递业务量的 66%。

2. 碳排放现状

根据中国工程院卢春房院士的《城市交通实现双碳的思考》，基于城市建成区范围内的小汽车、城市物流车辆、地面常规公交车及出租汽车的活动水平，以“自上而下”的计算方法对城市交通碳排放进行测算，计算得出，2019 年我国城市交通碳排放各种交通方式中，小汽车是城市交通碳排放的主要来源，占比超过 80%，城市物流车辆碳排放约占 13%，出租汽车和公交车由于清洁化或电动化水平较高，碳排放占比较低。随着城镇化率进一步提高和居民收入持续上涨，小汽车保有量仍将保持快速增长态势，所以小汽车的能源消耗和碳排放在未来一段时期内仍将呈现出持续快速增长趋势。城市公共交通承担了城市居民的日常基本出行（2021 年完成客运量 726.5 亿人次），但碳排放水平却很低，这说明加快发展城市公共交通是落实国家碳达峰碳中和目标和推进低碳交通发展的根本途径。

同时也可发现，不同区域和城市间差异较大，不同城市碳排放量也存在明显差异。受经济社会发展差异的影响，不同区域、不同层级城市经济集聚呈现差异化的特征，城市交通需求增长速度和结构差别较大，碳排放量也存在明显差异。超大城市、特大城市人口多、经济发展水平高，碳排放总量大，是未来我国城市交通碳达峰的前提和基础。Ⅱ型大城市（100 万～300 万人口）约占 672 个城市的 1/4，碳排放占比高，经济发展水平相对较低，新能源车辆推广难度大，是未来城市交通碳减排需着重考虑的城市类型。中小型城市交通碳排放总量约占全国的 1/4，但当前中小城市机动化出行水平相对较低，碳排放量不高，未来随着经济社会的发展，这些城市的机动化出行水平仍有较大提升空间，若按照目前的发展模式，其碳排放也将快速增加。鉴于我国城市间差异大，应通过城市分级分类，明确减碳重点，分类施策，是当前加快推进城市交通减碳的可行方向。

三 低碳交通发展政策

我国始终高度重视应对气候变化工作，应对气候变化政策不断完善，明确提出碳达峰、碳中和的重点任务，积极开展碳达峰专项行动。交通低碳发展政策体系包括综合性政策和专项性政策，这些政策措施在落实重点任务、鼓励技术创新、实现节能减排目标和应对气候变化目标等方面发挥了重要作用。

1. 强化国家顶层设计，开展碳达峰十大行动

从2009年提出节能减排目标，到2015年提出2030年碳达峰目标，再到2020年9月22日，习近平主席在第七十五届联合国大会一般性辩论上的讲话中提出“中国将提高国家自主贡献力度，采取更加有力的政策和措施，二氧化碳排放力争于2030年前达到峰值，努力争取2060年前实现碳中和”❶，我国低碳发展宏观目标实现了三次跃迁，这标志着我国的节能减排将进入一个全新的发展阶段。从提出减碳的相对指标、相对目标到绝对指标、绝对目标，彰显了我国以实际行动应对气候变化的决心，如图1-11所示。

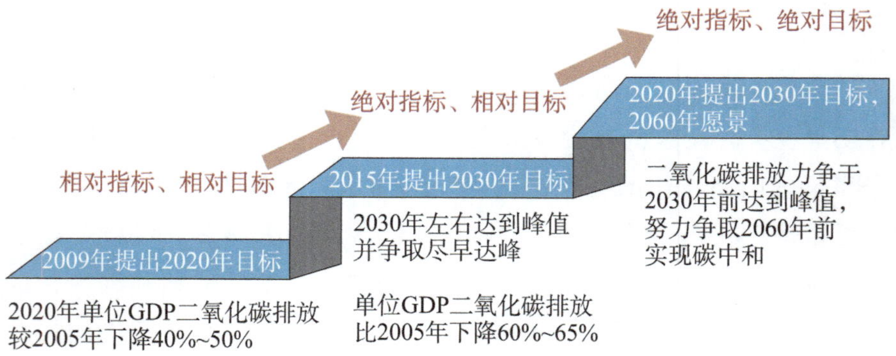

图1-11 我国低碳发展宏观目标的三次跃迁

2021年9月，《中共中央 国务院关于完整准确全面贯彻新发展理念做好碳达峰碳中和工作的意见》（以下简称《指导意见》）印发，《指导意见》作为碳达峰、碳中和“1＋N”政策体系的“1”，覆盖了碳达峰和碳中和两个阶段，是总管长远的顶层设计，发挥统领作用。2021年10月，

❶来源：《人民日报》，2020年09月23日03版。

国务院印发了《2030 年前碳达峰行动方案》(国发〔2021〕23 号，以下简称《行动方案》)。《行动方案》更加侧重碳达峰阶段的总体部署，在目标、原则、方向等方面与《指导意见》保持有机衔接的同时，更加聚焦 2030 年前碳达峰目标，相关指标和任务更加细化和具体，并明确提出开展能源绿色低碳转型、工业领域碳达峰、交通运输绿色低碳、绿色低碳科技创新、各地区梯次有序碳达峰等十大行动，如图 1-12 所示。

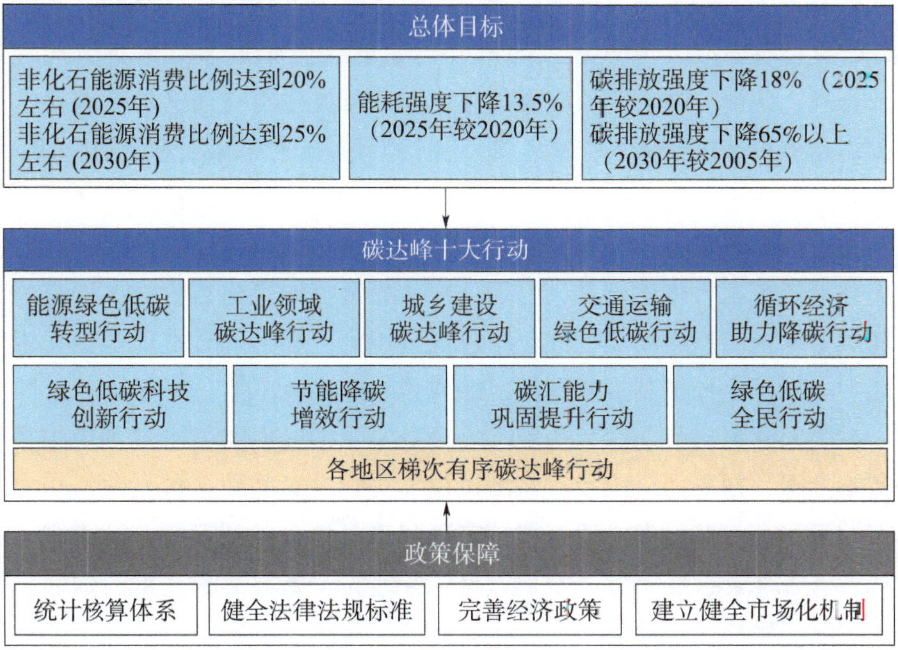

图 1-12　我国碳达峰目标和十大行动

2. 强化交通顶层设计，明确碳达峰重点任务

在应对气候变化的背景下，2011 年，交通运输部出台了首个行业的低碳发展政策，发布了《建设低碳交通运输体系的指导意见》，同时印发了《交通运输行业应对气候变化行动方案》。为加快落实低碳发展政策，首次设立了“交通运输节能减排专项资金”，对企业深入推进行业低碳发展工作产生了很好的引导和促进作用。2013 年 9 月，交通运输部印发了《加快推进绿色循环低碳交通运输发展指导意见》，提出到 2020 年基本建成低碳交通运输体系的发展目标。

为落实国家的碳达峰碳中和目标，交通运输部完善了交通运输碳达峰碳中和工作机制。交通运输部成立交通运输部碳达峰、碳中和工作领导小组，李小鹏同志任组长，分管副部长和国家铁路局、中国民用航空局、国家邮政局3个国家局负责同志任副组长，统筹推进交通运输碳达峰碳中和工作。2022年4月，《交通运输部　国家铁路局　中国民用航空局　国家邮政局贯彻落实〈中共中央　国务院关于完整准确全面贯彻新发展理念做好碳达峰碳中和工作的意见〉的实施意见》（交规划发〔2022〕56号）正式印发，明确交通运输碳达峰的重要意义、指导思想、发展目标、重点任务和保障措施等。其重点任务包括：一是抓好交通运输结构优化。加快建设综合立体交通网，加快发展以铁路、水路为骨干的多式联运，构建完善、合理、便捷的城乡公共交通体系，推动新技术与交通运输业态融合发展。二是推广节能低碳型交通工具。加快发展新能源和清洁能源车船，加强交通电气化替代，加快老旧运输工具更新改造，推动前沿技术攻关。三是积极引导低碳出行。全面推进公交都市建设，提高公共交通供给能力，积极开展绿色出行创建行动，引导公众优先选择绿色出行方式。四是增强交通运输绿色转型新动能。强化绿色低碳规划引领，提升交通运输技术创新能力，发挥市场机制推动作用，加强国际交流合作等。

在国家政策出台之后，各地结合自身实际情况也陆续出台了更加具体的实施方案。据不完全统计，已发布相关实施方案的地区包括北京市、上海市、天津市、江苏省、湖南省、宁夏回族自治区、江西省、海南省、黑龙江省、吉林省、辽宁省、安徽省等。各地的实施方案既注重与国家碳达峰方案的一致性，也体现了各自地方特色，在所有方案中都明确了各地交通运输的重点任务，部分地区碳达峰实施方案城市交通相关任务见表1-1。

部分地区碳达峰实施方案城市交通的相关任务　　表1-1

城市方案	城市交通相关目标和任务
《北京市碳达峰实施方案》	构建绿色低碳交通体系。加强自行车专用道和行人步道等城市慢行系统建设，持续推进轨道交通体系建设，逐步降低小客车出行强度。调整车辆结构，制定新能源汽车中长期发展规划，大力推进机动车“油换电”，到2025年，中心城区绿色出行比例达到76.5%，新能源汽车累计保有量力争达到200万辆，公交、巡游出租、环卫等公共领域用车基本实现电动化。到2030年，当年新增新能源、清洁能源动力交通工具比例不低于40%，营运交通工具单位换算周转量碳排放强度比2020年下降10%，中心城区绿色出行比例力争达到78%

续上表

城市方案	城市交通相关目标和任务
《北京市碳达峰实施方案》	低碳技术创新。围绕新能源利用、智慧能源互联网、新能源汽车、智慧交通系统、氢能、储能建筑零碳技术、碳捕集利用与封存（Carbon Capture，Utilization and Storage，CCUS）、森林增汇等重点领域开展技术研发攻关，尽快实现关键技术突破和产业化示范应用。充分发挥“三城一区”主平台作用，加速碳达峰、碳中和科技成果转化。搭建应用场景，在智慧低碳能源供应、低碳交通和低碳建筑等方面逐步形成完备的技术支撑能力，将北京建设成为具有国际影响力和区域辐射力的绿色技术创新中心
	运输工具装备低碳转型。推动氢燃料汽车规模化应用，逐步完善城市公路充换电和加氢网络。在符合条件的地铁车辆段和检修场、公交场站设施、停车设施、高速公路边坡闲置空间服务区及隔音墙等交通基础设施建设光伏发电系统。改善货运结构，推动大宗货物公转铁，实现铁路运输与城市配送有效对接。推动航空运输企业加强节能减碳管理，加强新能源航空器和可持续航空燃料研发应用
《上海市碳达峰实施方案》	构建绿色高效交通运输体系。优化综合交通运输结构，大力发展铁路、水运等集约化的运输方式；加快完善港口集疏运体系，加强铁路与港口的衔接；加快形成高效便捷的空港集疏运体系，深化空域精细化管理，优化航路和航线布局，建立高效现代航空快递物流体系；打造由干线铁路、城际铁路和市域铁路共同构筑的多层次、多网融合的铁路网络
	推动运输工具装备低碳转型。加快推进交通工具向电气化、低碳化、智能化转型升级，积极扩大电力、天然气、先进生物液体燃料、氢能等清洁能源在交通领域的应用。加快推进公共领域车辆全面电动化，积极鼓励社会乘用车领域电动化发展，持续推进液化天然气、生物质燃料、氢燃料重型货运车辆的示范试点及推广应用
	加快绿色交通基础设施建设。新建大型交通枢纽设施按照二星级及以上绿色建筑标准建设，并实现光伏应装尽装，实施既有枢纽设施的绿色化改造。加快推进充电桩、配套电网、加注（气）站、加氢站、港口岸电、机场地面辅助电源等配套基础设施建设

续上表

城市方案	城市交通相关目标和任务
《上海市碳达峰实施方案》	引导市民绿色低碳出行。提升城市公共交通和慢行系统的出行环境和服务水平。构建由铁路、城市轨道和公交等构成的多模式客运交通系统。加快形成城际线、市区线、局域线等多层次的轨道交通网络，完善轨道站点配套接驳设施建设
《江苏省碳达峰实施方案》	持续推动交通运输低碳发展。加快构建高效联运体系，促进货物运输“公转铁”“公转水”，提高铁路、水路在大宗货物运输和中长距离运输中的比例。构建便捷高效的多式联运体系，加快发展江海河联运，提升内河集装箱运输能力。加快交通基础设施网络建设，推进各种运输方式一体化融合发展，提升交通运输网络效能。加快货运铁路网络建设，推进重点港区铁路支线建设。推进交通基础设施低碳化建设，将绿色低碳理念贯穿于公路、航道、港口等交通基础设施的规划、建设、运营和维护全过程，降低全生命周期能耗和碳排放
	持续推进绿色低碳装备和设施应用。加快交通运输工具低碳转型，大力发展新能源汽车，持续推进公共领域电动化，积极推广燃料电池汽车，逐步降低传统燃油汽车在新车产销和汽车保有量中的占比。推进新能源、清洁能源动力船舶发展，积极探索纯电动、油电混合、燃料电池等动力船舶应用，加快推进靠港船舶常态化使用岸电设施。推动铁路装备升级和电气化改造。强化营运车船燃料排放值管理，加快淘汰老旧车辆、船舶、港作和施工机械等。加快推动充（换）电和加设施建设，积极推进交通基础设施绿色、智能、生态化提升改造
	持续优化绿色出行体系。优先发展公共交通，持续优化公共交通线路和站点布局，构建便捷共享的客运服务系统。提升交通需求管理，建设城市智慧交通网，科学调控高峰时段出行需求，强化城市交通堵点分级治理，减少城市拥堵。发展慢行交通和共享交通引导公众绿色低碳出行
《湖南省碳达峰实施方案》	推动运输工具装备低碳转型。加快推广电动汽车、氢能汽车、液化天然气船等新能源运输工具，推动城市公共服务车辆电动化替代，组织实施高效清洁运输装备推广工程，逐步降低传统燃油汽车在新车产销和汽车保有量中的占比。全面推进货运车辆标准化、厢式化、轻量化，促进燃油客货运交通智能化，降低空载率和不合理客货运周转量，提升能源利用效率

续上表

城市方案	城市交通相关目标和任务
《湖南省碳达峰实施方案》	构建绿色高效交通运输体系。充分发挥水运资源禀赋和铁路运输优势，加快推进大宗货物和中长距离运输“公转铁”“公转水”。大力发展以铁路为骨干的多式联运，完善工矿企业、物流园区、港口等铁路专用线建设，充分利用岳阳港、长沙港、常德港等港口区位优势，积极发展集装箱铁路进出港，实现与集装箱“水上巴士”无缝对接，提升集装箱铁水联运比例。加快城乡绿色货运配送体系建设，加大城市绿色货运配送示范工程实施力度
	加快低碳智慧交通基础设施建设。将绿色低碳理念贯穿于交通基础设施规划、建设、运营和维护全过程，降低全生命周期能耗和碳排放。推动交通基础设施全要素、全周期数字化改造升级开展“绿色公路”和“绿色港口”项目建设。加快新能源交通配套设施建设推进充（换）电设施、配套电网、加气站、加氢站等基础设施建设，力争高速公路、普通国省道服务区充（换）电设施全覆盖。全面推广高速公路等隧道桥梁和码头智能绿色照明，推动公路、铁路等沿线合理布局光伏发电储电设施，推广智能网联主动式公交优先系统，提升智能驾驶产业化应用水平
《辽宁省碳达峰实施方案》	优化交通运输结构，推进运输工具装备低碳转型，加快绿色交通基础设施建设，到2025年，集装箱海铁联运量占港口集装箱吞吐量比例达到15%，继续保持全国领先水平；新增城市公交、出租汽车新能源或清洁能源车辆比例基本达到100%

在各省（自治区、直辖市）碳达峰实施方案框架下，天津市、上海市、江苏省等又先后公开发布了交通运输领域低碳发展实施方案，其中《天津市交通运输领域绿色低碳发展实施方案》中的城市交通相关内容如下：

1）主要目标

“十四五”期间，通过交通强国、综合立体交通网的建设，统筹融合碳达峰工作，综合交通运输体系绿色低碳发展取得显著成效。到2025年，新能源汽车新车销售量达到汽车新车销售量的25%左右，绿色出行比例达到75%，营运交通工具（车辆、船舶、飞机）单位换算周转量碳排放强度比2020年下降5%左右，为实现全市碳达峰奠定坚实基础。

“十五五”期间，绿色低碳的综合交通运输体系基本建立，能源利用效率达到国际先进水平。到2030年，新能源汽车新车销售量达到汽车新车销售量的50%左右，绿色出行比例达到80%左右，营运交通工具（车辆、船舶、飞机）单位换算周转量碳排放强度比2020年下降9.5%左右，交通基础设施基本适应动能升级需要，交通运输领域直接碳排放量增速逐步放缓，力争陆路交通运输石油消费达峰，助力全市实现2030年前碳达峰目标。

2）重点任务

一是推动营运交通工具低碳转型。加快运输服务领域新能源的推广应用，鼓励公交、出租、城市邮政、环卫、城市物流配送领域新增及更新车辆优先选用新能源车型，推动城市公共服务车辆电动化替代。积极推广新能源城市货运配送车辆，打造氢燃料电池车辆推广应用试点示范区。

二是推进新能源小客车普及应用。继续实行燃油车限行政策，优化小客车调控政策，支持新能源汽车推广应用，合理控制燃油机动车保有量，继续实行燃油车限行政策。使用财政性资金的党政机关、事业单位和团体组织应加强采购需求管理，除应急车辆和无法满足使用需求情况外，新增及更新车辆原则上使用新能源车。研究新能源汽车使用便利性政策，加快新能源汽车普及应用，逐步扩大新能源车和传统燃料车辆使用成本梯度，2025年新能源汽车新车销售量达到汽车新车销售量的25%左右，2030年达到50%左右。充分用好国家试点示范和天津市制造业等领域政策资金，对新能源汽车产业和车联网等创新技术重点项目给予支持，打造全国新能源汽车与智能网联汽车发展高地。

三是推动车辆基础配套设施建设。加快构建便利高效、适度超前的充换电网络体系，推动高速公路服务区、港区、交通枢纽、停车场等公共充电设施建设，深入开展环卫物流、公交等专用充电桩建设，鼓励居民、企业自建充电桩。到2025年，全市公共充电桩总量达到4万台。鼓励各区结合实际推动LNG（液化石油气）加注站、加氢站建设。探索在产业聚集区规划建设新能源货车配套基础设施。

四是建设轨道交通骨架网络。加快建设“津城”轨道M4北段、M7、M8、M10、M11号线，建设“滨城”B1、Z4号线，建设双城间Z2号线。

加快津静线市域（郊）铁路首开段建设，有序推进津宁线市域（郊）铁路建设，积极推进津武线铁路前期工作并适时启动建设，强化双城与外围组团快速联系。新建轨道交通及市域（郊）铁路车站按需配套建设道路、公交场站、P+R（驻车换乘）停车场、自行车停车区等交通接驳设施，完善已建轨道交通车站交通接驳设施。到2025年，城市轨道交通运营里程力争突破500km，基本实现双城及环城四区重点区域全覆盖。

五是打造公交都市标杆城市。实施公交场站补短板工程，加快公交站点和充电等配套设施建设，提高车辆夜间进场率。实施“滨城”公交专用道建设工程，争取“十四五”期间成网运行。实施“津城”公交专用道提速工程，提高公交专用道运营可靠性。实施津滨双城公交线网年度优化工程，扩大公交服务覆盖范围，推进轨道公交两网融合，推进快速公交、微循环公交发展，提高运营可靠性。实施中途站提升改造工程，建设标准化站台，推广智能电子站牌。到2025年，新改建公交场站24座，“津城”建成区内公交站点300m半径覆盖率达到80%，继续保持公交专用道运营速度20km/h以上。

六是优化慢行交通出行环境。改善慢行交通出行环境，加强城市步行和自行车等慢行交通系统和配套设施建设，提高非机动车道和人行道连续性、通畅性和安全性，改善行人过街条件，完善交通安全设施。开展“津城”“滨城”人行道净化工程，严控人行道违停，清理沿线碍行设施。推进“津城”“滨城”非机动车道网络建设，在城市主次干路具备条件的路段设置机非物理隔离设施。建设一批富有特色的慢行绿道，利用废弃铁路建设铁路绿道公园，提高城区滨水空间的慢行可达性。加强“津城”“滨城”共享单车投放及秩序管理，逐步推广完善“定点取还”模式。

七是推进智慧赋能低碳出行。加强城市交通拥堵治理，优化完善城市交通信号控制系统和交通出行诱导系统，科学合理、智能灵活调整信号配时，因地制宜设置自动化潮汐车道，推进停车电子化收费，推广智能化停车服务，拓展ETC（电子不停车收费）等电子化收费方式在停车场（楼）应用，推行停车“先离场后付费”服务，综合治理城市道路交通拥堵点段，优化学校、医院、商业区等重点区域交通组织，缓解城市交通拥堵。支持相关企业发展出行即服务（MaaS），引导各绿色出行服务企业推动开展低碳出行惠民活动，鼓励发展定制公交、预约公交，促进公共出行服务低碳化转型。

八是积极开展绿色出行创建。大力培育绿色出行文化，完善绿色出行服务体系。组织各区积极持久开展绿色出行宣传工作，引导公众优先选择公共交通、步行和自行车等绿色出行方式，提升各区的绿色出行水平。到2025年，绿色出行比例达到75%以上，到2030年达到80%左右。

九是创新绿色运输组织方式。继续开展城市绿色货运配送示范工程建设，鼓励共同配送、集中配送、分时配送等集约化配送模式发展。引导道路货物运输网络平台规范健康发展，提升供需精准匹配度，减少运输空驶率、空载率。

3）保障措施

一是完善政策保障。加强与发展改革、财政、科技、税务等部门的沟通协调，视财力情况加大财政资金投入、科学技术创新对交通运输绿色低碳发展的支持力度，落实税费优惠政策，引导新能源交通运输工具加速推广应用。研究建立核算认证体系，探索交通运输碳排放交易有效路径。交通运输行业重点耗能企业应建立能源与碳排放管理体系，定期开展能源审计，分领域制定分阶段减碳目标和实施计划，积极参与碳排放权交易。

二是加强技术创新。加强交通运输节能基础性、关键性和前瞻性技术研究。加快智能化、信息化技术在交通运输领域碳排放监测的推广应用，创新监测方式与监测手段，建立交通运输领域碳排放监测体系。

3. 加快公交优先发展，开展城市绿色出行创建行动

深入实施城市公共交通优先发展战略，积极开展公交都市示范，在全国87个城市开展国家公交都市建设示范工程，有效推进了城市公交发展。经过三批次示范的开展，各公交都市创建城市都取得了丰硕的成果，城市公共交通和绿色出行得到有力推动。全国建成了一批集多种运输方式于一体的城市综合客运枢纽，北京、上海、成都等城市已实现航空、高速铁路、城市客运等多种方式的一体化换乘，旅客换乘更加方便，城市公交的服务水平和服务能力显著提升。主要包括以下方面：政策法规体系不断完善。先后出台了《城市公共汽车和电车客运管理规定》（交通运输部令2017年第5号）、《国家公交都市建设示范工程管理办法》（交运发〔2022〕38号）等重要政策；城市出行结构不断优化，绿色出行比例不断提升；定制公交、旅游公交等不同类型的公共交通服务快速发展，满足多元化的出行需求；

新能源公共汽电车车辆快速推广，成为国家新能源汽车推广的主阵地；城市公交信息化水平快速提升，全面覆盖智能调度、智能排班、运营服务、企业管理、安全监控、公众出行信息服务等各个方面。

积极开展绿色出行创建行动，提升绿色出行水平已成为开展交通强国建设等重点工作的重要组成部分。2017年，党的十九大报告明确提出：倡导简约适度、绿色低碳的生活方式，反对奢侈浪费和不合理消费，开展创建节约型机关、绿色家庭、绿色学校、绿色社区和绿色出行等行动。2019年6月，为深入贯彻落实党的十九大关于开展绿色出行行动等决策部署，进一步提高我国交通绿色出行水平，交通运输部等十二部门和单位印发《绿色出行行动计划（2019—2022）》，要求切实推进绿色出行发展，坚持公共交通优先发展，努力建设绿色出行友好环境、增加绿色出行方式吸引力、增强公众绿色出行意识，进一步提高城市绿色出行水平。提出到2022年，初步建成生态友好、清洁低碳的绿色出行服务体系，绿色出行环境明显改善，公共交通在公众出行中的主体地位基本确立。2019年9月，中共中央、国务院印发《交通强国建设纲要》，提出要构建安全、便捷、高效、绿色、经济的现代化综合交通体系，优先发展城市公共交通，倡导绿色低碳出行理念，鼓励引导绿色公交出行。2019年10月，为贯彻落实习近平生态文明思想和党的十九大精神，国家发展改革委印发《绿色生活创建行动总体方案》，在全社会开展绿色生活创建行动，倡导简约适度、绿色低碳的生活方式，要按照系统推进、广泛参与、突出重点、分类施策的原则，开展绿色出行等创建行动，建立完善绿色生活的相关政策和管理制度，促进绿色发展。

2020年7月，交通运输部、国家发展改革委联合印发《绿色出行创建行动方案》，明确以直辖市、省会城市、计划单列市、公交都市创建城市、其他城区人口100万以上的城市作为创建对象开展绿色出行创建，通过开展绿色出行创建行动，倡导简约适度、绿色低碳的生活方式，引导公众出行优先选择公共交通、步行和自行车等绿色出行方式，降低小汽车通行总量，整体提升我国各城市的绿色出行水平。提出到2022年，力争60%以上的创建城市绿色出行比例达到70%以上。全国已经有20多个省份、109个城市提交了创建申请，全面启动绿色出行创建行动，创建期为3年。2023年1月，交通运输部和国家发展改革委联合发布通知，97个城市通过考核评价，圆满完成创建任务，对加快促进我国城市绿色出行的发展水平发挥了重要作用。

4. 鼓励和规范发展新业态，提供“最后一公里”解决方案

互联网租赁自行车是分享经济下产生的城市交通新业态，是城市交通出行体系中重要的组成部分，并成为城市交通“最后一公里”出行难题的有效解决方案之一。2017 年，交通运输部、中央宣传部、国家发展改革委等 10 部门联合发布《关于鼓励和规范互联网租赁自行车发展的指导意见》，肯定了互联网租赁自行车发展对方便群众短距离出行、构建绿色低碳交通体系的积极作用，提出要按照“服务为本、改革创新、规范有序、属地管理、多方共治”的基本原则，鼓励和规范互联网租赁自行车发展，进一步提升服务水平，更好地满足人民群众的出行需求。从实施鼓励发展政策、规范运营服务行为、保障用户资金和网络信息安全、营造良好发展环境四个方面，提出了相关具体措施。同时全国各地区也纷纷响应国家政策，因地制宜，制定本地的管理政策，如北京、上海、深圳、广州、成都等数十个城市已发布鼓励和规范互联网租赁自行车发展的地方指导文件，引导互联网租赁自行车规范有序发展，推动绿色低碳出行。

5. 深入开展绿色配送试点，推广新能源城市配送车辆

城市的发展、人们的生活离不开货物运输，尤其是随着互联网经济的蓬勃发展，城市内物流配送越发重要。相应地，城市货物运输排放也显著增长，很多城市的城市物流排放已成为该城市主要的排放源。为提升城市物流配送的效率，2013 年来，交通运输部、商务部等相关部门以及地方城市连续多年出台支持城市绿色配送的发展政策，基本形成了多部门协同推进城市绿色配送发展的共识和行动。部分城市绿色货运工作已取得了较好的成效，同时也取得了显著的减碳效果。2012—2014 年，商务部会同财政部在南京、武汉、厦门、成都等 22 个城市开展城市共同配送试点。交通运输部、公安部、商务部组织开展了三批城市绿色货运配送示范工程，在推广应用新能源车辆、建设充电设施、完善通行管控政策、建设绿色货运信息平台、推广先进的运输组织方式等方面都取得了成绩。

一是出台车辆购置和运营支持政策，大力推广应用新能源物流车辆。苏州、厦门、安阳、襄阳、十堰、广州、深圳等 11 市出台新能源汽车推

广应用实施计划，如广州市印发《广州市新能源货车推广工作实施方案（2019—2020年）》，提出加快基础设施建设、政策保障激励、规划管理等3大项16小项工作。襄阳、成都等6个城市对新能源配送车辆购置提供补助支持，如襄阳市提出对购置新能源物流车和专用车每辆补助标准上限为7.5万元。深圳、安阳、苏州等地出台新能源汽车运营补贴政策，如深圳市印发《深圳市纯电动物流配送车辆运营资助项目申报指南》，明确了资助项目申报流程，率先启动全国首次纯电动物流配送车辆运营资助工作。安阳市设立900万元运营补贴鼓励企业参与城市绿色货运配送。

二是完善新能源物流车辆配套充电设施。石家庄、厦门、十堰、广州、深圳、成都、铜仁、长沙、衡水、大同10个城市出台新能源汽车充电基础设施布局相关规划。成都市对加氢站给予建设和运营补贴，对新建、改建、扩建日加氢能力不低于200kg的固定式加氢站，按建设投资（不含土地费用）的30%，给予最高500万元的一次性补贴。

三是出台新能源物流车辆便利通行政策。深圳、苏州、安阳、长沙等5个城市设立“绿色配送示范区”，为新能源物流车辆提供便利通行条件。如深圳市采用新能源车辆电子备案登记，对接受监管的新能源物流车实行分车型放松禁行管制，并设立“绿色物流区”，禁止轻型柴油货车通行，新能源物流车辆不受该禁行限制；安阳市在中心城区划定45km^2范围，加强对中心城区的燃油货车管控，明确燃油货车限行区域和时间，为新能源物流车辆创造了便利的通行条件。

四是提升城市绿色货运信息化监测及服务水平。成都、苏州、广州、深圳、衡水、厦门、长沙等城市建设城市配送公共信息平台，实现政务发布、信息查询、车辆监管、数据分析、电子围栏、交通诱导、电子通行证办理等功能。苏州市整合了配送车辆TBOX数据、示范企业数据、政务数据、城市配送三级网络节点、停靠设施、充电设施等信息，上线平台网页端和移动端。成都市城市共同配送监控服务平台监管标准化集中配送车辆3000余辆。具备路径优化的企业城市配送信息系统已经成为众多城市配送企业的标配。

五是多样化的城市共同配送模式蓬勃发展。随着“互联网+”快速发展，先进组织模式不断优化，干支衔接型、商超配送型、冷链配送型、共同配送型、社区配送型等城市配送主体呈现出多元化发展，新零售、物联网、电商自建物流的全面开放，供应链深度整合，社交电商、微电商全面爆发，我国城市配送也由传统 B2B（企业与企业）时代、电商物流时代过渡到“互联网 + 物流”共享众包时代，并向新零售时代迈进，高效、智慧、绿色的城市共同配送时代来临。

6. 完善相关标准体系，推进低碳发展

一是建立绿色交通标准体系。通过标准体系建设推动绿色交通重点领域标准补短板、强弱项、促提升，2022 年 8 月，交通运输部印发《绿色交通标准体系（2022 年）》，在 2016 年版本基础上结合新形势进一步深化，继续推动交通运输领域节能降碳、污染防治，促进交通与自然和谐发展，列出了与交通运输行业节能降碳、污染物排放、生态环境保护和资源节约集约利用等密切相关的国家标准、生态环境行业标准 43 项，以促进绿色标准的协同实施。

二是明确建立标准计量体系目标，使交通运输领域减碳有据可依。2022 年 11 月，国家市场监督管理总局等 9 部门联合印发《建立健全碳达峰碳中和标准计量体系实施方案》，提出到 2025 年，碳达峰碳中和标准计量体系基本建立。目前，我国交通运输领域尚未形成统一计量标准，存在碳排放量和减排量重复计算、第三方核证机构缺失等问题。统一标准的确立，将从制度上进一步推动减碳工作进行，也为减碳工作提供有效可信数据，促进减碳工作的效率提升。

三是制定乘用车燃料消耗标准，建立交通运输节能的准入门槛。现阶段，基于我国乘用车燃料消耗量标准体系主要包括单车油耗限值与目标值指标、能源消耗量标识等强制性标准，以及测试试验等推荐性方法标准。近年来制定的燃料经济性相关标准详见表 1-2。

近年来制定的燃料经济性和新能源车辆设施相关标准　　表 1-2

标准出台时间	标准名称及编号	标准实施时间
2013 年 12 月	《轻型混合动力电动汽车能量消耗量试验方法》（GB/T 19753—2013）	2014 年 6 月
2013 年 12 月	《重型商用车辆燃料消耗量限值》（GB 30510—2014）	2014 年 7 月
2014 年 12 月	《乘用车燃料消耗量限值》（GB 19578—2014）和《乘用车燃料消耗量评价方法与指标》（GB 27999—2014）	2016 年 1 月

续上表

标准出台时间	标准名称及编号	标准实施时间
2015 年 5 月	《重型混合动力电动汽车能量消耗量试验方法》（GB/T 19754—2015）	2015 年 10 月
2015 年 12 月	《轻型商用车辆燃料消耗量限值》（GB 20997—2015）	2018 年 1 月
2016 年 8 月	《轻型混合动力电动汽车污染物排放控制要求及测量方法》（GB 19755—2016）	2016 年 9 月
2017 年 5 月	《轻型汽车能源消耗量标识　第 1 部分：汽油和柴油汽车》（GB 22757. 1—2017）和《轻型汽车能源消耗量标识　第 2 部分：可外接充电式混合动力电动汽车和纯电动汽车》（GB 22757. 2—2017）	2018 年 1 月
2018 年 12 月	《电动汽车能量消耗率限值》（GB/T 36980—2018）	2019 年 7 月
2019 年 3 月	《电动汽车能耗折算方法》（GB/ T 37340—2019）	2019 年 10 月
2019 年 12 月	《乘用车燃料消耗量评价方法及指标》（GB 27999—2019）	2021 年 1 月
2010 年 5 月	《加氢站技术规范（2021 年修订版）》（GB 50516—2010）	2021 年 5 月
2021 年 2 月	《乘用车燃料消耗量限值》（GB 19578—2021）	2021 年 7 月
2021 年 4 月	《电动汽车换电安全要求》（GB/T 40032—2021）	2021 年 11 月

《乘用车燃料消耗量限值》（GB 19578—2021）与《乘用车燃料消耗量评价方法及指标》（GB 27999—2019）形成第五阶段乘用车燃料消耗量标准。《乘用车燃料消耗量限值》（GB 19578—2021）旨在持续推动传统燃油汽车节能降耗，同时服务和促进新能源汽车发展，最终达到乘用车新车平均燃料消耗量水平在 2025 年下降至 4. 0L/100km，对应二氧化碳排放约为 95g/km 的国家总体节能目标。据乘用车市场信息联席会测算，《乘用车燃料消耗量限值》（GB 19578—2021）的实施将会带来巨大的社会效益和节能减排效益，以 2020 年为基准年份，2021—2025 年第五阶段标准，按乘用车燃油经济性 4. 0L/100km 计算，实施期间将累计节省汽油消耗量 1141. 8 万 t，减少碳排放量 3748. 5 万 t。

7. 加快发展新能源汽车，完善配套设施建设

自 2009 年以来，国家发展和改革委员会、财政部、工业和信息化部、

科技部等在我国联合推广新能源汽车，出台了一系列相关的政策措施，制订了推广规划，完善了相关标准。新能源汽车的推广政策综合体现了国内汽车产业环保和减排、能源转型以及产业发展等战略意图。

全国实施的新能源汽车发展政策大致分为4个阶段，主要包括：

第一阶段，从2009年到2012年。2009年，由科技部、财政部、发展和改革委员会、工业和信息化部共同启动了世界规模最大的新能源汽车示范运行项目，即“十城千辆节能与新能源汽车示范推广应用工程”项目，发布了《节能与新能源汽车示范推广财政补助资金管理暂行办法》。此阶段包括混合动力电动、纯电动和氢燃料电池汽车，补贴直接给予车辆制造企业。

第二阶段，从2013年到2015年，我国政府发布了第二阶段的纯电动汽车补贴政策，即《关于继续开展新能源汽车推广应用工作的通知》（财建〔2013〕551号），该政策的主要变化是自2013年起混合动力电动车型被排除在接受政府补贴的范围之外。从2013年开始，城市可以获得充电基础设施的补贴，国家直接向试点城市提供补贴，以开发电动汽车的充电基础设施。

第三阶段，从2016年到2020年，我国政府发布了第三阶段的纯电动汽车补贴政策。2017年更新了补贴政策，包括削减纯电动汽车和充电基础设施的补贴，此外，还对城市公共交通运营企业实施了运营补贴，并减少了对柴油公交车辆的运营补贴，减免购置税，以鼓励对纯电动车辆的运营和推广。

第四阶段，从2021年至今，按照财政部、工业和信息化部、科技部、国家发展改革委《关于完善新能源汽车推广应用财政补贴政策的通知》（财建〔2020〕86号）要求，新能源汽车推广应用财政补贴政策实施期限延长至2022年底，平缓补贴退坡力度和节奏。为加快公共交通等领域电动化，城市公交、出租汽车（含网约车）、城市物流配送、邮政快递等领域符合要求的车辆，2020年补贴标准不退坡，2021—2022年补贴标准分别在上一年基础上退坡10%、20%。2022年9月，财政部、国家税务总局、工业和信息化部发布公告，对购置日期在2023年1月1日至2023年12月31日期间内的新能源汽车，免征车辆购置税，这已是新能源汽车免征购置税第三次延期。目前，在一些城市中新能源汽车还享受不受限购限行政策限制、可以行驶占用公交车专用道等相关政策。

近年来，我国多个省市相继出台支持充（换）电基础设施建设的相关政策，保障新能源汽车快速发展的配套设施建设，详见表 1-3。目前，我国公共充电桩以直流快充为主，交流慢充为辅，私人充电桩主要以交流慢充为主，基本符合新能源汽车用户的充电需求。

部分省市充（换）电基础设施建设政策或规划　　表 1-3

省/市	政策或规划	相关内容
北京	《北京市“十四五”时期能源发展规划》	到 2025 年，累计建成各类充电桩 70 万个，平原地区公共充电设施平均服务半径小于 3km
上海	《关于本市进一步推动充换电基础设施建设的实施意见》	形成适度超前的城市充电网络，到 2025 年，满足 125 万辆以上电动汽车的充电需求
广州	《广州市加快推进电动汽车充电基础设施建设三年行动方案（2022—2024 年）》 《广州市智能与新能源汽车创新发展“十四五”规划》	到 2024 年，“一快一慢、有序充电”的充换电服务体系和“超充之都”基本建成；全市充换电设施服务能力达到约 400 万 kW，建成超级快充站约 1000 座、“统建统管”小功率慢充小区约 1000 个、换电站约 200 座。到 2025 年换电站达到 400 个
深圳	《深圳市新能源汽车推广应用工作方案（2021—2025 年）》	至 2025 年，全市新能源汽车保有量达到 100 万辆左右，累计建成公共和专用网络快速充电桩 4.3 万个左右，基础网络慢速充电桩 79 万个左右
湖南	《湖南省人民政府办公厅关于加快电动汽车充（换）电基础设施建设的实施意见》	到 2025 年底，全省充电设施保有量达到 40 万个以上，保障全省电动汽车出行和省外过境电动汽车充电需求
浙江	《浙江省新能源汽车产业发展“十四五”规划》 《浙江省充电基础设施发展“十四五”规划》	到 2025 年，建成综合供能服务站 800 座以上、公共领域充电桩 8 万个以上（其中智能公用充电桩 5 万个以上）、自用充电桩 35 万个以上
苏州	《苏州市“十四五”电动汽车公共充换电设施规划》	到 2025 年，苏州市需累计建成充电桩 20 万个，其中私人充电桩不少于 15.5 万个，公共充电桩约 3.6 万个，专用充电桩约 0.9 万个，满足 38 万辆左右电动汽车的充换电需求

8. 完善碳交易机制，加快推进全国碳交易

碳交易是一个重要的市场机制，我国碳交易市场正在逐步建立，完善了顶层制度设计，开展了全国碳交易试点，成立了多个碳交易中心，完善碳普惠市场机制，研究出台碳普惠方法学，建立了碳普惠服务平台，取得了一定成效。截至目前，全国成立的碳交易中心包括：北京绿色交易所、上海环境能源交易所、天津排放权交易所、深圳碳排放权交易所、广州碳排放权交易所、湖北碳排放权交易中心、重庆联合产权交易所、四川联合环境交易所、海峡股权交易中心。2021 年 11 月，《国务院关于支持北京城市副中心高质量发展的意见》明确提出：推动北京绿色交易所在承担全国自愿减排等碳交易中心功能的基础上，升级为面向全球的国家级绿色交易所，建设绿色金融和可持续金融中心。

2021 年 1 月，生态环境部发布了《碳排放权交易管理办法（试行）》。该办法是为落实党中央、国务院关于建设全国碳排放权交易市场的决策部署，在应对气候变化和促进绿色低碳发展中充分发挥市场机制作用，推动温室气体减排，规范全国碳排放权交易及相关活动，根据国家有关温室气体排放控制的要求而制定的法规。《碳排放权交易管理办法（试行）》指出，生态环境部按照国家有关规定，组织建立全国碳排放权注册登记机构和全国碳排放权交易机构，组织建设全国碳排放权注册登记系统和全国碳排放权交易系统。全国碳排放权交易机构负责组织开展全国碳排放权集中统一交易。该办法于 2021 年 2 月 1 日起施行。

为高质量建设好全国统一的温室气体自愿减排交易市场，建立完善温室气体自愿减排项目方法学体系，2023 年 3 月，生态环境部办公厅印发《关于公开征集温室气体自愿减排项目方法学建议的函》（环办便函〔2023〕95 号），择优分批次发布相关方法学，将逐步更新原有已备案方法学。

在城市交通碳普惠方面，目前全国多个省市已开展了不同形式的绿色出行碳普惠机制创新与实践，武汉、南京、北京等十余个城市都开发了当地的城市绿色出行碳普惠服务平台，积累了丰富的经验，重点包括碳普惠体系顶层设计、构建碳普惠方法学体系、搭建碳普惠平台和建立碳账户等方面。

1）完善碳普惠顶层设计，开展碳普惠试点

广东省是全国首批碳普惠的试点区域，于2014年就启动了相关工作，省内八个地市成为试点城市。2015年7月，广东省印发《广东省碳普惠制试点工作实施方案》《广东省碳普惠制试点建设指南》，建立顶层设计制度文件。2022年4月，广东省印发《广东省碳普惠交易管理办法》，明确碳普惠的管理和交易。全国其他区域和城市积极研究和出台相关政策，成为各地方开展碳普惠体系建设的顶层设计文件。浙江省、山东省、山西省、上海市、天津市都分别出台了开展碳普惠的相关政策或实施办法，完善了机制，明确了家庭、公众等的节能减碳消费行为所产生减碳量的管理流程、使用规则。在上述政策中，绿色出行场景都是其重点场景之一，也是减排量规模最大的城市场景。

2）制定减碳方法学，提供核算依据

“减碳项目方法学”是开展碳普惠的核心内容之一，是核算减碳量的重要依据。在碳普惠机制下，各城市积极开展相关方法学研究，目前正在实行的绿色出行相关方法学包括《广东省自行车骑行碳普惠方法学》《深圳市低碳公共出行碳普惠方法学（试行)》《北京市低碳出行碳减排方法学（试行)》《北京市小客车（油改电）出行碳减排方法学（试行版)》《成都市天府绿道碳减排项目方法学》等。计算方法分为基于调查数据和出行大数据两种，且以前者占大多数，在服务平台中通常采用区块链、NoSQL分布式数据库等技术，为碳数据积累提供可靠可信的永久记录，并确保数据存储的安全高效。

3）建立碳普惠平台，设置个人碳账户

截至目前，国内碳普惠平台主要包括两种类型：政府主导或以政府为主体、企业主导或以企业为主体。多数碳普惠平台包括了“衣、食、住、行、游、用”几大板块的减排场景，积极倡导绿色低碳生活。

（1）政府主导的碳普惠平台。该类平台主要包括“广东碳普惠”“北京碳普惠”“碳惠天府”“西宁碳积分”“武汉碳宝包”“成都೯点星球”“山西三晋绿色生活”等。以衢州市交通碳普惠平台为例，在浙江省“浙里办”或支付宝中建立了全省的碳普惠板块，企业和个人可以注册碳账户，选择绿色出行可获得碳积分，用来兑换各种权益。其中，衢州市于2018年起成为浙江省开展交通运输领域碳账户建设试点城市，在全国首创“企业碳账户”和“个人碳账户”，对碳排放进行监测和核算，试点首批对象为城市公交企业和2021年起新购置新能源汽车的个人。在“企业碳账户”中，衢州分两批将61家城市公交、城乡公交、城际客运、巡游出租汽车、规模以上货运企业纳入碳账户管理范围。在“个人碳账户”中，通过挖掘银行账户系统蕴含的绿色出行、绿色生活等大数据，从乘坐公交、骑行或步行等维度折算个人绿色出行的减碳量，如图1-13所示。

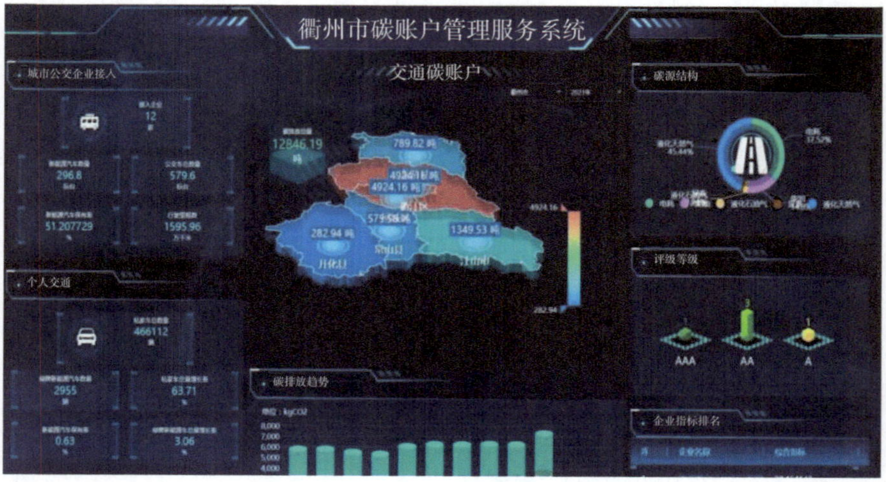

图1-13　衢州市交通碳账户管理服务系统

图片来源：https：//mp. weixin. qq. com/s？__biz = MzAxNTAyODE4Mw = = &mid = 2650619059&idx = 3&sn = f0702720ac99ee703ec851a52cb17e6c&chksm = 8383c60bb4f44f1db3f-fa5ab3b4d6507c1819440028a442213f30e7745d624899f38ab1f6a42&scene = 27。

（2）企业主导的碳普惠平台。近年来，互联网企业也自主开发了个人的低碳消费平台，包括蚂蚁森林、低碳星球等。以“蚂蚁森林”碳普惠平台为例，通过将公交、步行出行等碳排放量计算为“绿色能量”，用于在手机和真实世界植树，以慈善公益的形式进行精神激励。2016年，支付宝推出蚂蚁森林，其基于企业自行开发的方法学，将用户计步步数、乘坐公交地铁出行等行为转换为“绿色能量”，支持用户用于在手机和真实世界植树。截至2022年9月，该活动共推动了超过6.13亿人参与，其减碳量相当于种植了3.26亿棵树。

第二节 存在问题

由于我国城镇化和机动化的快速发展，城市交通需求量及活动水平还将不断增长，我国城市交通碳排放呈现出规模大、增速快、监测难等主要特点，同时城市交通还面临着其他越发严重及紧迫的问题。

一 城市交通能源仍是以高碳的化石能源为主

城市交通的能源类型主要包括汽油、柴油、压缩天然气、液化石油气和电力等。自“十二五”期以来，我国新能源城市公共汽电车快速推广，目前推广比例已超过70%，同时城市轨道交通也得到了快速发展，已有51个城市开通了城市轨道交通线路，城市交通的能源消耗快速增长，其中电力消耗也是快速增加。根据《城市交通实现双碳的思考》，汽柴油等化石燃料消耗量占城市交通总能源消耗的90%以上，主要原因是小汽车、城市物流车辆仍是以燃油车为主，保有量很庞大，且碳排放强度高，所以汽柴油等高碳能源仍是城市交通领域最主要的能源类型。城市轨道交通和纯电动车辆使用电力，在使用阶段为零排放，但因我国目前火力发电占比较高，约为70%，所以间接性碳排放也比较高。

从城市层面来看，城市交通的能源结构正在调整，但化石能源消耗仍是主体。以北京为例，随着新能源汽车的推广，汽、柴油在北京城市交通能源中占比略有下降，从2017年的90%下降至2020年的84%，但仍是最主要的能源类型，电能占比从7.8%上升至12.6%，如图1-14所示。

二 城市绿色出行发展水平不高

优先发展城市绿色出行是实现城市交通低碳发展的根本途径。我国城市公共交通服务水平不高、可持续发展能力不足、城市轨道交通运力利用不足、新业态融合和规范发展不够等问题已成为制约城市绿色出行发展的重要原因。

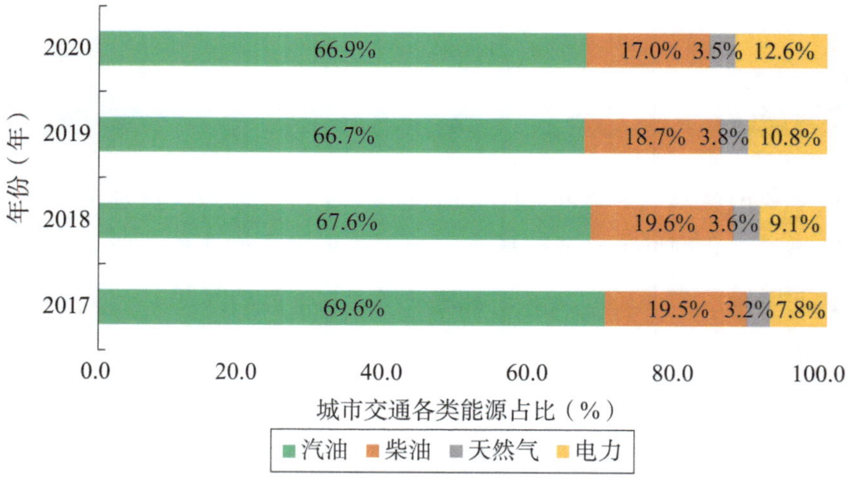

图 1-14　北京城市交通的能源结构

一是城市公共交通服务水平不高。城市公交是最节能、最低碳的机动化出行方式，未来城市公交仍会是城市交通出行的主体部分，也将在助力实现国家“双碳”目标中发挥重要作用。当前城市公共交通运行速度慢、等车时间较长、站点布局不合理、换乘衔接效率不高等问题依然突出。据各城市的出行调查报告数据显示，多数城市的城市公共交通分担率为20%～40%，服务能力还有较大提升空间。

受新型冠状病毒感染疫情的影响，全国城市公共交通客运量大幅下降。2021年，公共汽电车客运量489.16亿人、运营里程335.27亿km，分别比疫情前2019年下降5.3%、29.3%。从城市层面来看，为防止疫情通过公共交通工具传播，采取了高峰限流、预约进站等调控措施，控制乘客满载率，对城市公共交通的客运量也造成了一定影响。城市公共交通作为城市运行的基本保障，在疫情恢复后需以提升出行服务为核心提高自身吸引力，为更多人群、更大空间范围提供服务供给。

二是公交可持续发展能力不足。目前，全国公交行业都在坚持低票价政策，企业亏损严重，公交的日常运营保障离不开连续的财政补贴。为进一步推动城市公交可持续发展，需继续探索城市公交的运营发展模式，如盘活存量资产实施土地综合开发利用，加强实现公交自我造血功能，弥补建设和运营亏损，逐年减轻财政负担，提升城市公交的可持续发展能力。但是，由于城市公交所有场站用地由政府无偿划拨，不属于综合用地或商业用地，根据《中华人民共和国土地管理法》《中华人民共和国土地管理法实施条例》等相关条款，不允许直接进行商业开发，造成各地难以实施土地的综合开发。

三是城市轨道交通运力利用不足。当前我国城市轨道交通投入产出效益不高、运力利用不足问题比较突出，线网能力尚未充分发挥。“十二五”和“十三五”期间，我国城市轨道交通共投资约 3.86 万亿元，平均每公里建设成本超过 6 亿元，城市线网日均客运强度整体偏低，75% 的城市线网日均客流强度不到 1.0 万人次/km，最高的西安也仅为 2.0 万人次/km，远低于香港 3.6 万人次/km、东京 3.4 万人次/km、莫斯科 2.9 万人次/km。我国城市轨道交通出行比例较低，服务能力远低于东京等大城市的水平。总体来看，我国城市轨道交通在解决大城市海量人口出行方面作用发挥不足，未能充分发挥出城市轨道交通在减碳方面的优势。

四是新业态融合和规范发展不够。互联网租赁自行车等新业态的快速发展为满足城市居民的出行需求提供了多样化的选择，解决了居民出行短距离出行问题，替代了部分机动化出行，带来了显著的节能减排效益。但是，由于管理不到位、企业运维能力不足等原因，互联网租赁自行车在大城市普遍存在热点区域早晚高峰潮汐性淤积停放问题，尤其是公共交通站点，淤积停放现象较为严重，互联网租赁自行车与公共交通接驳融合发展成为亟须解决的重要问题。与此同时，互联网租赁自行车规范性需继续加强，乱停乱放、淤积停放等问题十分突出，严重影响着公共秩序，威胁着行业可持续发展。

三 城市交通尤其是小汽车碳排放持续快速增长

运输结构不合理、道路交通拥堵比较严重、电动化水平较低是造成我国小汽车碳排放快速增长的主要原因。

一是城市群运输结构不合理，导致城市碳排放居高不下。随着我国城镇化进程不断加快，促进了以相邻主要城市协作为基础的城市群区域经济一体化发展，并成为经济增长的主要驱动力。但主要服务于城市群的区域交通发展未能跟上城市群发展的步伐，城市群交通供应结构不尽合理。城际铁路发展相对滞后，市域（郊）铁路建设尚在起步阶段。这种基础设施网络状况导致我国城市群区域交通运输结构中铁路等轨道交通承担的客货运输比例普遍偏低，而小汽车承担的客运出行比例过高，导致城市碳排放居高不下。例如，2015年，京津冀城市群公路运输占客运量比例达到75.15%，占货运量比例达82.87%；2017年，公路客运占比69.91%，公路货运占比没有降低，反而增长为85.40%，结构性矛盾依然严峻。大宗物资的长途运输过度依赖公路系统，不仅运输效率及通道资源利用率低下，而且导致交通运输的高能耗和高排放。

二是城市交通拥堵现象比较严重，城市交通运行效率受到很大影响。交通拥堵刚开始只发生在北京、上海、广州、成都等特大城市，但近年来又快速蔓延到百万人口以上的大城市，成为重要的“城市病”之一。根据高德地图联合国家信息中心大数据发展部等机构发布的《2020年度中国主要城市交通分析报告》，2020年，全国2.49%的城市通勤高峰处于交通拥堵状态，37.67%的城市通勤高峰处于交通缓行状态，其余59.83%的城市通勤高峰交通畅通。根据《2021年中国主要城市道路网密度与运行状态监测报告》，全国36个主要城市工作日高峰平均运行速度为20.5km/h，总体处于中度拥堵状态，其余绝大部分城市（23个）工作日高峰平均运行速度处于20～25km/h之间，处于中度拥堵状态；另有13个城市工作日高峰平均运行速度低于20km/h，拥堵态势较为严重。在不同类型城市中交通拥堵的特征和原因不同，超大城市交通拥堵呈常态化和区域蔓延趋势，人口超过百万的大城市往往在通勤时段主要干路上发生严重拥堵，随着人口和就业岗位的增长，出行强度也将提高。大中型城市主要是部分路网节点的局部拥堵，中小型城市主要是交通秩序混乱、机非混行造成道路通行能力下降。城市交通拥堵大大增加能源消耗和碳排放。

三是小汽车电动化水平较低，多数城市尚未制订新能源车辆发展规划。截至2021年底，全国新能源汽车保有量达784万辆，占汽车总量的2.60%。新能源物流车和环卫车等发展较慢，渗透率不足5%，小汽车的渗透比例更低。主要原因是：城市层面缺少推广纯电动汽车的发展路径和完善的配套政策；充电桩等配套设施规划有待改善，存在充电难等问题；停车资源非常紧张，部分地下停车场利用效率不高，立体停车场建设较少；电动出行的交通支持政策和执行力度需加强。城市如能创造良好的充电、停车和出行等环境，可大大加快公共领域及私人领域的电动化发展。以北京为例，2014 年以来，随着对新能源汽车推广力度的不断加大，北京新能源客车保有量不断增加，2021 年达 50.7 万辆，比 2020 年增长 30.4%（图 1-15），而机动车保有量为 685.0 万辆，新能源汽车仅占 7.4%。

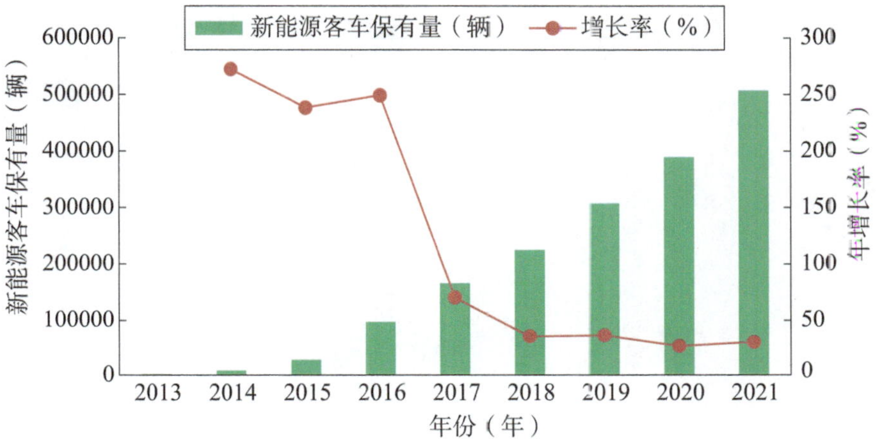

图 1-15　2013—2021 年北京新能源客车保有量增长变化

四　城市交通碳排放核算口径不完整

如果仅从交通运输装备的使用阶段来看，以纯电动和燃料电池车辆为代表的新能源车辆的碳排放为零。如果从全生命周期角度考虑，在绿电和绿氢比例较低时，新能源车辆间接性的碳排放仍较高，只是转移到了发电和制氢阶段。

从全生命周期角度考虑碳排放，是指从“油井”到“车轮”（Well to Wheel，WTW）全过程产生的碳排放问题，一般可分为汽车燃料周期上游 WTT（Well to Tank，即从“油井”到“油箱”）和汽车燃料周期运行阶段 TTW（Tank to Wheel，即从“油箱”到“车轮”）两个阶段。以张家口城市公交为例，考虑张家口的电力结构较好，绿电比率较高，张家口市电网下燃料电池公交车 CO_2 排放达到 2085.5g/km，而在北京市电网下，绿电比率约 10%，燃料电池公交车 CO_2 排放达到 4743.3g/km，远高于其他燃料类型的公交车。因此在仅考虑网电电解水供氢的情形下，碳排放强度大幅上升，燃料电池公交车的减碳效果并不理想（图 1-16），这也可以看出 WTT 阶段是造成高排放强度的主要原因。

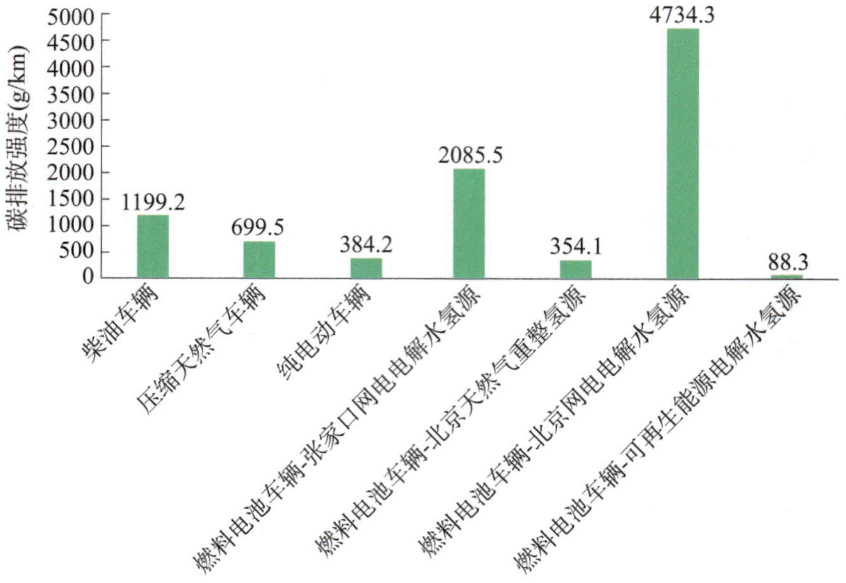

图 1-16　WTW 全过程不同燃料公交车的碳排放强度

数据来源：以张家口为代表的寒冷地区氢燃料电池公交车应用评估及发展建议，张家口氢能与可再生能源有限公司，2021 年 6 月。

燃料电池公交车的碳排放全部在 WTT 阶段，而 TTW 阶段则为 0，如图 1-17 所示。因此可以看出，张家口氢燃料电池公交车在减碳方面表现得并不理想。主要有以下原因：①该批燃料电池公交车推广时期较早，搭载的电池系统功率仅有 30kW，百公里耗氢量大；②张家口地处北方严寒地区，冬季耗氢量大，拉高了全年的平均耗氢量；③目前张家口市氢源均来自网电电解水，耗能较大，绿氢尚未大规模供应。分析来看，仅依靠网电制氢驱动公交车运营显然不具备环保性，低碳氢源的燃料电池公交车是未来发展方向。

五　城市物流发展政策和规划亟待完善

城市物流政策体系不完善、基础设施建设缺乏规划引领等是导致城市物流效率不高及碳排放增长的重要原因。

一是协同高效的城市物流政策体系尚未形成。城市物流属于系统性工程，涉及公安、交通、工信、商务、邮政等多个部门，组织协调和管理难度较大，目前我国尚未建立协同有效的城市物流管理体制机制，各部门虽在加快制定相关政策，但政策的落地性、协调性、及时性仍有待进一步加强，试点示范工程成效参差不齐，城市物流领域缺乏更加科学有效的交通管理措施，城市配送车辆进城难、行驶难、停靠难，基础设施不完善，缺乏统筹规划等问题依然存在。因城市交通拥堵严重，影响了城市物流的效率，增加了城市物流领域的碳排放。新能源城市物流车辆推广应用，快递包装减少、利用和回收再利用等新问题亟待解决，亟待形成协同高效的城市物流政策体系。

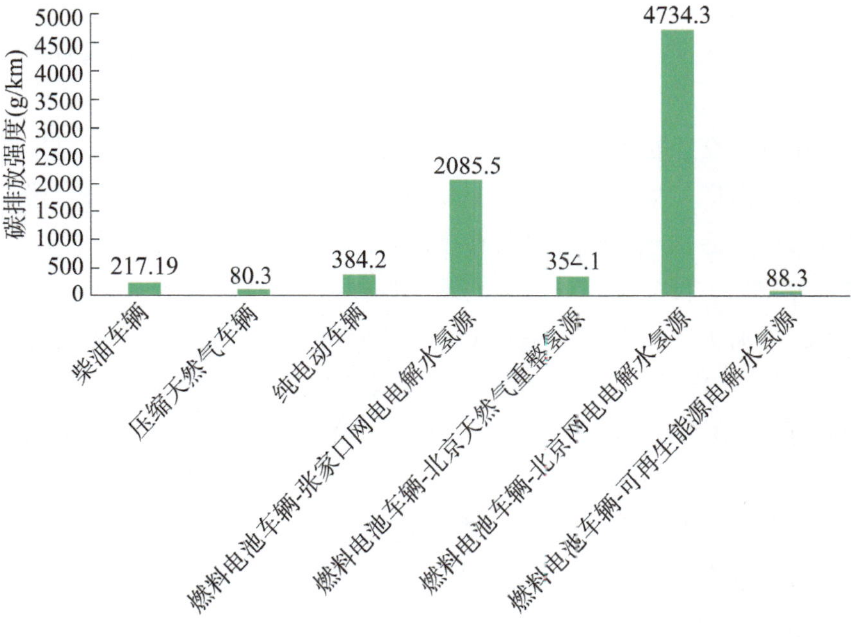

图 1-17　WTT 阶段不同燃料公交车的碳排放强度

数据来源：以张家口为代表的寒冷地区氢燃料电池公交车应用评估及发展建议，张家口氢能与可再生能源有限公司，2021 年 6 月。

二是城市货运基础设施建设缺乏规划引领。绝大多数城市缺乏城市货运基础设施专项规划，虽然部分制订物流规划的城市将干支衔接型物流园区、公共配送中心等较大型的城市货运节点纳入物流规划中一并考虑，但对于数量多、分布广的末端自提点、专用停车位、装卸货点、充电设施等与城市货运活动息息相关的末端基础设施缺乏系统规划，城市货运基础设施缺乏自上而下的体系化系统化设计。与此同时，末端自提点、充电设施等基础设施基本处于市场化调节状态，未纳入城市基础设施规划体系，无法实现供需的有效匹配，容易造成重复建设和浪费现象；无法实现与居民小区、商超等设施同步设计、建设，带来后期建设中设施不匹配诸多问题。土地资源稀缺性越来越突出，大型以上城市普遍面临用地难问题，出现节点设施分布较为分散或距离城市核心区较远的情况，在一定程度提高了运行成本。

六 城市交通碳市场和碳交易参与度低

总体来说，我国碳市场目前仍处于不断完善阶段。虽然碳交易试点已陆续将航空、公交、客运等纳入交易范围，但交通运输部门的整体参与度较低。

一是城市交通在现行碳交易市场的参与度很低。城市交通行业具有点多、线长、面广、移动性强、与个人和组织联系密切的特点，车、路、站等导致城市交通领域的碳排放具有排放边界不固定、排放源多而杂、减排成本高等特征。目前围绕城市交通碳交易体系的管控范围、核算方法、配额分配、抵消机制、核查机构等关键环节的研究相对有限，缺乏充分考虑和体现城市交通行业特点的城市交通碳交易顶层设计方案，城市交通CCER（国家核证自愿减排量）方法学体系不完善，造成了目前城市交通在碳交易市场的参与度极低。

二是碳普惠相关的市场机制尚未建立起来。碳普惠是低碳权益惠及公众的具体表现，将出行者的减碳行为（如公交出行等），以“碳积分”的形式给予一定的价值激励，再通过碳市场交易转化为个体激励，对于引导个体参与减碳行动具有重要意义。目前，仅有北京、天津、深圳等少数地区开展了研究和尝试。从碳普惠平台来看，可分为政府主导的碳普惠平台和企业主导的碳普惠平台两大类，绿色出行场景是其中的核心场景之一，这两类平台都有各自的优势。政府主导的碳普惠平台具有公益性强、可信度比较高等优势，但也有平台覆盖地区参与人数少，物质激励少、缺少互联网企业的广泛参与和大数据的支持、缺少统一计量标准、公交企业参与度不高及相关数据未得到有效利用等问题，导致各地碳普惠市场相互隔离、无法连通等劣势。企业主导的碳普惠平台具有物质激励较多、有大数据技术支持、容易建立全国或全省的统一计量标准等优势，但也有权威性不强、可信度不高、持续性较低、缺少与公交企业衔接等劣势。

七 基础数据监测统计体系不完善

与建筑行业、工业行业相比，交通碳排放属于移动源排放，统计和监测难度较大。建立交通碳排放可测量、可报告、可核查机制是实施交通气候战略的重要基础，也是交通企业参与碳市场机制的重要依据。按照目前的交通行业统计制度，城市交通缺少碳排放统计指标。具体包括：一是现行统计体系中仅部分子领域如城市公共汽电车、出租汽车和城市轨道交通有能源消耗指标，可以通过能源消耗量来推算碳排放量，但以私人小汽车、城市物流为主体的大量非营运车辆能耗没有纳入统计范围。二是限于各省市的统计数据，对于占比例大的跨区域碳排放很难进行分解，难以适应当前城市群和都市圈快速发展的需要。此外，目前能源统计与交通运输部门统计在行业划分中存在差异，交通行业的能耗和碳排放统计及监测能力亟待提升，急需利用大数据技术作为碳排放统计和监测的补充手段。

第三节 发展趋势与挑战

未来我国城市交通仍会继续保持快速发展的态势，低碳发展对城市交通实现高质量发展提出了更高的要求。从发展规律来看，城市交通需站在“畅通国内大循环，促进国内国际双循环”的新发展格局下，综合考虑能源、运输、产业发展和环境压力，城市交通刚性需求增加、品质提升及汽车消费升级等仍会增加碳排放，所以城市交通在助力实现国家碳达峰碳中和目标中面临严峻的挑战。

一 小汽车购车需求仍将保持快速刚性增长

2021 年，我国城镇化率达到 64.7%，预计到 2030 年将达到 70%，到 2050 年将基本稳定在 80% 左右。未来随着京津冀、粤港澳大湾区、长三角区域一体化以及成渝双城都市圈的发展，以及中西部地区城镇化进程的加快，“全球 123 快递物流圈”加快形成，将进一步带动城市交通客货运输需求提升。随着人口向城市群、都市圈集聚与中心城市的人口虹吸效应进一步增强，大城市人口将不断增加。2021 年我国 GDP 总量为 114 万亿元，人均 GDP 约 1 万美元，已成为全球第一大货物贸易大国、全球第二大消费市场。城市交通机动化水平处于快速增长阶段，机动车需求量仍有较大提升空间。截至 2021 年底，全国机动车保有量达 3.95 亿辆，79 个城市汽车保有量超过 100 万辆，35 个城市超 200 万辆，20 个城市超 300 万辆，其中北京、成都、重庆超过 500 万辆，苏州、上海、郑州、西安超过 400 万辆，武汉、深圳、东莞、天津、杭州、青岛、广州等 13 个城市超过 300 万辆。随着新型城镇化进程、人口聚集、经济活力和机动化水平不断提升，城市交通出行半径不断扩大，城市交通需求量仍将持续刚性增长；与此同时，旅客出行需求稳步增长，高品质、多样化、个性化的需求不断增强，货物运输需求稳中有升，高价值、小批量、时效强的需求快速攀升，城市交通要从满足基本出行、快捷出行转换到提升交通出行品质上来。城市交通需求“量”与“质”的双刚性增长将导致城市交通碳排放持续增加。

二 汽车消费政策将促使小汽车出行量增加

2020 年以来，国家有关部门相继出台举措促进汽车消费，从国家政策导向上要求有序取消一些行政性限制消费购买的规定，推动汽车等消费品由购买管理向使用管理转变，鼓励限购城市适当增加号牌指标投放。2021 年 2 月，商务部印发《商务领域促进汽车消费工作指引》和《地方促进汽车消费经验做法》，对于优化汽车限购政策、实施新车消费补贴、支持新能源汽车消费、实施“以旧换新”补贴等作出部署，我国新能源汽车得到快速发展。

近年来，我国的汽车年产量和年销量均超过 2000 万辆，位于世界第一，如图 1-18 所示。目前，我国千人汽车保有量为每千人 214 辆，相比主要发达国家每千人 500 ~ 800 辆的水平仍有较大增长空间。机动化程度远未达到饱和，特别是在我国西部的低密度地区，机动化水平还将大幅提升。随着社会经济发展和人民生活水平的提高，促进汽车消费政策将在一定时期内带来更多的小汽车使用，同时与发达国家相比，我国小汽车的使用成本较低，小汽车的使用强度居高不下，这些都会导致城市交通的能耗和碳排放继续增加。

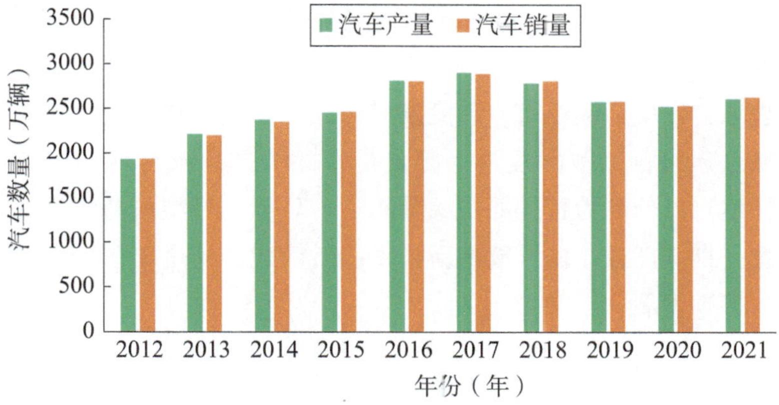

图 1-18 2012—2021 年我国汽车产销量增长

数据来源：中国汽车工业协会统计数据。

三 城市绿色复苏进程需要加速

英国、美国等发达国家的相关数据显示，在城镇化率达到 80% 以后，城镇化率的提升对减碳的影响为正效应。一方面，我国发展阶段不同。我国城镇化率不足 65%，还有较大的增长空间，人口继续向城市聚集，《国民经济和社会发展第十四个五年规划和 2035 年远景目标纲要》也提出，深入推进以人为核心的新型城镇化战略，使更多人民群众享有更高品质的城市生活。随着新型城镇化进程不断加快，广大人民群众对优质公共服务、生态环境等方面的需求日益增长，推动城市发展从经济导向转向生产生活生态多元导向。在新型城镇化进程中，高品质、绿色化的城市客运、物流配送需求不断增长，若城市交通发展模式不能实现重大转变，必然伴随碳排放的增长，这将会给国家实现碳达峰碳中和目标带来较大影响。另一方面，我国碳中和时间紧迫。英国、美国等发达国家城镇化和机动化进程相对较早，从碳达峰到碳中和往往经历了 50～60 年的时间。而我国目前尚未实现碳达峰，从碳达峰到碳中和计划时间仅为 30 年，任务更加紧迫与繁重。

2020 年，受新型冠状病毒感染疫情影响，第二十六届联合国气候大会（COP26）延迟召开，但国际社会应对气候变化的紧迫性日益增强，国际各方对疫情后推动“绿色复苏”的重要性基本达成共识。2022 年，COP27

在埃及召开，经过连续数日的紧张谈判，近200个国家代表达成了一项具有里程碑意义的气候协议。该协议决定设立基金补偿发展中国家因气候变化造成的“损失和损害”，但并未明确具体细节。在此背景下，我国城市必须采取一系列绿色复苏和振兴举措，共同深化人民城市、以人为本和生态文明理念，发展低碳经济，转变发展方式，走新型城镇化道路，加快推进宜居城市建设，克服因疫情等因素带来的个体化出行增加等结构性问题，加快建立以低碳为特征的资源节约型、环境友好型可持续交通发展体系，培育一批低能耗、低排放的新技术、新模式，从全碳链的角度推进城市交通可持续发展。

四 城市交通规划和发展思路需要转变

在国家碳达峰碳中和目标下，一方面，城市交通增量部分要以低碳交通模式来发展；另一方面，要对存量的高碳交通方式加快进行脱碳。因此，需要从管理、机制等方面转变发展思路，才能实现城市交通的深度减排。

一是从政策引导为主向政策引导与市场机制并行转变。当前，政策引导仍是促进城市交通节能减排的主要手段，市场机制尽管发挥了一定作用，但作用有限，社会资本的主动性和参与度偏低。未来要如期实现国家碳达峰碳中和的艰巨目标，需要强化政府与市场双轮驱动，引导更广泛的社会力量参与。既要切实发挥政府在政策和制度制定、法律法规完善、科技创新、能源改革等方面的导向和规范作用，又要发挥市场机制作用，加快绿色金融体制机制创新，开展城市绿色出行示范区或近零排放区试点，为实现国家碳达峰碳中和提供新的支撑。

二是从侧重生产侧发力向生产侧和消费侧并举转变。近年来，随着小汽车的快速普及，全国居民能耗快速上升已成为导致城市交通碳排放增加的主要原因。在此背景下，全国开展了诸多低碳绿色出行的宣传和引导，但很多活动仍呈现出“口号化”的特点，出行服务企业没有真正转化为提升绿色出行服务，居民的低碳价值观也尚未形成，所以主动实施低碳绿色出行的主动性和积极性并不强。因此，在注重引导和推进生产侧减排的同时，亟待通过政策和市场机制设计，持续提升企业绿色出行服务，同时促进居民加快养成绿色出行理念和消费习惯，并以此从需求侧出发加快推动全社会形成绿色低碳的生活方式。

五 全球交通能源低碳转型的新契机

2015 年，联合国气候大会通过《巴黎协定》，成为人类应对全球气候变化挑战的重要里程碑，它在气候变化科学的基础上为 2020 年后全球应对气候变化行动作出大幅减排温室气体的制度安排。《巴黎协定》设定了 21 世纪后半叶实现净零排放的目标。世界主要国家和地区都把促进本国的低碳发展作为重要发展方向。2020 年起，世界各国纷纷提出碳中和目标。截至 2021 年底，国际上已有 136 个国家、116 个地区、234 个城市制定了碳中和目标。

汽车作为城市交通碳排放的终端，其电动化进程直接关系国家推进碳达峰碳中和的进程，也是推进全球交通能源转型发展的新契机。新型冠状病毒感染疫情后，很多国际组织和国家呼吁将发展新能源汽车作为经济刺激的主要方向之一。根据国际能源署（International Energy Agency，IEA）的报告，2021 年电动汽车的全球销量达到 660 万辆，占全球汽车销量的 9%，同比增长 109%。66 个国家、71 个城市或地区、48 家汽车企业已经宣布了逐步淘汰内燃机汽车的目标。欧盟 27 个成员国中已有 26 个国家制定了鼓励电动汽车发展的相关刺激政策。其中德国拨款 500 亿欧元用于推动电动汽车发展，并将电动汽车补助政策由原定于 2020 年底结束延长至 2025 年底。法国上调了 2020 年补贴预算至 4 亿欧元，增加了对私人购买电动汽车补贴力度。需要特别指出的是，欧盟在刺激经济的同时，并未放松燃油汽车的碳排放标准。在电动汽车利好政策和严格的碳排放标准双重作用下，欧洲电动汽车销量逆势增长，电动汽车保有量快速增加。

加快推广新能源车辆是落实我国碳达峰碳中和的重要任务。2021 年，我国新能源汽车销量 352.1 万辆，占全球市场份额的一半左右，其中电动汽车占比 82.8%。2012—2021 年我国新能源汽车销量快速增长，新能源汽车销量占比已由 2012 年的 0.07% 增长到 2021 年的 13.4%，如图 1-19 所示。截至 2022 年底，全国新能源汽车保有量达 1310 万辆，占汽车总量的 4.10%。未来新能源车辆将在我国城市交通领域持续加速推广，同时也要求加快充电基础设施建设，加速提升城市交通的电动化水平，推进城市交通能源的低碳转型。

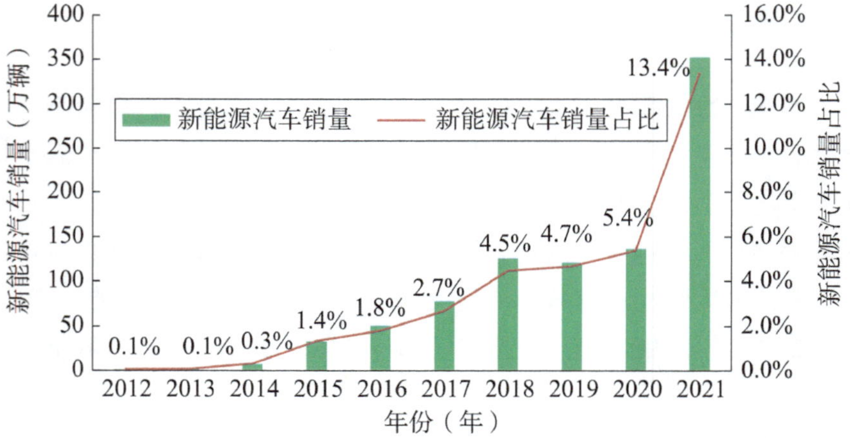

图 1-19　2012—2021 年我国新能源汽车产销量增长

数据来源：中国汽车工业协会统计数据。

六　新技术与新业态融合发展新趋势

当前新一轮的工业革命将以数字制造技术、互联网技术和可再生能源技术的重大创新与融合为核心，推动社会生产方式、产业组织形态以及生活方式的重大变革，将成为中长期内推动全球经济社会持续大变革、大调整的重要力量，能源技术变革将给未来我国汽车产业的发展格局及城市交通可持续发展带来革命性的变化。互联网技术有助于城市交通的模式创新和多元化发展，如移动互联网时代出现的网约车和互联网租赁自行车、定制公交、需求响应式公交等，进一步丰富城市交通的发展体系。当前，以信息技术为核心的新一轮科技革命不断深化，数字化、区块链、人工智能、5G 应用等诸多新兴技术已经给城市交通领域带来了可感受到的明显变化："出行即服务"（Mobility-as-a-Service，MaaS）的出现让市民体验到更加一体化的出行服务；自动驾驶、预约出行正在持续培育和落地的过程中，使得实现"畅行无堵"的交通系统成为可能。同时，国家还加强新型基础设施建设，发展新一代信息网络，推广新能源汽车，助力加强产业的升级。未来，城市交通领域或将涌现更多的新技术、新业态、新模式，在明确其发展定位后，通过不断完善政策和相关标准规范，推进规范发展，并实现与传统业态的融合发展，二者相辅相成，也能在减少城市交通碳排放中发挥重要作用。

第二章

城市交通碳排放相关理论和主要影响因素

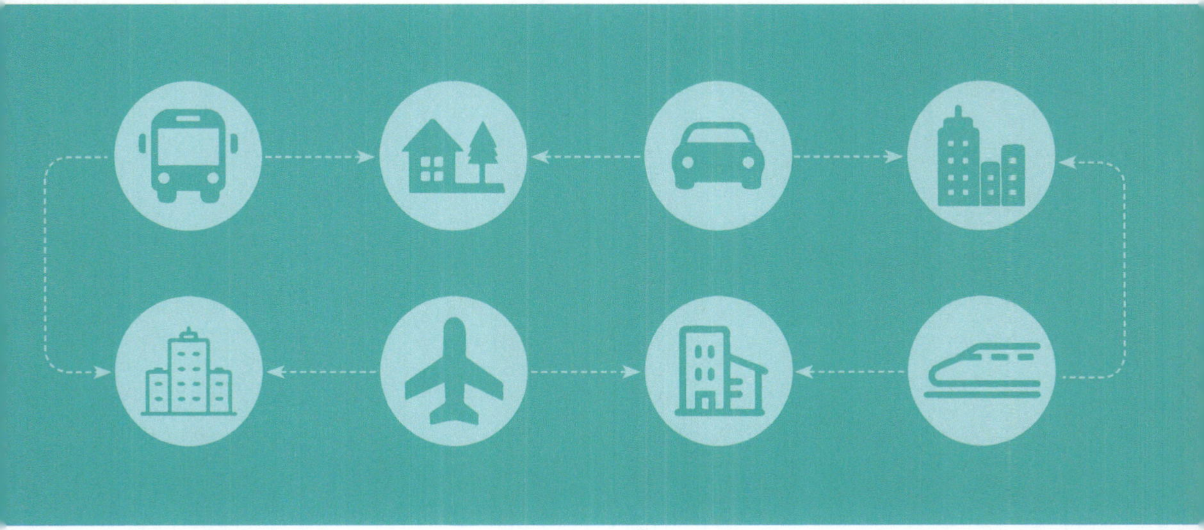

第一节 相关概念和内涵

关于低碳的研究经历了较长的发展过程，最早可追溯到1972年6月联合国在斯德哥尔摩召开的第一次人类环境大会，与会各国共同签署了《人类环境宣言》，揭开了人类追求可持续发展的序幕。1987年，世界环境与发展委员会（World Commission on Environment and Development）在《我们共同的未来》报告中首次正式提出了可持续发展的定义。英国环境经济学家大卫·皮尔斯（David Pierce）于1989年出版的专著《绿色经济的蓝图》中首次提出了绿色经济的理念。进入21世纪之后，随着全球经济的发展、人口的膨胀与城市化进程的加快，能源危机已经为人类敲响了警钟。世界各国为了应对日益严峻的环境危机和能源危机，转变本国的经济发展方式，提出了低碳经济、低碳发展等概念。2003年，英国政府在《我们能源的未来：创建低碳经济》中首次出现了“低碳”一词，提出了“低碳”理念、“低碳经济”理念，为世界各国共同面临的能源危机、全球变暖等问题指明了发展方向，这一概念的提出得到了国际社会的纷纷响应和认同。

目前，与碳排放相关的名词较多，现查阅国内外相关报告，对碳达峰、碳中和相关的主要名词进行了梳理，并明确其概念和内涵，具体如下所述。

一 碳达峰和碳中和

1. 基本概念

碳达峰中的“碳”是二氧化碳（CO_2）的简称，常温下为一种无色无味的气体。工业革命以来，人类活动在燃烧化石能源、发展工业以及农林土地利用变化过程中排放的大量二氧化碳滞留在大气中，是造成气候变化最主要的温室气体。

碳达峰（Carbon peak）是指全球、某个国家、地区或行业，年度温室气体排放量不再继续增加，达到历史最高值，是温室气体排放量由增转降的历史拐点，标志着经济发展由高耗能、高排放向清洁低能耗模式的转变。

碳中和（Carbon neutrality）是指全球、国家、城市、企业、活动等不同主体在短时间内人为碳排放源与通过植树造林、碳捕集与封存（Carbon Capture and Storage，CCS）技术等人为吸收汇达到平衡的状态。通常情况下，碳达峰碳中和目标下的二氧化碳排放变化曲线如图 2-1 所示。

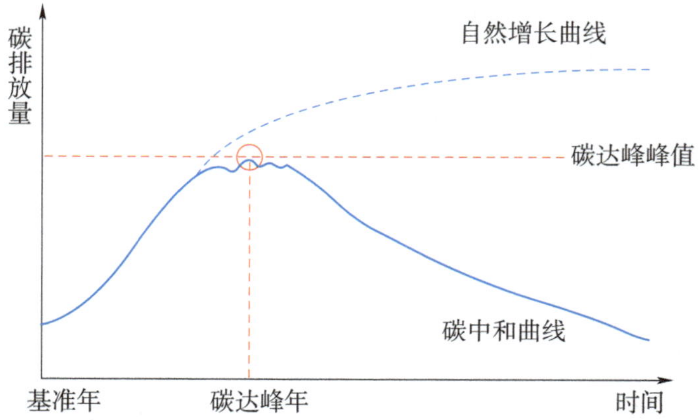

图 2-1　碳达峰碳中和的变化曲线示意图

2. 政策内涵

《碳达峰碳中和的中国之道》一书总结了我国碳达峰碳中和的政策内涵：

“二氧化碳排放力争于 2030 年前达到峰值”不是快速攀高峰、争空间，而是要削峰发展、压低峰位，以便能顺利走向碳中和。一个国家若选择放任二氧化碳排放高速增长以尽快达到高峰值的“冲锋”模式，与逐步控制碳排放增量而较晚达到低峰值的“削峰”模式相比，在达峰后将面临截然不同的两种“经济—社会—环境”系统。显而易见，我国要走“削峰”模式，尽管前期对能源、经济转型提出较高要求，但能规避高碳锁定、路径依赖以及产能过剩等问题，更具有可操作性。碳达峰目标不仅在一定程度上决定了碳排放轨迹和实践路径，也直接影响碳中和实现的时间和困难程度。碳达峰是碳中和的基础和前提，碳中和是碳达峰的紧约束，也是必然发展趋势。我国面临着比西方工业化发达国家时间更紧张、幅度更大的减排要求，越早以“削峰”模式实现碳达峰，越能为实现碳中和目标留出更多时间和空间。

3. 相关说明

1）碳达峰碳中和与能源转型目标的协同

“双碳”目标实现的核心是能源结构调整，实现由高碳能源向零碳能源的成功转型，是实现碳达峰碳中和的重要保障。在能源转型的过程中，能源安全问题不可忽视，确保零碳能源的安全生产，是实现“减碳不减安全”的关键。

“双碳”目标对风电、光伏等可再生能源电力发展提出了更高的要求。有研究预计，为了实现碳达峰、碳中和目标，2030 年、2050 年、2060 年，我国电力总装机容量预计达到 38 亿 kW · h、75 亿 kW · h 和 80 亿 kW · h，其中清洁能源装机容量分别为 25.7 亿 kW · h、68.7 亿 kW · h、76.8 亿 kW · h，到 2060 年，超过 96% 的装机容量和发电量均由清洁能源承担。然而需要注意的是，虽然清洁能源电力能够减少温室气体的排放，但清洁能源电力如太阳能发电和风电具有间歇性、不稳定性等特征，容易受到时间和气候干扰。同等装机规模的光伏发电在中午时刻发电量最多，晚上无电力输出；风电受风力大小等影响，出力负荷也具有波动性。大规模风电、光伏电力上网不利于电网稳定，一旦出现长时间的无风或阴雨等不利天气，电力供应将会中断，甚至出现电网崩溃现象。例如，美国得克萨斯州在天然气、煤炭和核能发电之外，风力发电和太阳能发电也占有相当比例，2020 年风力发电占比达 22.9%，太阳能发电占比达 2.2%。2021 年 2 月，得克萨斯州受极端严寒气候影响，连续多天的冻雨和降雪导致风力涡轮机等设施被冻，风力发电量骤降 60%，光伏面板因被冰雪覆盖，发电量也下降了 68%。

目前，提高清洁能源电力稳定性的主要可行途径是发展可再生能源电力加储能技术，包括光伏—储能—热电联产技术、超导储能技术、超级电容加蓄电池或者储氢等能量型的储能装置构成混合储能系统、风光 + 抽水储能技术等。

事实上，由于传统的火力发电技术已经相当成熟，在电力系统中起基荷作用，若“一刀切”地去煤电产能，将导致煤电行业的投资过低、退出过快。如果可再生能源在短期内无法及时有效填补传统能源退出留下的空白，会引起区域性、间歇性的能源短缺。因此，在降低化石能源比例，提高可再生能源占比时，应该全局规划，循序渐进；考虑对煤电机组进行灵活性改造，用以协助解决大规模的风力发电和光伏发电等可再生能源上网带来的供电稳定性问题；应该结合每种能源的自身特点，根据其资源禀赋统筹规划，在满足社会能源需求的前提下，以最优成本进行能源供给，如利用核电、风电作为基荷电力，同时提高电网调控能力，实现风电、光伏、核电等零碳发电与可灵活调峰的煤电的多能互补，稳定安全供电。

电网调控的重要性还表现在其对清洁能源资源的空间调配。清洁能源地域分配不均，与我国东部和南部地区相比，西部和北部地区的人口相对较少，然而资源禀赋却更高。例如，内蒙古自治区 70m 高度风力资源潜力占全国总量的 56.9%，太阳能资源潜力占比为 34.1%，2019 年人口数量仅为 2540 万人；而在 2019 年人口数量为 9640 万人的河南省，风能和太阳能资源潜力占比分别仅为 0.15% 和 0.29%。因此，通过“电网 + 储能”建设促进清洁能源电力的调丰济贫，解决清洁能源空间、时间分配问题，提高清洁能源利用率，提高零碳能源供给的稳定性，对于实现“双碳”目标具有十分重要的作用。加快建设以特高压为骨干网架的电网，加强我国与周边国家的电网互通，有利于充分实现可再生能源的利用。

2）碳达峰、碳中和与大气污染的协同

我国同时面临应对气候变化和环境保护的双重压力。应对气候变化和环境保护工作之间紧密相关，二者的产生根源有共同之处，治理措施相互联系、相互作用，治理结果也相互影响。因此，在有限的资源条件约束下，需要全面加强对气候变化和环境保护工作的统筹，加强降碳与大气环境的协同减排。

“协同减排”是指以具有协同效应的措施和方式同时减少当地大气污染物（SO_2、NO_x、PM、CO 及 O_3 等）和温室气体（CO_2、CH_4、N_2O 等）排放。大气污染物与温室气体能够协同减排是基于二者均大多来自化石燃料燃烧的同根同源性。

研究结果表明，节约能源等降碳措施通过减少化石能源消耗，产生了协同减少大气污染物排放的效果；而为了减排大气污染物而采取的改善能源结构的措施，也可以减少温室气体的排放。然而，在具体实践过程中并非所有的减碳措施都有利于减少大气污染物排放，也并非所有控制大气污染物的措施都有利于减碳，存在一定的“不协同”情况。如碳捕集与封存技术因为增加电力的使用，会增加大气污染物的间接排放；末端污染治理技术，如汽车的三元催化转换技术，由于相关材料的使用以及油耗的增加，会增加直接和间接碳排放。因此，应注意两个目标之间的协同，寻求温室气体和大气污染的协同减排，尽量减小相互冲突。

目前，实现温室气体与大气污染物协同减排的途径主要有结构减排、规模减排以及推广一些前端或中端减排技术。结构减排是指调整现有的能源结构，减少化石能源的使用，提高清洁能源占比。以电力行业为例，淘汰落后、低效率的小型煤电机组，代之以先进的超临界、超超临界、整体煤气化联合循环发电固然可以提高发电能效，减少单位发电碳排放，但毕竟减碳潜力有限，还不能从根本上解决碳中和问题，而以可再生能源发电、核电替代火电才能从根本上实现零碳排放。规模减排以缩减高碳产品部分产量和消费量为重点，主要通过淘汰高碳产业产能产量来实现协同减排。如通过提高基础设施使用寿命，降低钢铁、水泥消费需求等措施就能助力规模减排。技术减排措施中的前端和中间控制措施以及原燃料替代等技术措施的协同效益比较明显，如火电行业的燃煤洗选和燃煤热处理等技术，以及钢铁行业的短流程炼钢等技术。

二 低碳技术、零碳技术和负碳技术

支撑碳达峰、碳中和的技术一般称为气候友好型技术，其并不是某项单一技术，而是由系列技术组成的系统性技术体系。按照减少碳排放的水平，可分为低碳技术、零碳技术和负碳技术。

1. 低碳技术

低碳技术是指以促进结构优化、节能减排、能效提升为目标，能够实现二氧化碳等温室气体排放大幅减少的一类技术。此类技术是目前碳达峰碳中和的主体技术，广泛应用于各个领域。交通领域应用的低碳技术包括：公路、水路、铁路、民航、城市交通的基础设施建设和养护节能技术、车辆节能技术、提升能效的智能交通技术、生态驾驶技术、船舶岸电技术、废旧沥青混合料再生技术等。

2. 零碳技术

零碳技术是以零碳排放为特征的一类技术，也是近年来关注度最高、发展速度最快、成本降低最为显著的技术类别。零碳技术主要分为两类，即零碳能源系统技术（主要包括生物质能、风能、太阳能、核能、氢能等能源技术，以及碳捕集和封存技术）和钢铁、化工、建材、石化、有色金属等重点行业的零碳工艺流程再造技术。在更为严谨的评价体系中，判断某项技术是否属于零碳技术，不能只看该技术的直接碳排放，还要看其间接碳排放或者全生命周期的碳排放。

从世界范围来看，零碳技术的发展非常迅猛但仍然面临一些需要解决的问题。风力发电和光伏发电是非常成熟的可再生能源发电技术，近年来装机规模迅速扩大，成本大幅下降。从就业影响看，风力发电和光伏发电发展可带来大量的就业机会；此外，由于替代了部分煤电等传统化石能源，风力发电和光伏发电在减少当地污染物排放、提升人群健康效益方面成效显著。但其目前仍面临大规模并网稳定性不佳等技术层面的障碍以及跨区域输电、基础设施建设等问题，未来高比例可再生能源电网、特高压输电等能源互联网技术以及储能技术将是零碳技术体系的重要组成部分。生物质能源具有易获得、灵活性等优势，精心设计的生物能源系统有巨大的潜力提供可持续燃料以减少碳排放。但生物质能的经济成本较高，在目前相对成熟的供电技术中，生物质能的发电成本最高［超过0.6元/（kW·h）］，甚至高于核电。生物质能发电技术大规模应用，还受土地利用和水资源因素的制约。核能的开发利用为各国低碳发展提供了一条可选路径，在碳捕捉和封存技术尚未广泛覆盖和效率提高的情况下，核技术是有望实现零碳排放的为数不多的替代技术。核能在技术成熟性、经济性等方面具有很大的优势，但同时也面临来自供应链、经济性、安全性、政治因素、社会接受度等多方面的挑战。氢能技术有较好的减排和就业推动作用，交通、工业、建筑和氢能发电等成为氢能快速发展的主要行业，但目前技术尚未成熟，价值链高度复杂，投资成本很高。低碳氢的生产要求可再生能源发电供能以及更低成本的电解槽发展，在储运方面，未来的技术发展趋势尚不明显，且需要大量基础设施建设配合氢能利用。

3. 负碳技术

负碳技术是指能够吸收二氧化碳等温室气体，从而使得大气中温室气体存量减少、浓度下降，相当于产生了“负”排放的一类技术。负碳技术的主要技术类别是二氧化碳移除（Carbon Dioxide Removal，CDR）技术，它是一类通过技术手段将已经排放到大气中的二氧化碳从大气中移除并将其重新根据需要带回地质储层和陆地生态系统的技术。负碳技术主要包括生物质能碳捕集和封存、造林和再造林、土壤碳固存和生物炭、增强风化和海洋发电碱化、直接空气二氧化碳捕集和封存（Direct air carbon capture and storage，DACCS）技术等。

三 碳汇及其意义

1. 相关概念

在 2013 年 12 月召开的《联合国气候变化框架公约》（UNFCCC，以下简称《公约》）第九次缔约方大会上，将“汇”或“碳汇”（Carbon sink）定义为：从大气中清除温室气体、气溶胶或温室气体前体的任何过程、活动或机制。换言之，碳汇是指从大气中吸收二氧化碳等温室气体的过程、活动或机制。

其中，“森林碳汇”和“林业碳汇”最为常用，森林碳汇是指森林生态系统吸收大气中的二氧化碳，并将其固定在植被和土壤中，从而降低大气中二氧化碳浓度的过程、活动或机制。林业碳汇，通常是指通过森林保护、湿地管理、荒漠化治理、造林和更新造林、森林经营管理、采伐林产品管理等林业经营管理活动，稳定和增加碳汇量的过程、活动或机制。森林碳汇体现了森林的自然属性，而林业碳汇还包含了政策管理的内容，比森林碳汇内容范围更广。实践中森林碳汇和林业碳汇可通用，但林业碳汇更常用。

2. 碳汇分类

为了便于公众理解和推广普及，碳汇通常按色彩分为“三色”碳汇，分别是绿色碳汇、蓝色碳汇和白色碳汇。

绿色碳汇是绿色植物产生的碳汇。它是指绿色植物从大气中吸收、固定二氧化碳的过程、活动和机制。如森林碳汇（林业碳汇）、草原碳汇、农作物碳汇等。以森林为主体的陆地生态系统吸收大约 28% 的人为活动碳排放。

蓝色碳汇是蓝色大海相关的碳汇，又称为海洋碳汇。它是指海洋床、红树林、海藻、珊瑚、潮间带植物固碳等。海洋大约吸收 26% 的人类活动碳排放，是一个巨大的碳汇。海洋碳汇比较稳定。

白色碳汇表示白颜色的碳汇。它是指陆地生态系统中形成的碳酸钙固碳，如喀斯特地貌、珊瑚礁、近海养殖形成的各种贝壳、鲍鱼壳等。不过，白色碳汇大多数是自然产生的，人类难以干预白色碳汇的形成和产量。而人为近海养殖产生的各种贝壳，实际产量不大，对减缓气候变暖影响不明显。

3. 碳汇的重要意义

以全球气候变暖为主要特征的气候变化问题已成为世界各国共同面临的重要危机和严峻挑战，直接威胁到人类社会的生存和发展。工业革命以来的200多年间，人类过量使用化石燃料和毁林造成的二氧化碳、甲烷等温室气体排放，导致温室效应加剧，是全球气候变暖的根源。因此，增加温室气体吸收汇或碳汇与减少温室气体排放源是减缓气候变化的两大途径。

碳中和目标的吸收汇只包括通过植树造林、森林管理等人为活动增加的碳汇，而不是自然碳汇，也不是碳汇的存量。海洋吸收二氧化碳会造成海洋的不断酸化，对海洋生态系统造成不利影响。陆地生态系统自然吸收的二氧化碳是碳中性的，并非永久碳汇。森林生长期吸收碳，但到成熟期吸收能力下降，动植物死亡腐烂后二氧化碳将重新排放到空气中。一场森林大火还可能将森林储存的碳变成二氧化碳快速释放。因此，人类活动排放到大气中的二氧化碳必须通过人为增加的碳吸收汇清除，才能达到碳中和。我国森林碳汇估计为11亿t二氧化碳，同期我国已运行的碳捕集和封存（CCS）与碳捕集、利用和封存（CCUS）示范项目的总减排规模约为每年几十万吨二氧化碳。专家估计在2060年左右，经过努力，届时通过碳汇和碳移除等地球工程技术可能实现负排放15亿t左右，与实现碳中和目标相差甚远。

碳汇特别是林业碳汇可以清除人类排放到大气中的二氧化碳，通过光合作用把二氧化碳和水转化为有机物质，储存在植物体和土壤中，从而减少大气中二氧化碳的数量和浓度含量，发挥减缓气候变暖的重要作用，同时腾出部分排放空间，为减排难度最大的工业部门等的温室气体排放释放宝贵空间。此外，林业碳汇还具有多重效益。因此，在应对气候变化中，碳汇意义重大且影响深远。

四 碳交易

碳排放交易（Carbon trade）源于1992年的《联合国气候变化框架公

约》和1997年的《京都协议书》（Kyoto Protocol），是指把二氧化碳排放权作为一种商品形式的交易，简称碳交易。碳交易是运用市场经济来促进减碳的一种重要政策工具。温室气体排放权交易以每吨二氧化碳当量为计算单位，在排放总量控制的前提下，包括二氧化碳在内的温室气体排放权成为一种稀缺资源，从而具备了商品属性。

2005年欧盟碳排放交易体系启动以来，新的国际碳市场交易体系纷纷建立。目前全球已有21个体系正在实施，覆盖29个司法管辖区。随着70多个国家和地区承诺2050年实现碳中和，21个碳排放交易体系覆盖的碳排放约占全球碳排放总量的10%。据世界银行发布的《碳定价机制发展现状与未来趋势2022》，2021年全球碳定价收入约达840亿美元，与2020年的530亿美元相比增长近60%，碳交易系统收入首次超过碳税。

为深化节能减排，我国积极推动建立碳市场并开展试点，2011年，国家发展改革委印发了《关于开展碳排放权交易试点工作的通知》，批准北京、上海、天津、重庆、湖北、广东和深圳等7省市开展碳交易试点工作，各试点省市先后于2013年6月起启动交易。截至2021年9月底，试点省市碳市场共覆盖电力、钢铁、水泥等20余个行业近3000家重点排放单位，累计配额成交量4.95亿t二氧化碳当量，成交额约119.78亿元。试点市场覆盖范围内重点排放单位履约率保持较高水平，碳排放总量和强度实现双降，为全国碳市场建设积累了宝贵经验。

第二节 城市交通碳排放机理

碳排放是指煤炭、石油、天然气等化石燃料燃烧活动，工业生产过程以及土地利用变化与林业等活动产生的直接温室气体排放，也包括因使用外购的电力和热力等所导致的间接温室气体排放。交通行业属于能源高度依赖型行业，交通能源主要包括汽油、柴油、天然气、航空煤油、电力、氢能等。

城市交通是人（乘客）或货物—车（交通车辆）—路（道路运行）—能源四方面有机结合的复杂系统，城市交通的能源体系主要包括石油、天然气、电能和氢能，城市交通碳排放是城市碳排放的主要来源。城市交通按照服务对象不同可包括城市客运、城市物流，以及交通客运枢纽、公交场站、地铁站、物流园区、充电站等配套设施。城市交通是交通行业的重要组成部分，基于上述城市交通能源体系，从碳产生机理上看，城市交通碳排放主要包括三个方面，如图 2-2 所示。

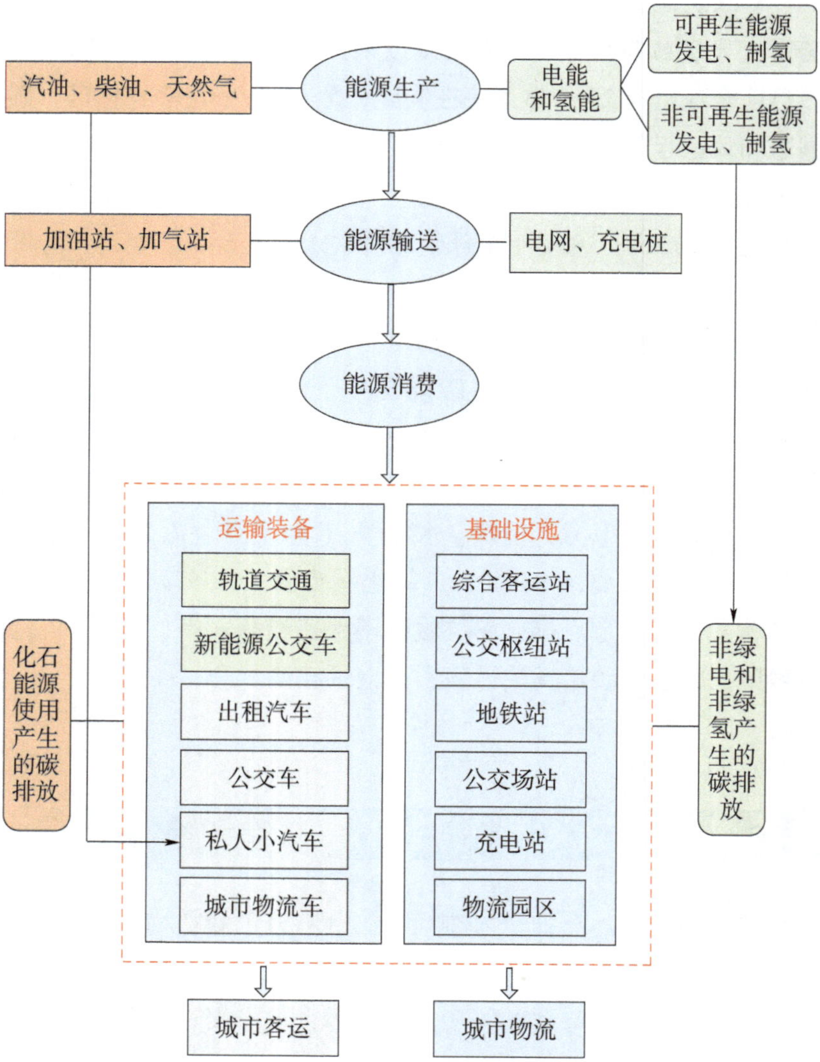

图 2-2　城市交通碳排放机理分析

（1）城市交通基础设施（如综合交通枢纽、公交枢纽、公交场站、地铁站、物流园区等）建设、日常运行等过程中消耗了柴油、汽油、天然气和电力等能源，产生了二氧化碳排放。

（2）消耗汽油、柴油、天然气等传统化石燃料产生，即由传统汽油、柴油和天然气驱动的车辆提供交通出行服务在行驶中由于汽油、柴油、天然气燃烧所产生的二氧化碳排放。

（3）使用非可再生能源发电（即非绿电的电能使用产生）和非可再生能源制氢（即非绿氢的氢能使用产生），即轨道交通、电动汽车行驶过程中消耗电能和氢燃料电池汽车行驶过程中消耗氢能所产生的二氧化碳排放。

因此，综合考虑上述因素，碳中和目标下的城市交通发展需要重构城市交通体系，加快推进交通能源转型，尽可能从化石能源转向可再生能源、绿色电能、绿色氢能等，实现从高排放到低排放，甚至近零排放。

若按照全生命周期角度考虑，各种运输车辆装备在生产制造、维护、淘汰等过程中消耗了柴油、汽油和电力等能源，产生了二氧化碳排放；柴油、汽油等各种能源在资源开采、运输，燃料生产、运输、分配和储存、加注等过程以及电力在发电过程也消耗了能源，产生了碳排放；综合客运站、公交场站、地铁站等各种基础设施在原材料生产和运输、建设、养护等过程中也消耗了柴油、汽油和电力等能源，产生了二氧化碳排放。

第三节 城市交通碳排放主要影响因素

基于城市和城市交通的发展，结合国家碳达峰碳中和目标要求，从城市交通碳排放机理可以看出，影响城市交通二氧化碳排放的主要因素包括城市空间规划、基础设施、出行结构、运输装备、需求管理、技术创新、市场机制等。其中，城市空间规划从源头上直接决定了交通需求，出行结构优化和技术创新是实现低碳交通的“双刃剑”，建立低碳市场机制也是实现低碳城市交通的重要方面。

一 城市空间规划

城市空间结构优化是低碳城市建设的重要组成部分，其核心是通过城市功能布局和土地利用调整，使城市设计、城市街道空间的尺度控制更加紧凑及大规模发展混合功能社区，提倡短程通勤，降低出行依靠小汽车使用的可能性。

倡导公交导向的城市发展模式（Transit Oriented Development，TOD），密集程度高，空间布局紧凑，可有效防止城市的无序扩张。密集程度高的城市对公共交通的依赖程度提高，减少了驾车出行的行驶距离，从而减少了能源消耗和二氧化碳排放。有学者调查了21个城市（其中北美洲8个，澳大利亚2个，欧洲6个，亚洲5个），从中发现，人口密度越高，人均交通能耗越低，其中，北美洲与欧洲人口密度差不多，但欧洲城市的人均交通能耗明显较低，原因在于欧洲城市实行了严格的土地使用政策，城市空间规划紧凑，且欧洲城市公共交通十分发达，小汽车由于较高的使用成本而降低了使用量，如图2-3所示。

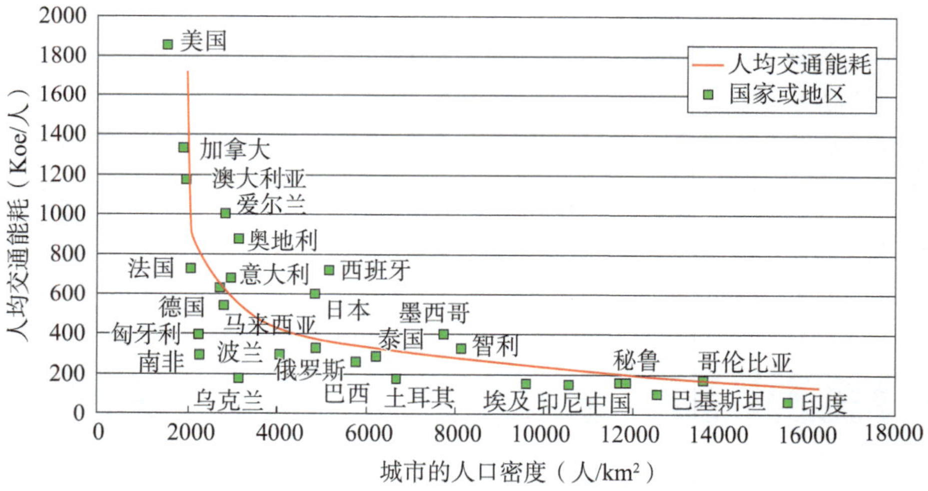

图2-3 城市人口密度与能耗强度的关系

通过美国亚特兰大和西班牙巴塞罗那的案例也可以说明此点。亚特兰大人口526万人，年均交通碳排放量高达6.9t/人；巴塞罗那总人口500万人，年均交通碳排放量仅为1.2t/人，人均交通碳排放量仅为亚特兰大的1/5。对比两个城市不难发现，两个城市的人口规模相当，但发展形态显著不同，亚特兰大是以私人机动化为主导的蔓延式发展模式，而巴塞罗那是以公共交通为导向的紧凑集聚型开发模式，市民更多是采用轨道交通等绿色出行方式满足出行需求，从源头上减少了小汽车的使用，减少了二氧化碳排放。

在我国多数城市中，随着城市空间不断拓展，城市居民出行距离不断延长。我国城市空间由过去的“城市中心区”逐渐向“都市圈”“城市群”演进，城市群将成为未来新型城镇化的主体形态。随着城市空间尺度扩展，居民通勤距离不断延长（适宜距离为5km）。上海、重庆和成都等城市平均出行距离已超过9km，而北京则达到11.1km，更长的出行距离带来更高的通勤成本和更大的碳排放量。同时城市扩展过程中，单中心城市低密度无序蔓延及“城市中心就业+郊区居住”高分离度职住模式进一步加剧了交通拥堵及潮汐现象，也增加了城市交通碳排放。

二 交通基础设施

城市交通基础设施主要包括综合交通枢纽、公交枢纽、城市轨道交通等。发展低碳交通基础设施的核心是指在交通基础设施建设和管理中推广新技术、新材料、新工艺，使用节能技术和清洁能源，从而实现节能和减少碳排放。

1. 综合交通枢纽

从交通枢纽的节地、节能、环境质量、智能化和人性化要素综合考虑，全面推广应用绿色低碳技术，将建筑信息模型（Building Information Modeling，BIM）应用与绿色节能技术结合，推进建筑信息化、绿色建筑和综合交通枢纽项目之间的整合创新，通过安装光伏发电系统的方式可以将闲置区域利用最大化，广泛推行光伏试点，加快推广其他节能技术，建立低碳交通枢纽。如雄安新区高铁站屋顶光伏项目、大兴机场光伏项目等。雄安新区高铁站屋顶光伏项目总装机容量6MW，每年可为雄安新区高铁站提供580万kW·h清洁电力供应；大兴机场光伏项目的投入使用，每年可节约标准煤1080t，实现减碳约3040t，效果显著。

2. 公交枢纽

结合公交枢纽实际，可发展光伏发电，建立公交枢纽能耗智能管控系统，实行精细化管理。利用光伏车棚的光伏板、屋面光伏、光伏玻璃幕墙等发展光伏发电，将发电用于园区办公和为公交车充电，多余的电通过储能系统储存。例如，市场主导的青岛王台公交综合充电站建设，集“光储充”功能于一体，实现分布式光伏、智慧储能等多能源交互管理，在车棚顶铺设约 $1000m^2$ 光伏阵列，配置 65kW·h 储能系统，参与电网削峰填谷。2022 年 10 月，德州市首个“绿色低碳”公交场站七西公交枢纽正式投入使用（图 2-4），项目总投资 6500 万元，一期占地 54 亩（3.6 万 m^2），高标准建设换乘调度、能源补给、车辆维护、后勤服务、职工培训等设施，配套建设集“光、储、充、放、大数据、地源热泵”于一体的六合一智能微网系统，每年可实现节能约 2250tce、减少碳排放约 6800t，减碳效果显著。

图 2-4　德州市七西公交枢纽

图片来源：https：//baijiahao. baidu. com/s? id=1746586945806856690&wfr=spider&for=pc。

3. 城市轨道交通

基于全生命周期理念，城市轨道交通的能源流向包括规划建设和运营管理阶段，涵盖了车辆牵引、车站照明和空调能耗等方面，如图 2-5 所示。由于城市轨道交通的动力能源主要为电力，因此推广城市轨道节能技术和提高光伏发电等绿电比例是城市轨道交通基础设施低碳发展的重要方向，例如推广光伏发电技术、建设绿色轨道交通车站、推广车站系统节能技术等。

1）建设绿色轨道交通车站

综合运用节能设计、太阳能光伏发电、高效制冷空调等各项节能减排措施，建设轨道交通绿色车站。例如广州市地铁 21 号线金坑站，该站是国内城市轨道交通首个获绿色建筑三星证书的车站，采用了雨水综合利用系统、海绵生态设施、节能设计、太阳能光伏发电、高效制冷空调、高效节能设备、二氧化碳浓度监测系统、可再循环材料利用、BIM 应用等技术。该站被广东省住房和城乡建设厅授予“三星级绿色建筑设计标识证书”，达到我国绿色建筑评价标准中的最高级别。

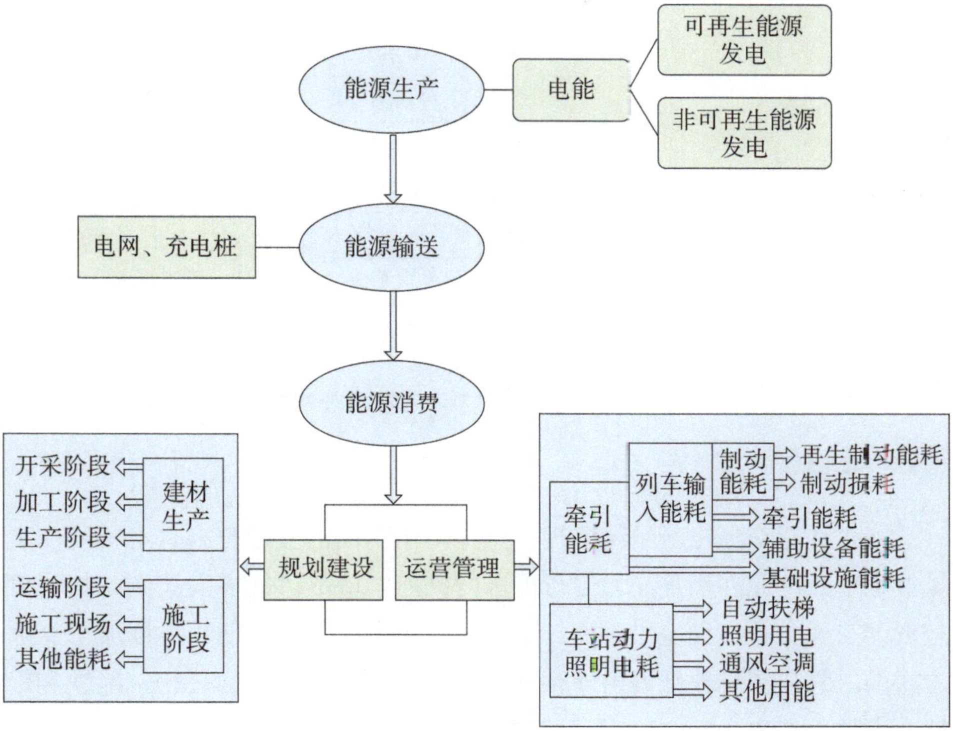

图 2-5　城市轨道交通的能源流向图

目前，上海、北京、广州、济南、苏州等城市 10 多家城市轨道交通运营企业应用了光伏发电系统。广州的鱼珠车辆段屋面光伏电站项目于 2019 年运营，发电 450 万 kW·h/年，采用分块发电、集中并网方式，可满足车辆段全年用电，同时余电供地铁 5 号线使用；合肥地铁 1 号线珠江路车辆段光伏发电项目，2021 年起并网发电，每年可向轨道交通提供清洁能源 260 万 kW·h。

2）推广车站系统节能技术

车站系统节能技术可分为设施设备选型和节能管理措施两方面。设施设备选型是指选用新型低电耗设施设备，包括低功耗空调设备、空调智能控制系统、节能照明设备和变频电扶梯等。节能管理措施是指通过管理手段降低电耗，包括空调温度设置规范、人走灯灭、单向低客流时间段停机等，具体技术见表 2-1。

车站节能技术　　表 2-1

系统类型	设施设备选型	节能管理措施
环控系统	多联式空调系统	空调温度设置规范
	集成闭式通风空调系统	
	直接蒸发式空调系统	
	空气—水通风空调系统	
	风水联动智能控制系统	
照明系统	LED 照明设备	照明管理措施
	光导照明、光伏发电系统	
	智能照明系统	
电扶梯系统	变频电扶梯	电扶梯管理措施

三 交通出行结构

通过优化交通出行结构实现减碳是由于不同的交通方式具有不同的碳排放强度，因此在满足交通出行需求的同时，应尽可能去发展碳排放强度较低的交通方式，如城市公交、步行等。国内外经验表明，不同城市交通方式的二氧化碳排放强度由高到低为：小汽车、常规地面公交、地铁和轻轨、有轨电车和自行车。不同城市交通方式的经济技术特性见表 2-2。城市轨道交通、常规公交、小汽车的单位碳排放比分别为 1∶17∶99，即投入同样的能源和通行空间资源，公共交通运输方式具有环保节能的明显优势。出租汽车的碳排放强度与空载率呈正相关关系，空载率越低，碳排放强度越小。因此，城际应突出发挥铁路等运输方式的作用，城市内应保障公共交通、自行车、步行优先发展，构建结构合理的城市综合交通体系。

不同城市交通方式的经济技术特性　　表 2-2

交通方式	运输特性						
	运量（人/h）	运输速度（km/h）	道路面积占用（m^2/人）	能耗强度［（kW·h）/km］	碳排放强度（kg/km）	适用范围	造价（亿元/km）
自行车	2000	10～15	6～10	0	0	短途	—
小汽车	3000	20～50	10～20	1.17	4.83	较广	0.3～0.7（双 4 车道）

续上表

交通方式	运输特性						
	运量（人/h）	运输速度（km/h）	道路面积占用（m^2/人）	能耗强度［（kW·h）/km］	碳排放强度（kg/km）	适用范围	造价（亿元/km）
常规公交	6000～9000	20～50	1～2	0.3	0.82	中距离	—
轻轨	10000～30000	40～60	高架轨道：0.25；专用道：0.5	0.135	0.049	长距离	2～4
地铁	30000以上	40～60	不占用地面积	0.135	0.049	长距离	4～8
有轨电车	5000～8000	20～80	4	0.07	0.01	中距离	1～3

因此，加快落实城市公交优先发展战略，提升绿色出行发展水平是实现碳达峰碳中和目标下低碳城市交通发展的根本途径，对缓解交通拥堵、节约能源、降低碳排放、促进中心城区人口有机疏散、保障城市生态空间有积极意义。

同时，自行车交通是一种最为清洁环保的交通方式，且出行灵活、可靠性高，也是一种主动式的交通方式，既可以解决短途的通勤出行问题，又可以实现加强日常锻炼的目标。因此，选择绿色出行既能产生减碳效益，又能产生健康效益。英国伦敦卫生学和热带医学院的研究人员研究了15万名英国人的身体健康、体重与每天乘坐交通工具之间的联系。研究显示，每天步行或者骑自行车上班的人平均体重更轻；和驾车的人相比，乘坐公共交通的人平均体重也更轻。其中，乘坐公共交通的女性体重平均比其他女性轻0.9kg，男性则平均轻2.2kg，这是因为当乘坐公共交通时，由于增加了步行，加强了日常锻炼，从而减轻了自身体重。

四 交通运输装备

推广低碳交通运输装备核心是提升交通运输装备的节能技术和推广新能源运输装备，是实现交通碳减排的关键因素。交通运输装备减碳又分为直接减碳和间接减碳。减少交通工具的直接碳排放量，是相对见效较快的减碳路径。推广新能源车辆是我国近期的发展重点，交通运输装备电动化的直接减排效果立竿见影，即使从全生命周期考虑，其间接减排效果也同样十分显著。未来在绿电和绿氢比例提升以后，纯电动汽车和氢燃料电池汽车的减碳优势更加突出。为了同时满足交通能源供给和减碳的双重要求，汽车动力技术正在经历从应用传统能源（汽、柴油）、替代能源（天然气等）向纯电动车辆过渡，最终目标是全部使用可再生的氢能，目的是通过交通能源的变革促进交通能源零排放目标的实现，如图 2-6 所示。

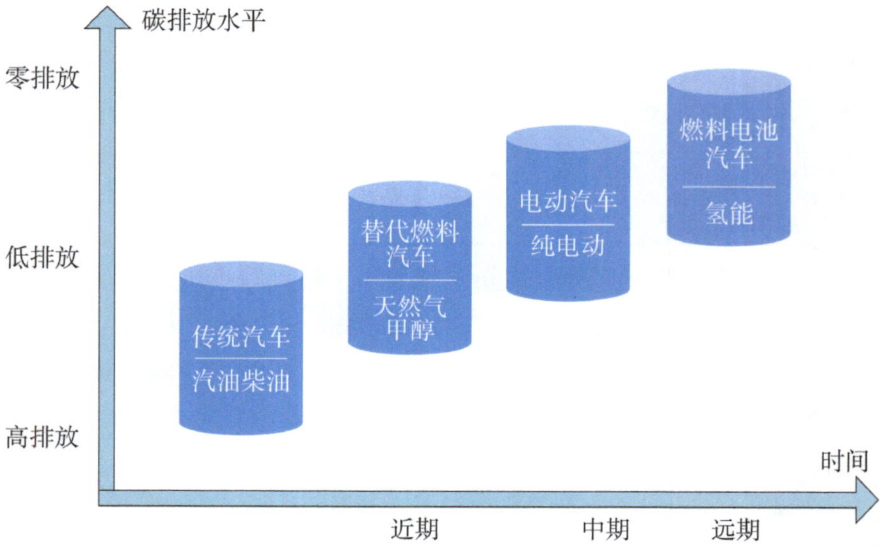

图 2-6 汽车能源发展历程

1. 提升交通运输装备的节能技术

1）提升车辆燃油经济性

“十四五”期间，提升燃油车经济性是节能的重要措施，也是降低碳排放的重要措施。即使到 2030 年，我国汽车保有量中的燃油车占比仍会在 80% 左右，提升车辆的燃油经济性以及推广节能技术仍丝毫不能松懈。据测算，如果能提升节能技术和改善汽柴油质量，油耗每下降 1% 即可同口径节油 260 万 t，可减少碳排放 750 万 t。从 2016 年到 2020 年国产乘用车新车百公里油耗年均降低 2.1%，已下降到 6.26L/100km，随着节能技术的提升，将逐步达到 5L/100km 的国际水平。

2）轨道交通牵引节能技术

全面应用列车轻量化设计，新建线路均应用列车牵引再生制动能量逆变回馈装置，回馈装置将列车再生制动产生的直流电能转换成交流电能，并返送回馈至地铁 33kV 中压电网中，可实现能量的回收再利用。通过限制接触网电压的抬升，取消车载电阻减轻车辆自重、减少车载电阻吸收能量发热可实现节能。根据理论测算，1MW 容量的飞轮储能系统每年可节约牵引电量约 50 万 kW・h。近年来，青岛地铁已安装约 40 台再生制动能量吸收装置，年节省牵引能耗约 900 万 kW・h。2022 年青岛地铁的 2 台 1MW 飞轮储能装置并网应用，是国内首台具有全自主知识产权的兆瓦级飞轮储能装置，全面推广后，可实现牵引能耗节约 15%，线网年节约用电约 5000 万 kW・h。

3）行车组织节能技术

采用“降低巡航速度 + 惰行”的节能牵引模式，在不增加上线列车的前提下，充分考虑平峰时段节能牵引曲线的使用，按照平峰节能模式考虑，可节能 5% ~10%。同时不断优化运营组织模式，提高列车满载率，减少列车空驶里程，如广州地铁 4 号线全天开行大小交路，每天实现节省周转量约 30%，后续广州市部分线路将采用大小交路运营模式，继续提升节能减排效果。西安地铁 4 号线通过对客流数据分析和车站客流监测，将平峰期上线列车数量从 24 列减少至 22 列，列车满载率由 33% 提高至 38%，每日可节省 6414kW・h 的牵引能耗。青岛地铁对列车运行图进行优化，降低列车起停频率，实现单条线路每年节电 100 万 kW・h。

2. 推广新能源运输装备

1）推广纯电动车辆

纯电动车辆具有行驶阶段零排放、生命周期低排放的特征。近年来，随着国家政策的大力支持，我国新能源汽车推广成效显著。2021 年新能源汽车产量 354.5 万辆，渗透率为 13.4%，推广新能源汽车已成为我国中长期降碳的发展策略。《绿色交通“十四五”发展规划》及碳达峰政策等都明确提出了新能源汽车的推广目标。纯电动汽车在使用过程中不直接产生碳排放，但由于在我国电力构成中，煤电比例较高，约占 68%。在既有绿电比例下，若以纯电动乘用车按照平均耗电 15kW・h/100km 计算，则产生碳排放约 8.5kg/100km；在同等车型下，燃油小汽车若平均耗油以 6.3L/100km 计算，则产生碳排放约 13.2kg/100km，即从使用环节看，纯电动汽车可实现减碳约 40%，减碳效果非常显著。随着绿色电力占比及电动车的能效提升，加强制动能量回收，减碳效果会更加显著。

2）发展氢燃料电池车辆

氢能作为一种清洁、高效、安全、可持续的新能源，被视为21世纪最具发展潜力的清洁能源，是人类的战略能源发展方向。氢燃料电池汽车载能量大、续驶里程长、清洁低碳、低温性能好，是交通领域低碳化高质量发展的重要方向。近年来，已有张家口、潍坊等城市开始使用氢燃料电池公交车辆，为继续推广氢燃料电池公交车辆奠定了良好的基础。2022年北京冬奥会期间运行超过1000辆氢燃料电池汽车，配备30多个加氢站，是全球规模最大的一次燃料电池汽车示范，中石油、中石化、国家电投等企业也都投入冬奥交通干线沿线加氢站建设。目前，制氢成本高、基础设施建设资金需求量大是影响氢燃料电池车辆推广的主要原因，未来需加快电解水制氢和可再生能源制氢的大规模应用，提升绿氢比例，降低制氢过程的碳排放。同时提高电催化剂的催化效率，提升燃料利用率和反应速率。通过能量管理策略减少氢燃料的消耗和提升电能的储存、利用能力。

五 交通需求管理

小汽车的高速度增长、高强度使用是产生交通拥堵的重要成因。即使通过加快纯电动汽车的推广应用，可实现技术性减碳，但是过量增长和过度使用仍会导致城市交通供需失衡，加剧城市交通拥堵，会增加能源消耗和碳排放。

实施交通需求管理的核心是通过实施行政管理、经济政策等措施，引导小汽车的合理使用，降低高碳出行方式占比，提升低碳出行方式比例。近几十年来，国内外城市实施交通需求管理措施涵盖保有环节和使用环节，主要包括拥车证制度、车辆牌照拍卖、摇号配置车辆额度等措施，见表2-3。

交通需求管理措施的典型案例和做法　　表2-3

政策措施分类		典型案例和做法
保有环节	拥车证制度	新加坡：自1990年开始实施机动车配额制度，所有新车必须购买“拥车证”（COE），有效期为10年
	车辆牌照拍卖	上海：自1994年起对非营业性客车牌照实行拍卖政策，并对用于非营运的消费者购买新能源汽车免费发放专用牌照额度

续上表

政策措施分类		典型案例和做法
保有环节	摇号配置车辆额度	北京：自2011年起以摇号方式实行小客车数量调控：小客车年度配置指标由24万个减少至15万个，2018年继续减少至10万个，其中新能源小客车指标占60%
使用环节	车辆限行	北京：自2008年起按车牌尾号实行机动车工作日高峰时段区域限行交通管理措施，其中新能源小客车不限行
	拥挤收费	新加坡：1975年开始实行拥挤收费（区域通行证制度），以减少进入中央商务区的交通量
	停车治理	东京：通过差异化的停车价格和严格的停车执法，实现“以静制动”，降低小汽车出行需求
	弹性工作制	德国：政府部门采取弹性工作制，工作日内上午9时至下午3时为固定上班时间，其余时间可以根据个人工作情况错时上下班，每天的工作时间不能少于5h，不能多于9h

国际经验表明，未来在减碳进程中，还是更多需要通过经济手段等对使用环节不断加强管理，引导私人小汽车的合理使用。

1. 交通拥堵收费

交通拥堵收费制度作为一种交通需求管理措施日益受到世界上各大城市的关注，并已在新加坡、英国伦敦和瑞典斯德哥尔摩等地实施。

道路收费概念最初是在1920年由庇古提出的，因为其有助于促进交通基础设施的高效利用，所以这项政策很长时间以来一直被经济学家推崇。美国著名经济学家威廉·维克瑞曾经指出，城市交通基础设施定价机制的不合时宜将导致其得不到使用或遭到浪费，因此交通拥堵收费作为一种有助于改善城市交通使用的手段被提出后，开始在发达国家中推广使用。

目前，北京、深圳、广州等国内城市已开展了“征收拥堵费”或“建立低排区”相关的系列项目研究，探索在我国实行该措施的技术和政策可行性。

2. 停车费制度

停车费制度也是一项经济激励的交通管理措施。停车收费和限制停车是影响出行者选择交通方式的一个重要因素，在停车不受限制的情况下，想要使出行者放弃单独驾车出行并不容易。在交通需求管理实施效果比较好的地区，基本上都对停车有限制或以某种方式进行管理。因此，地方政府规划部门和相关决策者都应该把停车收费作为当地交通需求管理的一项重要举措来考虑。

政府应当承担停车收费的主导作用。众多研究表明，政府可以采取以下几种停车定价的方法：一是增加或者提高单独驾车者或者长期使用者在公共场所停车场停车的收费价格；二是对共乘车辆或者清洁燃料汽车采取优惠的停车收费；三是向全部停车场的所有者、经营者征税；四是通过立法（如美国《空气质量法案》）来提高停车收费价格。此外，开发商、企事业单位和交通管理协会也能够在停车收费定价上发挥一定的作用，主要包括：削减或者取消企业提供给员工的停车补贴、对长期使用公共交通的通勤出行者发放折扣优惠券、制定商业和零售网点地区的停车管理法规和停车收费政策。

3. 弹性工作制

弹性工作制在欧美发达国家的一些城市已经有不少实践，目前在我国很多城市中也得到普遍应用。弹性工作制是指企业依据自身实际情况，使用灵活的工作时间制度调节员工们上下班的时间。这项制度不仅能够影响城市交通高峰时段的通勤车流量，而且对员工通勤交通方式的选择也会产生一定的影响。

在实践中，弹性工作制主要表现为 3 种形式：错开工作时间，压缩周工作日和弹性工作时间。错开工作时间是指由企业设定一个与早晚高峰相错开的上下班时间段，这种方法有助于缓解高峰拥堵时间段的交通流量；压缩周工作日是指减少每周工作日，延长工作日的工作时间，通常做法是员工每周工作 4 天，每天工作 10h，这种方法有双重功效，除了减少员工的总工作出行次数外，还能错开城市交通的高峰时段；而弹性工作时间是允许员工们在一个时间段内自行决定上下班时间，员工们可以在 2 ~ 3h 的时间段内自行决定到单位的时间，然后工作满 8h 后下班，这种方式也可以有效缓解城市交通高峰时段的拥堵压力。

六 智能交通技术

智能化技术在城市交通系统中的发展应用，将有利于城市交通系统缓解拥堵情况，提供最优出行路线，提高系统运营效率，从而达到减少交通碳排放的目标，促进城市交通系统的可持续发展。

智能交通系统（Intelligent Transport System，ITS）是将先进的信息技术、数据通信传输技术、电子传感技术、电子控制技术及计算机处理技术等有效地集成运用于整个地面交通管理系统，从而建立的一种在大范围内、全方位发挥作用的，实时、准确、高效的综合交通运输管理系统。未来的交通除了设施安全、连续外，一体化出行体验是人们选择出行方式的关键考虑因素。通过构建城市交通大脑，将自动驾驶与 MaaS 技术紧密结合，在预约出行的前提下实现人、车、路协同发展，建立畅行无堵的交通系统，可实现系统运行效率最优。智能交通技术与减碳之间的关系如图 2-7 所示。

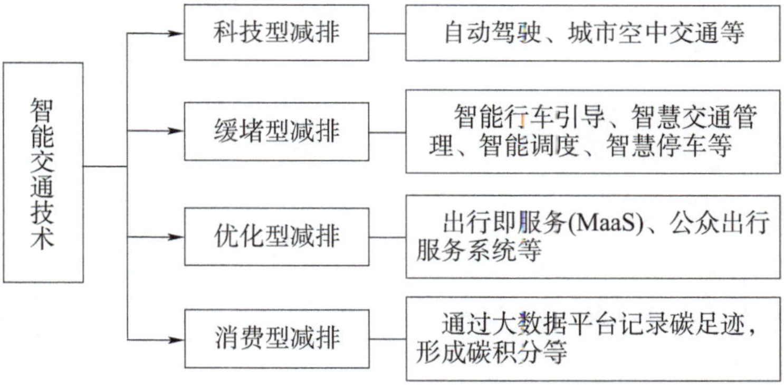

图 2-7　智能交通技术与减碳之间的关系

1. 智慧公交运营

公交智能调度系统是由不同业务应用子系统集成，具体包括：基础信息管理子系统、计划排班子系统、运行监控子系统、智能调度子系统、运行统计分析子系统。其中基础信息管理和运行监控子系统作为整个系统的信息支撑，为业务操作系统提供了各种静态和动态基础信息。计划排班、智能调度和运行统计分析子系统是整个系统的核心，将实现日常运营调度和统计分析等功能。

近年来，移动支付、信息与通信技术、大数据、人工智能等新技术以及共享经济等新经济模式在公共交通领域得到广泛应用，促使传统公交系统正朝着以一体化、多元化、电动化与自动化为典型特征的智慧公交系统快速演变。在智慧公交运营中，加强大数据分析运用，科学优化公交线路站点布设、车辆配置和运营班次密度安排，将显著提升公交车辆的运行效率，节约企业运营成本。智慧公交主要包括多模式公共交通区域协同调度、乘客需求为导向的多元化与个性化定制出行服务，以及面向大型活动与应急事件的智慧公交运营组织等，如图2-8所示。

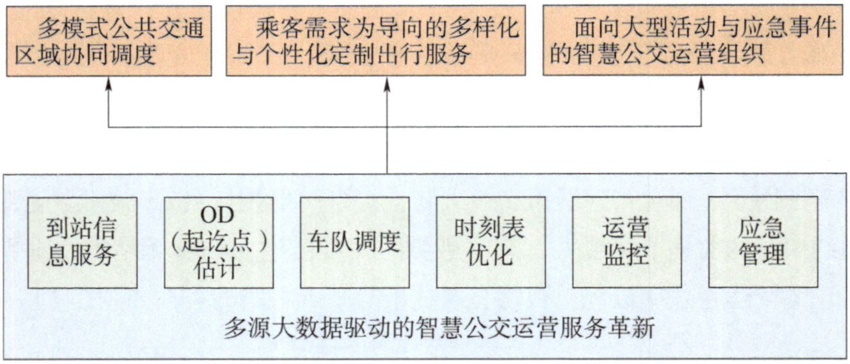

图2-8　数据驱动的智慧公交运营服务

2. 智能信号控制管理

智能信号控制技术是通过对交通流的观测，针对不同方向的交通流给出相应的红绿灯放行时序，使路口交通流有序通行。近十多年来，随着智能技术的快速发展，智能信号控制能够借助自动化检测设备实现全天候观测交通流情况，运用交通工程学、应用数学、自动控制与信息网络技术以及系统工程学等理论，自动地生成信号配时方案，合理地分配路权，保障车辆有序、高效通行。智能信号控制需要做到自适应，即交通管理系统需要根据当前实际的交通状况、拥堵程度自动调节红绿灯的时长，有效实现了交通信号控制的智能化升级，为公众出行提供更畅通的体验，有效减少安全事故。通过分析得出，实施智能信号控制系统的减碳原理是：通过智能信号控制系统的实施，可实现交叉口的实时、多点、联测、联动的控制，促进人、车、道路、交叉口的和谐、密切配合，有效提升交叉口的车辆通行能力和通行效率，减少车辆交叉口停驶和慢速行驶，实现减少城市交通碳排放。

3. 智慧出行系统

在现代通信和信息技术条件下，MaaS能将城市中各种交通方式整合为一体，为出行者提供便捷、经济的出行方式，如图2-9所示。MaaS对于城市交通管理者而言，除了降低私人小汽车使用率，提升城市交通安全、绿色、低碳发展水平外，更重要的是依托城市出行全链条数据，能够为智能网联汽车、车—路协同应用等提供信息预知，高效有序调配车辆、科学合理分配道路资源，从而提高全路网的使用效率和城市交通优化配置水平。MaaS 通过整合各种交通服务模式，让用户出行更便捷、更经济，能够实现减少城市出行碳排放。

图 2-9 出行即服务（MaaS）框架体系

MaaS 是城市生活方式的新趋势，是对出行过程涉及的要素进行整合，形成覆盖完整出行流程的整合产品，通过统一平台向用户提供，实现产品的单次支付和产品使用过程中的一证化通行。MaaS 具有以下显著的趋势化特征：①共享化。MaaS 注重交通服务的提供而不是车辆的拥有；另外作为乘客，不只是交通服务的享受者，同时也是交通数据的提供者与分享者，然后通过数据来改变和优化整个出行服务。②一体化。把各种模式进行高度的整合，集成信息服务的同时，实现路径规划、票务清分、支付以及评价体系的一体化。③人本化。以人为本，其主要目标是针对不同偏好的出行个体，更好提供适合其需求的无缝衔接、安全便捷和舒适的出行服务。④低碳化。为了节能减排，引导出行者更多选择绿色出行方式，减少私人机动化的出行。

4. 智慧物流系统

近年来，随着新一代信息技术的快速发展，智慧物流创新理念逐步渗透到物流的各个环节。菜鸟网络推动“新物流”革命，京东物流提出“下一代物流”解决方案，上海、青岛等开启无人港口新时代，无人仓、无人车、无人机、物流机器人、云仓等日益推广开来，京东物流首个全流程无人仓投入使用，顺丰速运建设大型物流无人机总部基地。在“互联网 +”背景下，借助市场力量，公路货运组织集约化进程加速，无车承运人的合法身份也得以确认。据初步测算，通过无车承运模式能够降低车辆空驶率 5% ~10% 。智慧物流发展在大幅提升物流效率的同时，有力减少了车辆无效和低效行驶，提供了更优质的服务，降低了碳排放。未来几年，5G、物联网等技术的推广应用将进一步加速，为智慧物流发展带来机遇，利用先进技术提高物流作业效率，打造绿色物流系统已是必然。

5. 智慧停车系统

社会车辆停车过程中由于寻找车位而产生的周转量和碳排放量不断攀升。尤其在大中城市复杂交通环境下，停车资源的有效、高效分配成为城市交通亟待解决的问题之一。基于智慧停车系统，可以实现点到点的车位预约、车位级导航、反向寻车、无感支付等全流程服务，提高停车场的服务质量和周转效率，从而达到减少出行终端碳排放的目的。如株洲市智慧停车系统，采用百度高位视频技术，加强道路停车位改造，实现停车位 24h 可视化实时监控，不仅支持全自动停车计时计费、全自动停车取证、不规范停车识别预警，更能覆盖监控停车位外一定范围，协助交通治理。监控范围内发生的违停、交通事故、停车引起的剐蹭、车辆被敲窗、盗抢等车损案件，可以实时监控并高清取证，形成完整的证据链。同时，城市级智慧停车管理平台还完成城区社会停车场的接入，实现路内道路停车智能化管理，路外封闭停车场数据互联互通。

6. 自动驾驶系统

自动驾驶系统是指车辆驾驶员执行的工作完全自动化的、高度集中控制的车辆运行系统。自动驾驶系统具备列车自动唤醒起动和休眠、自动出入停车场、自动清洗、自动行驶、自动停车、自动开关车门、故障自动恢复等功能，并具有常规运行、降级运行、运行中断等多种运行模式。实现全自动运营可以提升速度的合理匹配、优化系统能耗从而节省能源、减少碳排放。

自动驾驶既能降低事故发生率，提升交通安全性，又能提升城市道路通行效率，对缓解交通拥堵发挥重要作用。自动驾驶技术也蕴含巨大减碳潜力。据相关研究显示，自动驾驶技术的广泛使用可以显著节省燃料，在乐观情景下，自动驾驶可使燃油消耗量减少 5% ~45%；能源消耗水平和碳排放量更可能出现净下降，与传统车辆相比，自动驾驶车辆整个使用寿命内的能源和碳排放量减少了9%。

七 低碳市场机制

建立低碳市场机制的核心是指利用市场机制，引导社会资金投入，激励企业提升参与节能减排的主动性和积极性，引导企业、个人和家庭积极参与低碳出行，从而促进城市交通的节能减排。

一是建立碳交易机制。碳交易是指交易主体按照有关规则开展的温室气体排放权或碳排放空间的交易活动，其本身是一种运用市场经济来促进碳减排的重要工具。国际上碳交易主要是排放配额和基于项目的减排量的交易。国内碳交易的产品首先绝大多数是排放配额，它是政府分配给重点排放单位（控排企业单位）指定时期内的碳排放额度（排放许可）；其次是中国核证自愿减排量（CCER），它是指依据生态环境部发布施行的《碳排放权交易管理办法（试行）》规定，经其备案并在国家注册登记系统中登记的中国核证自愿减排量。CCER中涉及交通、能源、电力、建筑、林业等共15个行业。

二是建立碳普惠机制。碳普惠是低碳权益惠及公众的具体表现，将出行者的减碳行为（如公交出行、节气节电等），以“碳积分”的形式给予一定的价值激励，再通过碳市场交易转化为个体激励，是探索鼓励绿色低碳生产生活方式的普惠性工作机制的简称。出行者通过采用公交系统出行得到奖励，公交企业因公交车运输了更多的乘客而降低了能耗强度和运营成本，因此而获得的减排量还能够通过碳金融获得收益。

三是建立合同能源管理机制。合同能源管理是指节能服务公司与用能单位以契约形式约定节能项目的节能目标，节能服务公司为实现节能目标向用能单位提供必要的技术、管理等服务，用能单位以节能效益支付节能服务公司的投入及其合理利润的节能服务机制。其实质就是以减少的能源费用来支付节能项目全部成本的业务方式。通过开展合同能源管理，项目单位能够避免承担较高的项目实施过程中的资金、技术风险，同时能够实现较好的节能减排效果。此外，合同能源管理制度还具有投资回收短、节能效果有保障等优势。目前，合同能源管理在交通行业的应用包括隧道照明、港口节能、场站节能等方面，未来随着政策机制的不断完善、企业认识的提高，其在城市交通的应用前景也十分广阔。

四是开展绿色金融支持。在国家多层次绿色金融市场体系下，通过推动发展绿色贷款、绿色债券、绿色保险等金融产品，支持交通运输行业的低碳发展，可以解决低碳发展需要投入大量资金的问题。如创新“绿色租融保”业务模式、“电桩融”产品服务等，积极支持我国新能源公交车辆的推广应用和配套设施建设。

五是开展碳中和认证。碳中和认证是指为大型组织提供碳排放和净零排放之旅的描述，具体工作包括：测算一年的碳排放量，制订减碳计划，抵消残余排放，验证排放边界和活动数据。碳中和认证有如下好处：增强了组织温室气体排放数据的一致性和公开性，提高了可信度和透明度；使组织可以更加有效地管理与其温室气体资产或负债相关的风险；有利于提升利益相关者（包括投资者、客户和消费者）的信心。

此外，积极开展节能低碳宣传，引导公众选择绿色低碳出行，加强公众的参与度。开展节能低碳宣传的核心是指针对市民、学生、员工等定期开展宣传教育，强化低碳认识，提升环保理念，积极引导社会公众积极参与低碳出行，并从长期将其转变为日常行为，减少碳排放。

第三章

城市交通碳排放情景分析

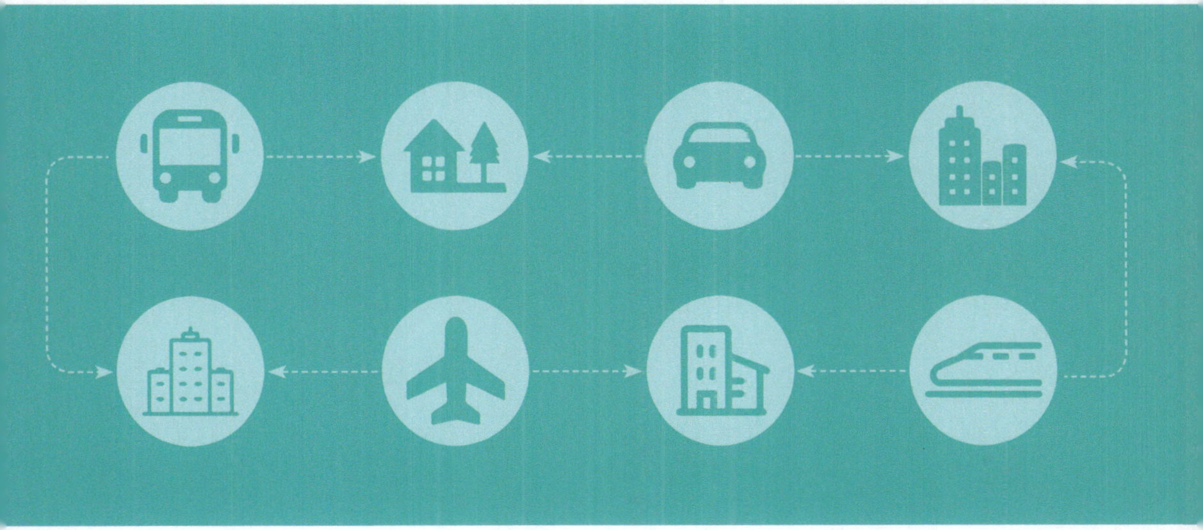

第一节 城市交通碳排放评估模型

基于城市交通碳排放机理，可识别城市交通碳排放的主要影响因素，综合考虑“自上而下法”和“自下而上法”特点，利用城市交通行业统计数据、文献数据、大数据等，研究提出低碳城市交通评估框架体系，并根据微观、中观和宏观等不同维度提出评估方法和模型，包括现状评估、未来发展预测等。结合台架试验和工况测试法数据得到国内本地化的城市交通碳排放因子数据库，实现可视化的现状监测与预测评估，为城市低碳交通决策、规划制定，宣传推广等提供重要支撑，城市交通碳排放评估与预测的技术框架详如图 3-1 所示。

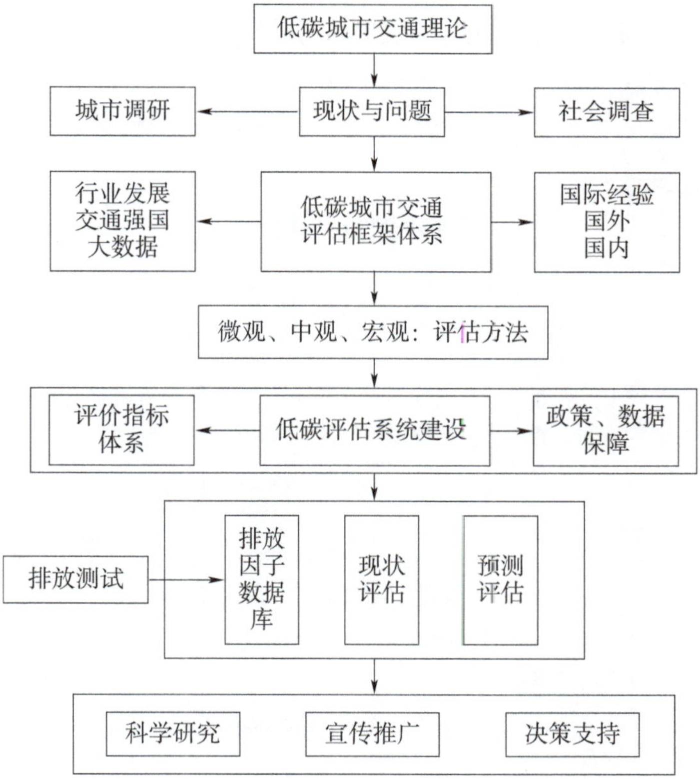

图 3-1　城市交通碳排放评估与预测的技术框架

一 国际常用模型

截至目前，在全球范围内已有较多成熟的交通能源需求和碳排放预测模型应用，代表性的模型包括：机动车排放模拟模型（Motor Vehicle Emissions Simulator，MOVES），美国环保署（U. S Environmental Protection Agency，EPA）、长期能源替代规划系统（Long-range Energy Alternatives Planning System，LEAP，由斯德哥尔摩环境研究所与美国波士顿大学共同开发）、道路交通排放的计算机程序（Computer Programme to calculate Emissions from Road Transport，COPERT，欧洲环境局）、交通排放模型（Transport Emission Model，TREMOD，德国联邦环保局）等，其中LEAP模型在交通领域的应用最为广泛。

LEAP模型即长期能源替代规划系统模型，是由斯德哥尔摩环境研究所开发的基于情景模拟的能源—环境分析工具。在LEAP模型中，使用者可以根据研究问题的自身特点和数据的可获得性灵活设定模型结构、数据形式及预测方法，适用于中长期能源规划，同时具有详细的环境数据库，因而被广泛应用于全球、国家以及区域尺度的能源战略规划和温室气体减排评价研究，见表3-1。

LEAP模型总体情况 表3-1

名称	长期能源替代规划系统（Long-range Energy Alternatives Planning System，LEAP）
用途	自下而上的能源—环境核算工具，用以计算分析工业、农业、居民、交通等方面的能源消耗量和温室气体排放、污染物排放量
开发机构	斯德哥尔摩环境研究所与美国波士顿大学共同开发
历史版本	2012. 0. 0. 49（2012—2016）
系统边界	农业、工业、交通运输、商用服务、民用部门的能源。 种类包含二次能源：燃料类型为汽油、柴油、压缩天然气（CNG）、电力以及燃料子类型； 一次能源：原煤、原油、煤等化石燃料和地热、水电能再生能源和木头、有机垃圾等生物质能源； 污染物：二氧化碳、一氧化碳、氮氧化物、PM10、黑炭、硫化物等

续上表

模型结构	LEAP 模型是自下而上的模型，拥有灵活的结构，可以根据研究对象特点、数据的可得性、分析的目的和类型等来构造模型结构和数据结构
模型应用	能源需求、能源转化、环境影响评价、费用分析。 LEAP 是可以做基于情景分析的能源—环境模型工具，可以做能源的需求分析及其相应的环境影响分析和成本效益分析

二 自主研发模型

1. 城市交通环境排放监测评估模型

“城市交通环境排放监测评估模型”是交通运输部科学研究院城市中心自行研发的环境排放监测评估模型，已在多个评估城市交通行业碳排放研究工作中得到应用，取得了很好的效果。该模型主要包括制定方案、排放因子查询、排放计算、排放分析、能耗计算、能耗分析、元数据管理和系统管理 8 个模块，计算方法包括“自上而下法”和“自下而上法”两种。模型采集交通运输行业统计数据以及交通出行调查结果，融合多源异构的数据源，结合本地化的排放因子，计算分析不同交通运输方式在所研究时空下的主要温室气体（CO_2、CH_4）和污染物（CO、NO_x、HC、NH_3、PM）排放水平，实现决策支撑。模型整体框架如图 3-2 所示。

图 3-2　城市交通环境排放监测评估模型整体框架

排放计算、排放分析、能耗计算和能耗分析模块的主要功能是按制定的方案，对车辆排放和能耗进行计算，基于碳排放和能耗结果数据，按年份、交通方式、燃料类型、排量类型、道路类型、温室气体类型、污染物类型等多维度组合分析，并以数据表、专题图（饼状图、柱状图）等形式进行展示，如图 3-3 所示。

图 3-3　城市交通环境排放监测评估模型计算结果

2. 基于大数据的低碳城市交通评估系统

基于交通需求模型、实时交通流监测、互联网交通大数据等，提出基于大数据的低碳城市交通评估框架体系，涵盖了宏观、中观和微观多尺度体系，重点研究了基于交通多元大数据的“自上而下法”和“自下而上法”结合中观尺度的综合评估方法，既可开展现状的监测与评估，又能实现未来中长期发展的碳排放预测（图 3-4），可为制定低碳发展目标、城市交通辅助决策提供重要依据。

综合评估方法具有能够评价政策、规划、措施和重大建设项目的温室气体缓解策略及效果，能同时评估能源消耗、碳排放和污染排放的协同效益等优势，因为交通活动水平是最核心因素，建立基于交通活动水平的城市交通碳排放因子数据库成为此评估框架体系的重要基础，能实现对各种城市交通措施的碳排放评估，实用性很强，是目前为止国际上公认的最好的评估方法。

1）开展小汽车的碳排放因子测试

基于 OBD（车载自诊断系统）设备、车载排放测试系统 OBEAS6000 等，针对 1615 辆典型小汽车（汽油车，国Ⅰ～国Ⅴ，三类排量数据）采集了车辆逐秒行驶数据，包括能耗与二氧化碳（CO_2）、碳氢化合物（HC）等污染物排放，采集内容包括经纬度、日期、时间、速度、加速度等，分析确定不同道路等级、交通状态下的典型运行数据。

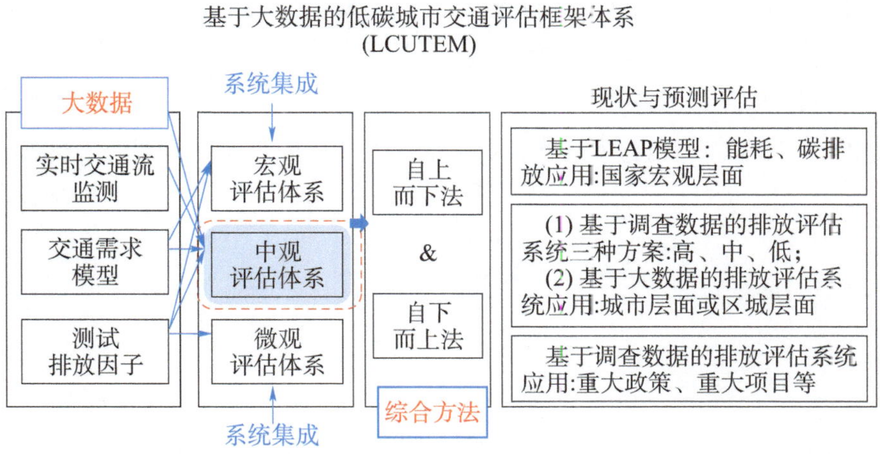

图 3-4　基于大数据的低碳城市交通评估框架体系

通过在郑州、北京、成都等开展测试，研究建立了覆盖几十种车型（按照燃料类型、车龄、排放标准、车长、排量等）、不同道路等级、不同服务水平的1000多个CO_2排放因子和1000个CO、CH等污染物排放因子数据库。排放测试的设备组装、测试轨迹和分析试验系统，详见图3-5。

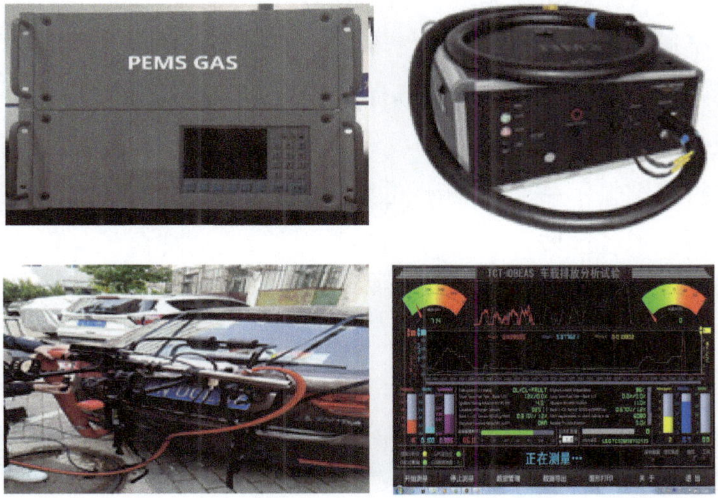

图 3-5　OBEAS6000 车载排放测试设备和测试系统

2）建立基于交通活动水平的碳排放因子数据库

综合现有的排放因子和实际排放测试数据，使用PHEM模型可以直接根据测试结合已知的车辆速度工况和道路坡度、行驶阻力和传动系统损失获得发动机功率，从而计算发动机功率、速度以及能耗排放的相互关系，建立某种车型对应的发动机图谱，计算得出典型工况对应的排放因子。最后，综合上述不同行驶工况与碳排放的测试数据，得出此种车型不同行驶工况下的碳排放因子，如1.6L排量及国Ⅳ排放标准小汽车的碳排放因子如图3-6所示。

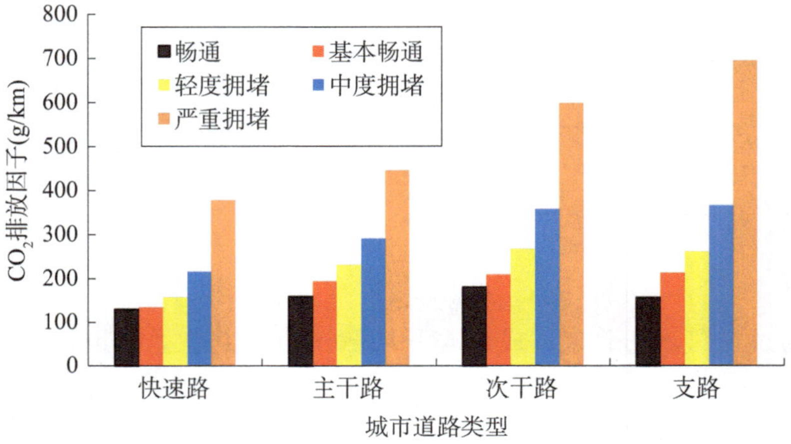

图3-6　1.6L排量及国Ⅳ排放标准小汽车不同行驶工况下的碳排放因子

利用“基于大数据的低碳城市交通评估系统”，基于城市公交车、出租汽车的GPS（全球定位系统）、智慧出行等大数据，制定具体工作方案，计算城市交通（含公交车、出租汽车、小汽车等）能源消耗和二氧化碳排放。以郑州市为例，首先搜集车辆保有量、车辆行驶等数据，通过模型运算，实现对郑州市城市交通碳排放结果的热力图、蜂窝图等专题图展示，并能通过折线图显示一个月内不同类型城市交通方式排放量日变化特征，通过柱状图显示各区域日平均值。同样，城市交通能源消耗量也能实现类似的展示，由此进一步提升了低碳城市交通评估系统的实用性和可视性。

第二节　情景设定

基于我国经济社会发展态势、能源消耗以及各交通方式能源消耗历史变化趋势，综合考虑我国“十四五”规划和二〇三五年远景目标纲要、能源发展规划等各领域规划，采用LEAP模型，科学、合理地预测全国城市交通二氧化碳排放的总体目标及阶段性目标。

城市交通碳排放量取决于城市公交车、出租汽车、私人小汽车、城市物流车的数量、能源类型及所占比例，基础设施和出行结构等因素也对其有直接影响。综合考虑国家“碳达峰、碳中和”目标等，设定基准情景、低碳发展情景（LCS）和强化低碳发展情景（ELCS）。3种情景的基本描述如下。

（1）基准情景：按照近年的城市客运车辆、私人小汽车、城市物流车和基础设施建设的发展趋势，根据当前政策降低城市客运温室气体排放，继续保持基准年即2020年城市客运行业的车辆能源比例结构，车辆平均能耗水平逐步提升，继续推广新能源车辆，城市公共交通稳步发展，出租汽车空驶率逐步降低，网约车、无人驾驶汽车等新业态稳步发展，公众参与绿色出行的水平一般。

（2）低碳发展情景：强化低碳手段、政策和措施，城市公共交通水平显著提升，绿色出行取得较大发展，加速发展新能源车辆并达到较高水平，车辆平均能耗水平大幅提升，加速提升绿色和智慧物流水平，出租汽车空驶率显著降低，网约车、无人驾驶汽车等新业态快速发展，公众参与绿色出行达到一定水平。

（3）强化低碳发展情景：出行方式和消费模式深度变革，城市公交和绿色出行达到较高水平，绿色和智慧物流水平显著提升，车辆平均能耗水平达到很高水平，网约车、无人驾驶汽车等新业态已达到较高水平，城市公交、出租汽车、小汽车、城市物流车辆电动化达到较高水平，公众参与绿色出行达到较高水平。

第三节 评估方法

以2010—2020年城镇人口、GDP等历史统计数据为基准，在充分考虑未来经济增长和城镇化率变化的基础上，预测2060年前GDP和城镇人口的数量。根据城镇人口和日均出行次数，预测城市出行总量。其次，按照常规公交车、出租汽车、小汽车、城市物流等主要交通运输方式的历史发展趋势，将交通出行结构以及“十四五”和中长期规划目标作为重要依据，预测各交通运输方式未来能源消费量及二氧化碳排放量。最后，综合全国新能源车辆发展规划、能源中长期发展规划等，结合节能减排以及碳排放达峰目标要求，利用“自下而上法”开展减碳潜力分析，完成3种发展情景（基准情景、低碳发展情景和强化低碳发展情景）下城市交通碳排放量的预测，之后开展各种情景预测结果的比较分析。

综合欧、美、日发达国家和地区的经验，交通二氧化碳排放测算的方法主要包括两种：“自上而下法”和“自下而上法”。前一种方法的适用条件是统计基础较好、数据质量较好，尤其是燃料消耗量统计较好，因此，更适用于国家层面宏观的测算；后一种方法则适用于统计基础，尤其是燃料消耗量统计较差的领域，该方法是基于城市交通活动水平（车公里、人公里和人次等）的计算，因而也对交通活动水平统计数据有较高的要求，此方法更适用于城市及以下层面的测算，如图3-7所示。

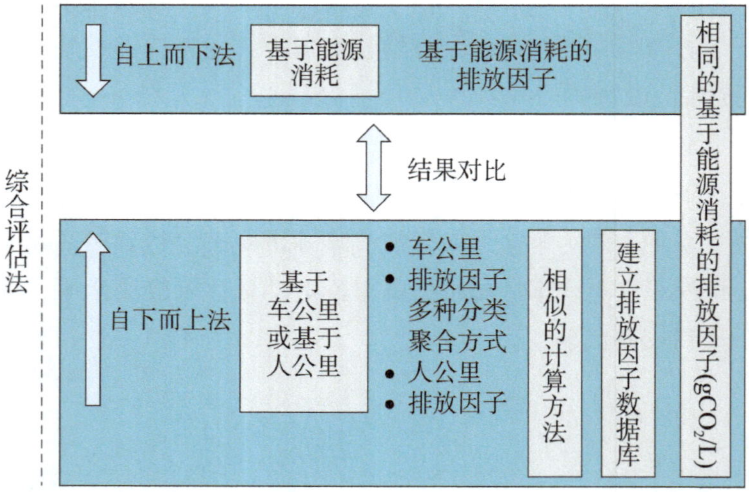

图3-7 城市交通碳排放评估方法

1）“自上而下法”（Top down approach）

“自上而下法”，是以城市交通能源消耗统计为基础，来测算城市交通（含城市客运、城市物流）二氧化碳排放的方法，然而如外地车辆加油等因素导致的边界不准确问题也会影响到计算精度，具体计算方法见式（3-1）。城市轨道交通也是基于以上原理，其主要能源类型为电能，可采用“自上而下法”，来测算城市轨道交通的碳排放。

$$E = \sum\sum (FC_{i,j,k} \times EF_{i,j,k}) \tag{3-1}$$

式中：i——车辆类型；

j——能源类型；

k——排放标准。

第 j 种能源类型，根据《中国能源统计年鉴》的口径，将最终能源消费分为不同品种，$i = 1, 2, \cdots, n$ 分别表示汽油、柴油、燃料油、天然气、电力等。

2）“自下而上法”（Bottom up approach）

“自下而上法”，是以城市交通车辆保有量、出行距离、燃油经济性等指标为基础，来计算城市交通碳排放的方法。随着城市交通大数据的发展，进一步补充和丰富了数据源，因此该法在实践中使用更为普遍。其计算方法见式（3-2）。

$$E = \sum\sum [(VK_{i,j,k,l} \times VKT_{i,j,k,l} \times FE_{i,j,k,l}) \times EF_{i,j,k,l}] \tag{3-2}$$

式中：E——二氧化碳排放量；

VK——车辆保有量；

VKT——年均行驶里程；

FE——燃料经济性（每百公里的油耗、气耗和电耗）；

EF——排放因子；

i——车辆类型；

j——燃料类型；

k——排放标准；

l——城市所在区域。

在实际操作过程中，采用“自下而上法”统计城市交通温室气体排放的过程可分为五个步骤：确定计算边界、确定交通方式、了解出行分布、设定道路类型、对道路交通进行 VKT 细分，如图 3-8 所示。

第一步：确定计算边界。

边界即交通行为发生的地理界线，可基于对城市实际判断和数据的可得性采取不同的划分。其中边界划分包括以下原则：

（1）属地原则，即统计涵盖所有地理边界内的出行行为，其中包括地理边界内部的全部出行、属地外部跨边界出行中地理边界内的部分、属地内部跨边界出行中地理边界内的部分和穿越属地出行中地理边界内的部分。

（2）居民原则，即涵盖了地理边界内居民的交通出行活动，通常不仅在城市属地，而且包括居民由外部进入区域的出行和区域内部的出行。

（3）“城市性”原则，即集中于城市周边生活、工作的出行所造成的温室气体排放，它涵盖了城市内部居民出行和非居民出行（旅游、探亲）等。考虑到交通活动属地和去往城市的共同作用，起点至目的地交通只有部分温室气体排放分配至该城市（通常各分担50%）。温室气体核算中不考虑过境交通。

（4）属地能源销售原则，即属地所有交通部门能源销售的温室气体排放计算。

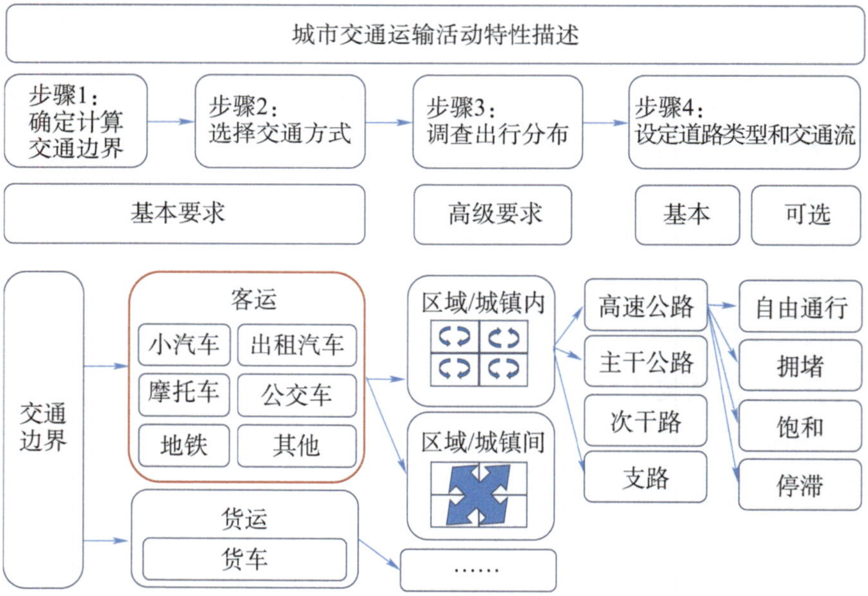

图3-8　城市交通运输能耗统计边界的确定

第二步：选择交通方式。

在交通方式的选择和划分中，客运和货运的交通活动可通过交通工具划分，再通过交通工具的主要特征（车辆使用的能源类型、长度等）进行二级细分，由于每种交通工具具有不同的能源消耗因子和对应的温室气体排放系数。因此，不同交通方式的温室气体排放量是基于交通工具、活动水平和排放因子等关键指标计算而实现的。

小汽车、出租汽车、摩托车等是城市交通温室气体的重要排放源，因此，应作为机动化城市交通排放监测的重点，对交通结构调整的影响和温室气体减排评估十分重要。此外，城市公共汽电车和地铁作为城市公共交通的重要方式，也应涵盖在温室气体排放监测范围内，其排放影响评估对于未来城市交通政策的制定具有参考意义。

第三步：调查出行分布。

城市交通的活动可以几种方式进行划分，如交通活动的起讫点和出行原因。基于起讫点的出行：如果出行完全发生在市区内部则称其为内部交通；开始于该城市但结束于另一个城市的出行活动；目的地的交通开始于该城市外，但结束于该城市范围内的出行；只穿越该城市属地，但既不是出发点也不是目的地的过境交通。通过出行目的划分的出行原因，如：以工作、上学为目的的通勤出行；以购物、休闲为目的的日常出行。

考虑城市温室气体排放核算中所有交通方式及其进一步细分后的数据需要较高的可得性，特别是以出行目的作为划分依据的信息很难获得，因此在核算中不予考虑。

第四步：设定道路类型的交通流数据。

考虑道路类型（快速路、主干路、次干路等）、行驶速度等，细分交通活动，采集交通流数据（自由通行、拥堵状态、饱和状态等）。

3）排放因子

目前，国内研究人员通常在选取城市交通化石能源碳排放系数时主要有3种方法：直接使用联合国政府间气候变化专门委员会（Intergovernmental Panel on Climate Change，IPCC）等国际机构提供的碳排放系数；基于欧洲交通排放手册（Handbook Emission Factors for Road Transport，HBEFA）、其他现有的排放因子等，开展基于实际典型工况碳排放的补充测试，采用模型进行模拟，得出城市交通典型工况对应的排放因子；根据IPCC提供的各种能源缺省排放系数（单位热值碳排放），参考国内能源热值资料（单位能源热值），计算能源燃烧产生的碳排放作为能源碳排放系数。

本书综合IPCC国家温室气体排放清单指南，中国工程院、国家发展改革委能源研究所等国际、国内机构和一些研究项目的主要化石能源的碳排放系数，得出城市交通部门能源消费的 7 个主要一次能源品种的碳排放系数，如图 3-9 所示。

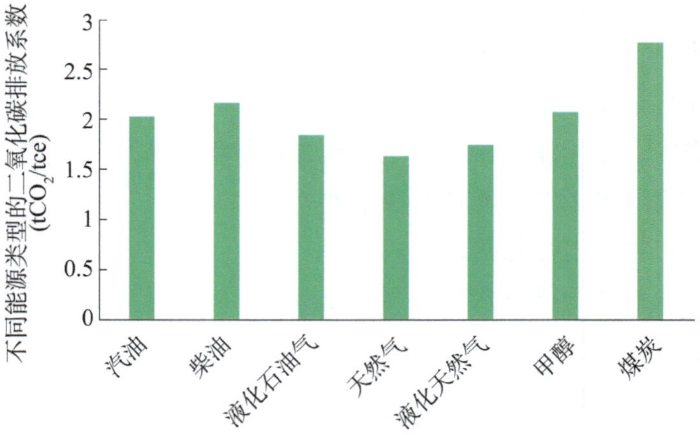

图 3-9　不同能源类型的二氧化碳排放系数

在交通运输部门二氧化碳排放研究中，除了油、气、煤等一次能源外，还有电力、热力以及氢能等二次能源。本书参照了《中国交通能源与碳达峰》一书中的方法和部分数据，其中热力的碳排放系数取值为 1.94tCO_2/tce，电力的碳排放系数与电力结构中的煤电占比直接相关。2020 年煤电在电力结构中占比为 73%，电力的碳排放系数取值为 1.36tCO_2/tce。考虑 2050 年电力将全部来自可再生能源，2050 年电力的碳排放系数为 0。2018—2050 年的电力碳排放系数按线性取插值（图 3-10）。考虑电制氢综合效率为 50%，则氢的碳排放系数为同年电力碳排放系数的两倍。

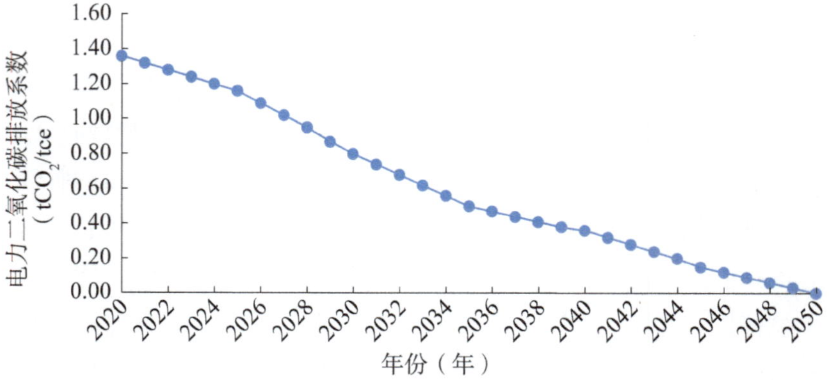

图 3-10　电力碳排放系数预测

第四节 主要参数设置

一 社会经济发展

1. 城镇人口

城镇人口规模既对每天的出行次数产生重要影响，又与城市公交车保有量变化关系密切，按照国务院印发的《关于调整城市规模划分标准的通知》，新的城市规模划分标准以城区常住人口为统计口径，将城市划分为五类七档：城区常住人口50万以下的城市为小城市，其中20万以上50万以下的城市为Ⅰ型小城市，20万以下的城市为Ⅱ型小城市；城区常住人口50万以上100万以下的城市为中等城市；城区常住人口100万以上500万以下的城市为大城市，其中300万以上500万以下的城市为Ⅰ型大城市，100万以上300万以下的城市为Ⅱ型大城市；城区常住人口500万以上1000万以下的城市为特大城市；城区常住人口1000万以上的城市为超大城市。根据《城市道路交通规划设计规范》（GB 50220—1995），城市公共汽电车的规划拥有量应符合以下标准：大城市为每800～1000人/标台，中小城市应每1200～2500人/标台。对于出租汽车，大城市每千人不少于2辆，小城市每千人不少于0.5辆。而对于私人小汽车数量，按照欧美国家经验，每千人不多于800辆，而按照日韩等东亚发达国家经验，每千人不多于400辆，因此，城镇人口对于城市公共交通车辆供给的预测至关重要。

对于未来我国人口的发展预测，国家卫生健康委员会、中国人口信息研究中心、中国人民大学人口所等相关单位均做过相关预测，但因相隔时间较为久远，相关预测与我国实际人口发展已经出现偏差，而且我国人口政策在近些年也出现了一定变化，因此以上预测结果仅作参考。而根据国家卫健委的政策调整，继2014年开放“单独二孩”政策后，2016年开始实施“全面开放二孩”政策，2021年实施“三孩”政策，在此背景下，认为我国在2050年保持14.00亿左右人口规模并处于缓慢下降趋势，预计在2060年约有12.00亿的人口数量。

城镇人口数量的预测值是由全国人口数量与城镇化率相乘得到。根据国家统计局2021年的统计数据，2020年我国城镇化率为63.89%。按照中国社会科学院城市发展与环境研究所在《城市蓝皮书：中国城市发展报告》中提出的研究成果，中国城镇化率在2030年有望达到70%。按照上述设定，认为我国城镇化率在2030年和2050年分别达到70%和80%，中间各年均等取值，如图3-11所示。

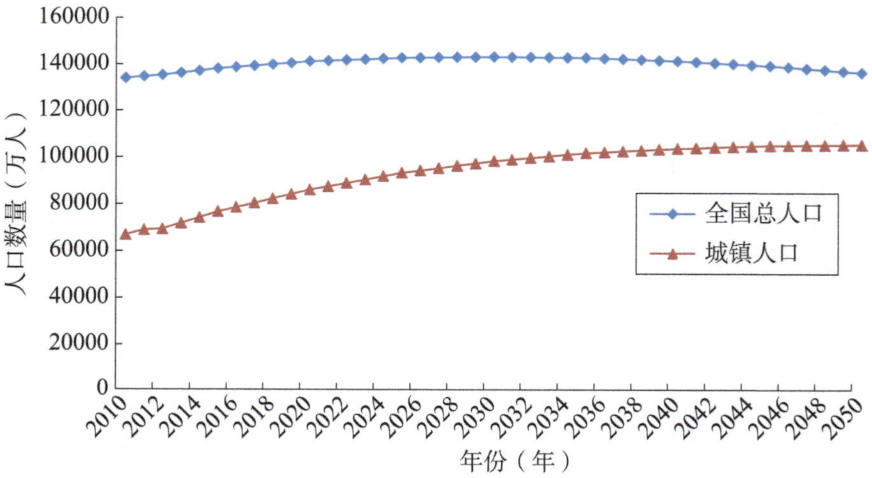

图3-11　全国人口和城镇人口预测

2. 国民经济发展水平

国民经济发展水平对于城市交通出行方式有着至关重要的影响，它反映了一个国家或地区的经济活动中所生产出的全部最终产品和劳务的价值，因此，被认为是衡量国家经济状况的最佳指标。对于城市公共交通等严重依赖政府公共基础设施投资的领域而言，GDP的增长趋势会对其产生十分重要的影响。不但能够通过加大财政投入从而提高相应的基础设施建设水平和车辆、船舶数量，还将通过技术革新和相应政策引导提升公共交通的服务水平，从而吸引乘客出行，加大公共交通在城市机动化交通中所占据的比例。因此，对未来几十年我国GDP增长趋势的准确预测将十分重要。

在情景分析中，我国“十四五”期GDP的总体增长与《中华人民共和国国民经济和社会发展第十四个五年计划和2035远景目标纲要》中对于GDP增长的要求保持一致，即按照GDP年均增速预计6.5%左右进行预测，其GDP预测的增速与出租汽车和公交车数量有着直接的关系。2021—

2030 年，我国 GDP 年增长率为 6.5% 左右。按照发达国家经济发展的规律，当国家经济总量达到一定水平后，GDP 很难保持高速的增长趋势，情景分析中对在 2030—2050 年间的 GDP 增速持审慎乐观的态度，按照 5% 左右的增速预测，如图 3-12 所示。

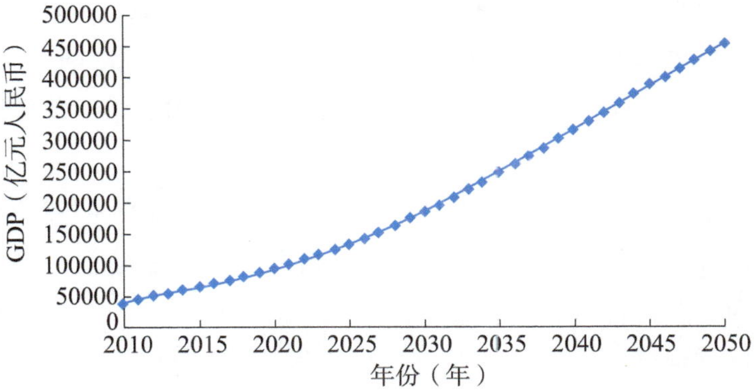

图 3-12　全国 GDP 增长趋势预测

3. 居民消费水平及结构

随着城市经济的发展、生活水平的提高，城市居民的人均可支配收入也日渐增加，城市居民购买力也相应增强，多样化、个性化的生活需求逐步显现，为了适应这种要求，具有小批量、多品种、高频率服务特点的城市物流越来越重要。因此，居民消费水平及结构对于城市物流的规模和构成具有重要影响。以城市居民人均可支配收入为主要指标，对 2030 年和 2050 年的发展趋势进行预测。

二　运输装备

1. 公共汽电车

城市公共汽电车载运能力以“标台”为单位，根据《交通运输部关于印发公交都市考核评价指标体系的通知》，公交车辆标台折算按照车长计算，即：车长为 5～7m 的公交车折合 0.7 标台，7～10m 车长的公交车折合 1 标台，10～13m 车长的公交车折合 1.3 标台，13～16m 车长的公交车折合 1.7 标台，16～18m 车长的公交车折合 2.0 标台，双层公交车折合 1.9 标台。城市公共交通车辆标台数直接决定了公共汽电车载运能力和服务水平并与经济发展水平、城镇常住人口相关。因此，全国公共汽电车标台数量与全国城镇常住人口和 GDP 呈线性相关，所以采用 SPSS（Statistical Product and Service Solutions）对公共汽电车标台数通过基于城镇常住人口和 GDP 的线性回归进行预测。

基于 2010—2020 年城市公共汽电车标台数量、城镇人口和 GDP 的历史数据，进行城镇人口和 GDP 对城市公共汽电车标台数量的线性回归，并通过了置信区间为 90% 的检验，且拟合的决定系数（R-Square）和修正的决定系数（Adjusted R-Square）分别为 0.992 和 0.991，拟合优度很高，因此认为回归预测基本可信，回归公式详见式（3-3）。

$$公共汽电车标台 = 7.97 \times 城镇人口 + 0.382 \times GDP - 192976 \quad (3\text{-}3)$$

根据按照式（3-3）回归后的城市公共汽电车标台总量，参照近年不同规模城市公共汽电车标台的分布，按比例将预测的公共汽电车标台数量划分到不同规模的城市中。同时，公交车保有量也受到城镇人口的限制，根据《城市道路交通规划设计规范》（GB 50220—1995）中的要求，大城市为 800 ~ 1000 人/标台，中、小型城市为 1200 ~ 1600 人/标台，预测的结果如图 3-13 所示。

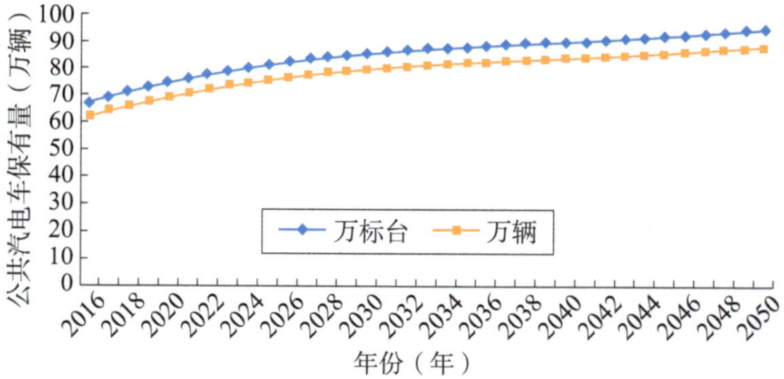

图 3-13　公共汽电车保有量预测

2. 出租汽车

城市政府管理部门在出租汽车投放、准入和管理过程中，多数是实行总量控制，负责车辆的投放和淘汰更新，因此，出租汽车保有量与经济水平和市场变化的因素相关性不明显。为能通过相关性检验，采用趋势分析方法，结合《城市道路交通规划设计规范》（GB 50220—1995）对不同规模及类型的城市出租汽车保有量进行预测，即根据我国“十三五”及之前的出租汽车发展趋势，同时考虑网约车的稳定发展，以及时间序列变化预测未来我国出租汽车的发展规模，并依据大城市每千人不少于2辆、小城市每千人不少于0.5辆的要求，得出预测结果，如图3-14所示。

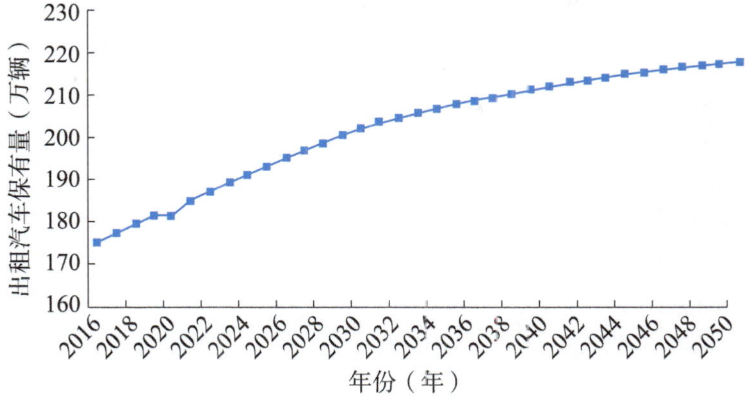

图3-14　出租汽车保有量预测

3. 小汽车

西方发达国家经验表明，私人小汽车的普及程度和经济发展水平直接相关，同时也受到城镇人口规模的影响。以欧美国家的经验，发达国家私人小汽车的保有水平为600～800辆/千人，而根据东亚发达国家——日本和韩国的经验，其私人小汽车的保有水平为400辆/千人，这也是目前全球平均水平。在我国，私人小汽车数量受到各省（自治区、直辖市）经济发展水平、城市地理地貌、气候条件和出行习惯等因素的影响。考虑到各省（自治区、直辖市）经济发展水平和消费理念的区别，在小汽车数量的预测中，按照各地区“十四五”期GDP增长的目标，预测了2021—2030年各省（自治区、直辖市）GDP增长。

因此，根据各省（自治区、直辖市）GDP与私人小汽车保有量统计，进行了私人小汽车基于GDP的单一因素回归，同时考虑小汽车的主要发展趋势，预测了未来到2030年私人小汽车的发展规模。在“十四五”期间和“十五五”期间，认为小汽车仍呈现自然增长的态势，之后增长速度会显著放缓。根据日本、韩国小汽车保有量的经验，当城市私人小汽车数量达到400辆/千人时，认为私人小汽车保有量趋于饱和，不再继续增长。私人小汽车数量预测如图3-15所示。

4. 城市物流车辆

目前我国尚未建立系统的城市物流统计体系。根据《中国统计年鉴

2020》中关于载货汽车数量的统计，选择中型、轻型、微型载货汽车数量作为城市物流车辆计算基数。城市物流车辆数量与经济发展水平、城镇常住人口相关。对城市物流车辆数量基于城镇常住人口和GDP的线性回归进行预测。

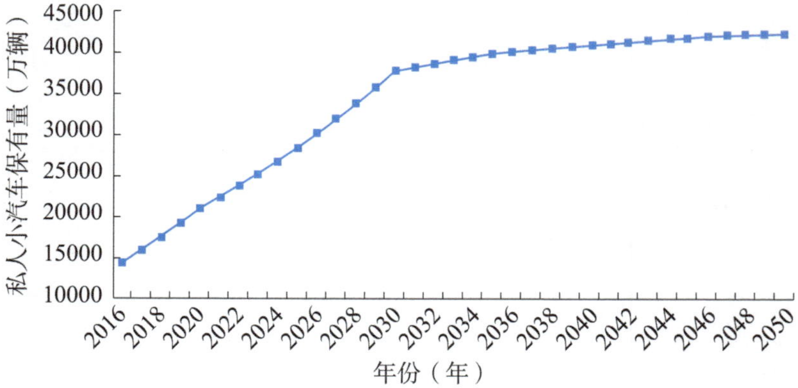

图3-15　私人小汽车发展规模预测

基于2010—2021年城市物流车辆数量、城镇人口和GDP的历史数据，进行城镇人口和GDP对城市物流车辆数量的线性回归，并通过了置信区间检验，拟合优度很高，因此认为回归预测基本可信，回归公式详见式（3-4）。

$$\text{城市物流车辆} = -0.018096 \times \text{城镇人口} + 0.000013 \times \text{GDP} - 1204.062509 \tag{3-4}$$

预测至2050年，城市物流车辆数如图3-16所示。

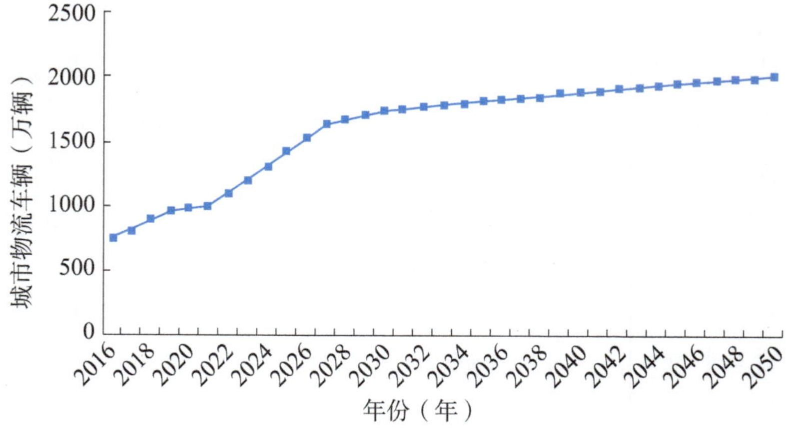

图3-16　城市物流车辆保有量预测

三 能源类型

1. 公共汽电车能源消耗

优化能源消费结构是减少城市交通温室气体排放的有效措施之一，依据现有技术，公共汽电车的能源结构类型可主要划分为汽油、柴油、LPG、CNG和电能，其中汽油、柴油、LPG、CNG为传统化石燃料，燃烧后温室气体排放量较高；电能为清洁能源，公共汽电车也是目前纯电动车辆推广的主阵地。随着绿电比例的提高，纯电动车辆的温室气体排放水平会不断下降，直至绿电比例为100%时实现零排放。在低碳发展情景和强化低碳发展情景下以传统化石燃料为能源的车辆比例将会不断下降，而纯电动车辆的数量和所占比例将会快速提升。其中，假设基准情景下2030年新能源公交车比例达到90%，2050年新能源公交车比例达到100%；低碳发展情景下2030年和2050年新能源公交车比例均达到100%；强化低碳发展情景下2030年和2050年新能源公交车比例均达到100%。

2. 出租汽车能源消耗

出租汽车现有的能源类型主要为汽油、柴油、LPG、CNG、双燃料、纯电动和混合动力等。其中，汽油、柴油、CNG和LPG为传统的化石燃料，都属于二氧化碳排放强度较高的能源类型。纯电动和混合动力电动汽车因其排放较为清洁并具有较高的燃料利用效率，故在低碳发展情景和强化低碳发展情景下假设将得到稳步推广。传统化石燃料车辆受到抑制，在能源结构中的比例将会明显下降。其中，基准情景下2030年新能源出租汽车比例达到30%，2050年新能源出租汽车比例达到80%；低碳发展情景下2030年新能源出租汽车比例达到38%，2050年新能源出租汽车比例达到90%；强化低碳发展情景下2030年新能源出租汽车比例达到43%，2050年新能源出租汽车比例达到100%。

3. 私人小汽车能源消耗

私人小汽车的主要能源类型是汽油和电能，随着国家支持节能减排力度逐渐加大，新能源车辆比例将不断增加。在各种发展情景中，新能源车辆比例将逐渐增加。根据《新能源汽车产业发展规划（2021—2035年）》，到2025年，新能源汽车新车销售量达到汽车新销售总量的20%左右。到

2035 年，纯电动汽车成为新销售车辆的主流。在基准情景中，2030 年，新能源小汽车的占比为 10%，2050 年，新能源小汽车的占比为 20%；在低碳发展情景中，2030 年，新能源小汽车占比为 20%，2050 年，新能源小汽车占比为 60%；在强化低碳发展情景中，2030 年，新能源小汽车占比为 30%；2050 年，新能源小汽车占比为 80%。

4. 城市物流车辆能源消耗

城市物流车辆的主要能源类型为汽油、柴油和电能，目前仍以前两种能源为主，但随着国家支持节能减排力度的逐渐加大，新能源车辆比例会快速增加。全国多地发布新能源车辆推广实施方案，明确了新能源车辆占比目标。在各种发展情景中，随着节能减排力度的逐渐增加，新能源车辆比例将逐渐提升。其中，基准情景下，2030 年新能源城市物流车辆比例达到 2%，2050 年新能源城市物流车辆比例达到 15%；在低碳发展情景下，2030 年新能源城市物流车辆比例达到 23%，2050 年新能源城市物流车辆比例达到 55%；在强化低碳发展情景下，2030 新能源城市物流车辆比例达到 40%，2050 年新能源及替代能源城市物流车辆比例达到 70%。

四 交通出行量

对于城市公共汽电车、出租汽车、轨道交通和私人小汽车的客运量预测，主要采用人均出行次数法结合城市客运在全方式出行中的分担率进行预测，城市居民全方式出行次数主要基于城镇人口，同时根据城市规模和出行特征设定日均公交出行次数，设定每年出行天数为 300 天，不同规模城市日均出行次数不同。城市类型按《关于调整城市规模划分标准的通知》分为Ⅱ型小城市、Ⅰ型小城市、中等城市、Ⅱ型大城市、Ⅰ型大城市、特大城市、超大城市 7 类。由此得出城市居民年全方式出行次数。小型城市居民日均出行次数为 1.5 人次，中等城市居民日均出行次数为 1.8 人次，大型城市居民日均出行次数为 2 人次，特大城市和超大城市居民日均出行次数均为 2.5 人次。

将居民出行类型主要分为机动化出行和非机动化出行（即慢行交通），其中非机动化出行分为步行和自行车出行，机动化出行又分为公共交通出行和小汽车出行，公共交通出行包括地铁出行和公交车出行。因此，结合国内外部分城市的交通出行调查数据，参考国外城市经验，对慢行交通、公共交通、出租汽车等方式的出行分担率进行预测，并考虑不同规模城市特征，对结果进行微调。

1. 城市慢行交通出行分担率预测

根据香港、上海、伦敦、东京等城市的城市居民全方式出行调查，非机动化交通出行占全方式出行的20%～30%。其中考虑到城市规模和出行行为的特点，认为城市规模较小的城市，出行距离相对较近，因此，选择慢行交通方式出行的比例较高，而城市规模较大的城市，出行距离较远，更多地选择机动化交通出行方式。慢行交通属于低碳的出行方式，三种情景中，基准情景的慢行交通出行方式占比相对较低，2030年强化低碳发展情景的慢行交通出行方式占比较高。随着低碳出行的宣传，各类城市慢行交通出行比例随着时间的推移将会越来越高。

2. 城市公共交通出行分担率预测

城市公共交通出行量由公共汽电车和轨道交通两部分组成，城市公共交通的出行量受到城市慢行交通分担率和公共交通在城市机动化出行中所占比例两个部分的影响。在城市规模较小的城市，慢行交通所占的比例较大，而在城市规模较大的城市，因为城镇人口规模的扩大必将带来城市面积的扩大，因此，产生的交通出行距离也将增大，而长距离的出行会使选择慢行交通的比例有所降低，因此，慢行交通的分担率也会降低。而在机动化出行中，城市规模较小的城市，机动化出行中选择公共交通的比例也将降低，因为规模较小的城市公共交通吸引力不强，但是，人口规模小于Ⅰ型大城市并选择公共交通方式出行的人群，则全部默认为采用公共汽电车的方式出行，因为按照我国地铁建设的规划，城区人口在300万人以上的城市才有修建地铁的资格。而城市规模越大的城市，地铁客运量在公共交通中所占的比例越高。随着城市公共交通车辆和设施的建设发展以及提倡公共交通等低碳出行方式的宣传和推广，以及时间的推移，公共交通出行在机动化出行中所占的比例将会越来越高。而城市地铁的逐渐成网，超大、特大城市中地铁的客运分担率也将越来越高。

因为公共交通出行方式属于低碳的出行方式，因此在三种情景中，基准情景的各交通出行分担率最低，其次是低碳发展情景，而强化低碳发展情景的公共交通占机动化出行的比例最高，如图3-17～图3-20所示。

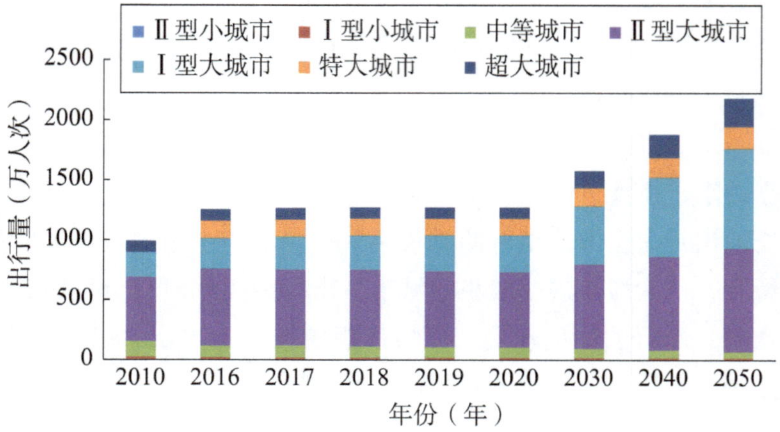

图 3-17　低碳发展情景公共汽电车出行情况

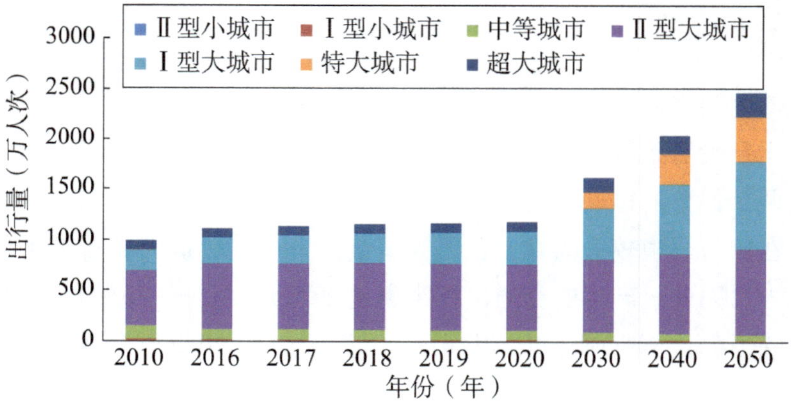

图 3-18　强化低碳发展情景公共汽电车出行情况

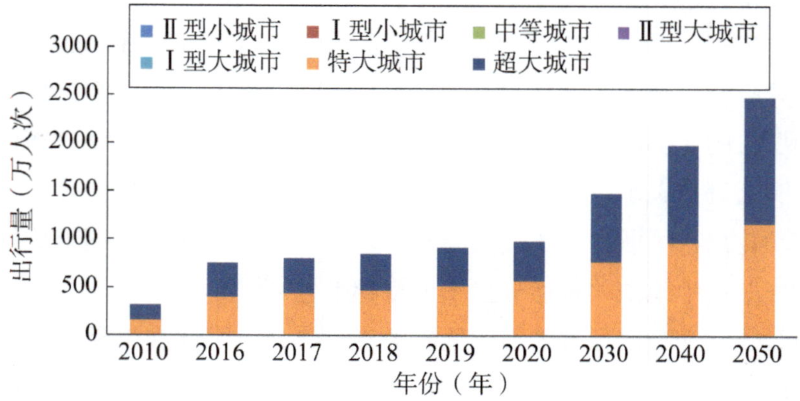

图 3-19　低碳发展情景轨道交通出行情况

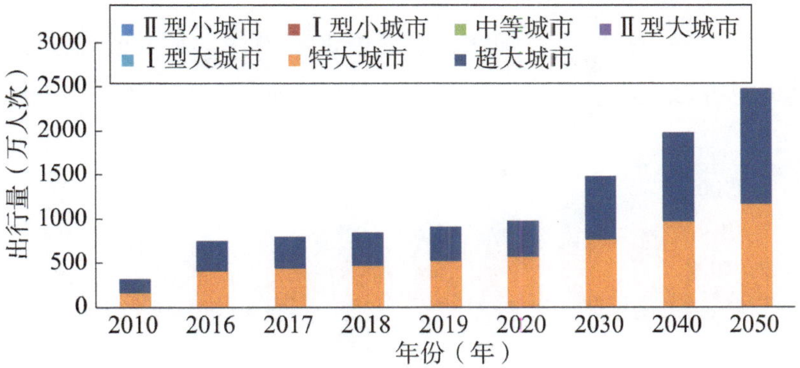

图 3-20　强化低碳发展情景轨道交通出行情况

3. 出租汽车出行分担率预测

依照情景分析，在采用不同的引导措施情况下，出租汽车出行所占的比例在三种情景中呈现依次下降的趋势，因为出租汽车出行属于能耗强度、排放强度较高的出行方式，因此，趋近于低碳交通的情景，在机动化出行中，选择出租汽车出行的比例越低。此外，在同一情景中，不同规模城市出租汽车的出行比例也不尽相同，考虑到中小型城市公共交通服务水平和覆盖面积较低，城市规模较小的城市，选择出租汽车出行占城市机动化出行的比例较高。相反规模较大的城市因为具有较成熟的公共交通线网和较高的公共交通服务水平，吸引了较多的客流，城市公交的分担率也较高，出租汽车在机动化交通中所占的出行分担率较低。综合考虑两项因素，Ⅱ型大城市人口既不像小型城市那样少，公共交通发展水平也不像特大、超大城市那样高，因此，出租汽车的出行量较高，如图 3-21、图 3-22 所示。

4. 小汽车出行分担率预测

依照情景分析，在采用不同引导措施的情况下，私人小汽车出行所占的比例在三种情景中呈现依次下降的趋势。此外，在同一情景中，不同规模城市的私人小汽车出行比例也不尽相同。考虑到中小型城市公共交通服务水平较低和覆盖面积较小，城市规模较小的城市，私人小汽车出行占城市机动化车出行的比例越高。相反规模较大的城市因为具有较成熟的公共交通线网和较高的公共交通服务水平，因此吸引了较多的出行客流，城市公共交通的分担率也较高，私人小汽车出行分担率因此较低。综合考虑两项因素，Ⅱ型大城市人口既不像小型城市那样少，公共交通发展水平也不像特大、超大城市那样高；加之经济发展水平较高，私人小汽车保有量较大，因此选择私人小汽车出行的总人数最多，如图 3-23、图 3-24 所示。

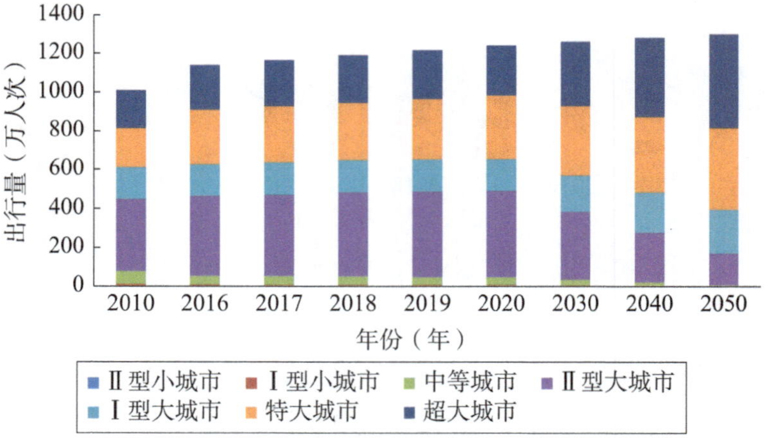

图 3-21　低碳发展情景出租汽车出行情况

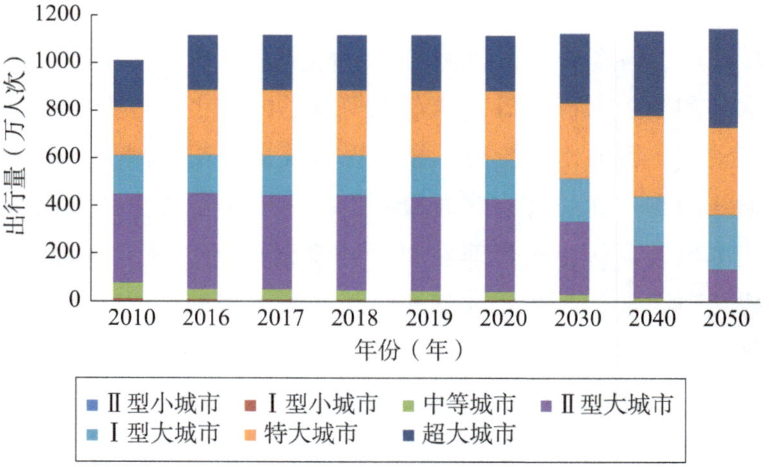

图 3-22　强化低碳发展情景出租汽车出行情况

五 基础设施

1. 轨道交通发展

“十二五”期以来，我国城市轨道交通建设取得了突飞猛进的发展，截至 2020 年底，我国（不含香港、澳门特别行政区和台湾地区）共有 44 个城市开通运营了城市轨道交通，营运总里程 7354.7km，线路超过 226 条，车站达到了4766个。运营里程在500km以上的城市为4个，分别为北京、广东、成都和上海，运营里程200～500km的城市为深圳、南京、武汉、杭州、重庆、杭州、青岛、天津和苏州9个，运营里程100～200km的城市为西安、大连、郑州、长沙、宁波、昆明、长春、沈阳、合肥和南宁10个。目前，有56个城市在建线路总规模6902.5km，共有24个城市的在建线路超过100km。

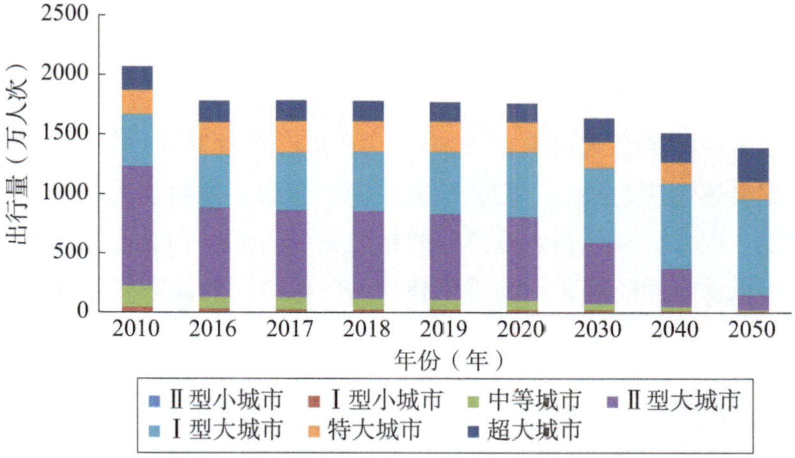

图3-23　低碳发展情景小汽车出行情况

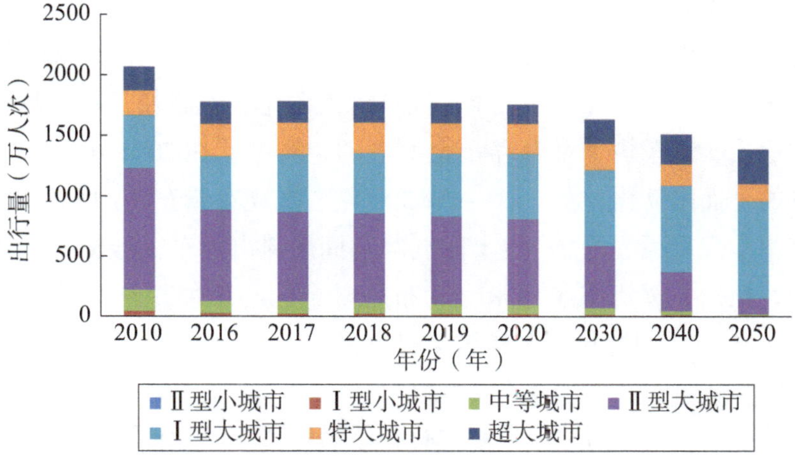

图3-24　强化低碳发展情景私人小汽车出行情况

2. 其他基础设施

“十四五”期间，我国将开展大规模的城市基础设施建设，其中城市交通基础设施建设尤为突出。如果能够从基础设施建设的角度增加节能减排的设计，引导出行，采用结构性减碳方式将会达到一定的节能减排目的。

在慢行交通设施建设方面，慢行交通是主动出行方式，不依靠化石燃料燃烧，因此没有 CO_2 排放，通过提供较好的慢行交通设施，建设自行车快速路等设施，可以有效地改善慢行交通的出行环境，增强安全性、便捷性，保障路权，从而提高居民采用慢行交通出行的积极性。

在静态交通设施方面，静态交通设施一方面可以加强对车辆的管理，P＋R（停车换乘）的交通设施能够使距离城市中心区较远的市民在进入中心城区前换乘公共交通，减少 CO_2 排放；另一方面可防止在城市道路路侧发生不规范停车等行为影响市民的慢行交通权益。

在新能源相关基础设施建设方面，随着新能源车辆比例的逐渐上升，充电问题会逐渐成为限制新能源车辆使用的瓶颈，进而加大新能源车辆的推广难度。因此，加强新能源车辆的相关基础设施，如充电站、充电桩等建设，可以促进新能源车辆的推广和使用，保障新能源车辆使用产生减碳效益。

六 车辆技术

在城市公交、私人汽车、出租汽车、网约车等客运领域，以及物流、邮政、环卫等其他领域，要分阶段全面实现电动化。推广过程中，在尊重市场与技术发展规律基础上，也要考虑自身经济水平、资源禀赋、产业发展等诸多因素。通过探索适合本地发展的电动化技术路径、补能基础设施建设，逐步实现车辆增量及存量全面电动化转型，在 2045 年左右实现增量车辆的全面电动化，在 2050—2055 年左右实现存量车辆的全面电动化，最终基本实现交通零排放。“十四五”期间燃料电池车辆会加大示范和推广力度。根据中国汽车工程学会发布的《节能与新能源汽车技术路线图 2.0》，2025 年中国燃料电池汽车保有量将达到 10 万辆左右，2030 年燃料电池汽车将达到 100 万辆左右。

在车辆单位能耗方面，车身轻量化、涡轮增压、缸内直喷等技术随着不同情景对于车辆百公里能耗的减少会起到不同程度的作用。根据世界汽车协会的报告，汽车轻量化技术与节能效果呈线性关系，汽车的轻量化率每提升 10%，就能减少 6%~8% 的能源消耗，而且汽车轻量化可以稳定节能效果，实现持续节能。因此，在基准情景中，假设 2030 年因车辆制造技术提升导致的车辆百公里能耗每年平均可降低0.01%，因节能驾驶导致的车辆百公里能耗每年平均可降低0.01%；在低碳发展情景中，假设2030年因车辆制造技术提升导致的车辆百公里能耗每年平均可降低0.05%，因节能驾驶导致的车辆百公里能耗每年平均可降低0.05%；在强化低碳发展情景中，假设2030年因车辆制造技术提升导致的车辆百公里能耗每年平均可降低0.5%。

在车辆行驶里程方面，随着小汽车共享和减少小汽车使用的广泛宣传，以及GPS导航技术的广泛应用，有效降低了巡游出租汽车的空驶里程。不同情景对于车辆行驶里程的减少起到不同程度的作用，其中在基准情景中，因车辆信息化技术和小汽车共享等宣传的提升导致的车辆行驶里程降低0.5%，减少小汽车出行等宣传的提升导致的车辆行驶里程降低0.5%；在2030年强化低碳发展情景中，因车辆信息化技术和小汽车共享等宣传的提升导致的车辆行驶里程降低1%，减少小汽车出行等宣传的提升导致的车辆行驶里程1%；在2035年强化低碳发展情景中，因车辆信息化技术和小汽车共享等宣传的提升导致的车辆行驶里程降低1.5%，减少小汽车出行等宣传的提升导致的车辆行驶里程1.5%。

七 需求管理政策

当下我国居民自发节能减排出行的意识尚未建立，因此，利用相关需求管理措施和政策标准，通过经济手段、行政手段，对高能耗机动化出行进行限制，鼓励低碳的出行方式，利用结构性减碳方式达到低碳交通的目的。

实行交通需求管理措施，加快实施差别化停车措施，开展“拥堵污染限行区”试点，实现拥堵、污染等交通问题的综合治理。实施错时上下班，鼓励电子商务、电子办公、视频会议等，鼓励购买低能耗、低排放汽车。有条件的企事业单位、政府部门等实行通勤班车、校车制度。加快研究制定小汽车的拼车制度。通过引导出行和小汽车的合理使用，实施多种需求管理措施，调节进入中心城区的车流量，尤其是降低通勤出行量，是治理城市交通拥堵行之有效的办法。

精细化的城市物流需求管理措施。通过对不同类型车辆、路段、时段采取差异化的需求管理政策，引导城市物流车辆有序出行，在保障城市居民生产生活物资输入输出的同时，有效减排。通过实行分车型放松禁行管制、设立“绿色物流区”等，为新能源车辆提供更便利的通行及停靠政策。对冷链物资、应急物资等制定通行绿色通道，优先保证通行路权。完善配套充电设施，给予新能源车辆通行保障。丰富城市物流停车位、装卸点设施，有效解决城市物流停靠难问题。

八 智能交通技术

通过分析我国城市交通新技术、新业态、新交通模式的发展现状，开展网约车、互联网租赁自行车、无人驾驶等城市交通新技术、新业态、新交通模式的预测分析，开展网约车、互联网租赁自行车、无人驾驶等新技术、新业态、新交通模式对城市交通运行效率影响分析，开展网约车、互联网租赁自行车、无人驾驶等新技术、新业态、新交通模式对城市交通碳排放和碳达峰的影响分析。

商贸新模式和物流新模式的变化给城市物流活动带来翻天覆地的变化。电子商务的出现带来了居民消费方式、城市配送和物流模式的变革。“闪送”“网络货运”等新型物流配送模式对城市物流运作效率带来了巨大影响。本书将在分析近年来我国城市物流新业态、新模式的基础上，对城市物流新业态对城市交通碳排放和碳达峰的影响进行分析。

自动驾驶技术发展蕴含巨大减排潜力。自动驾驶技术的广泛使用可以显著产生节能减排效益，在基准情景下，自动驾驶可使燃油消耗量减少5%~8%，在低碳发展情景下，自动驾驶可使燃油消耗量减少20%～25%，在强化低碳发展情景下，自动驾驶可使燃油消耗量减少40%～45%。据麦肯锡预测，自动驾驶与共享出行深度融合，满足民众的出行需求，城市机动车保有量将会下降30%，进一步降低城市交通碳排放。众多整车制造、通信企业都在加大自动驾驶技术研发投入，各国政府也在加快不同自动驾驶等级车辆的示范推广与商业应用。

第五节 预测结果

本书运用情景分析方法，利用 LEAP 等相关能源评估模型，分别针对基准情景、低碳发展情景和强化低碳发展情景，开展了未来城市交通的能源需求和碳排放预测，分析了节能减碳效益，并结合主要影响因素分别对城市客运和城市物流产生的节能减碳效益进行了分析。本书碳排放测算主要是指二氧化碳排放，甲烷等其他温室气体在交通领域排放极少，暂不予考虑。

一 城市交通能源需求和碳排放预测分析

1. 能源需求预测分析

在低碳发展情景下，随着各项节能减排措施的实施，新能源车辆的逐步推广，能源利用效率持续提升，能源消耗结构得到优化，城市交通能源消耗保持先持续增长后逐步下降的发展态势。据预测，2030 年城市交通能源消耗量为 32214 万 tce，其中，城市客运 22410 万 tce，占 68.7%；城市物流 9804 万 tce，占 31.3%。2040 年城市交通能源消耗量为 33088 万 tce，其中，城市客运 23430 万 tce，占 70.8%；城市物流 9657 万 tce，占 29.2%。2050 年城市交通能源消耗量为 28413 万 tce，其中，城市客运 20329 万 tce，占 71.5%；城市物流 8084 万 tce，占 28.5%。

在强化低碳发展情景下，随着政策支持力度的加大，各项节能减排措施的实施，新能源车辆等低碳新技术的快速推广，能源消耗结构得到显著优化，能源效率显著提升，城市交通能源消耗先保持快速增长，然后持续快速下降。据预测，2030 年城市交通能耗 30034 万 tce，其中，城市客运 20554 万 tce，占 68.4%；城市物流 9480 万 tce，占 31.6%。2040 年城市交通能耗 28607 万 tce，其中，城市客运 19779 万 tce，占 69.1%；城市物流 8828 万 tce，占 30.9%。2050 年城市交通能耗 22692 万 tce，其中，城市客运 16362 万 tce，占 72.1%；城市物流 6330 万 tce，占 27.9%。

2. 节能效益分析

在基准情景、低碳发展情景和强化低碳发展情景下，城市交通的能源结构不断得到优化，能源利用效率不断提升，电气化水平不断提高，城市交通能源消耗呈现先快速增长后缓慢增长的发展态势。与基准情景相比，在低碳发展情景和强化低碳发展情景下，分别都呈现出显著的节能效果。在低碳发展情景下，2030 年、2040 年和 2050 年的节能量分别为 817 万 tce、3274 万 tce 和 2998 万 tce，在强化低碳发展情景下，2030 年、

2040 年和 2050 年的节能量分别为 4840 万 tce、7754 万 tce 和 10320 万 tce，如图 3-25 所示。

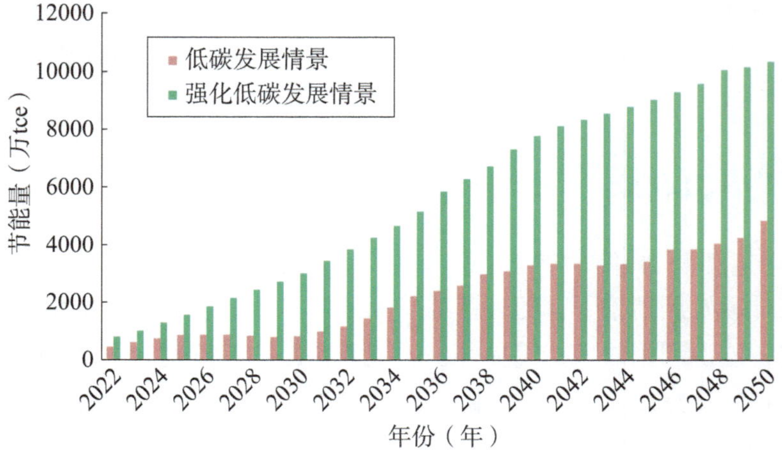

图 3-25　低碳发展情景和强化低碳发展情景下的节能量

3. 碳排放预测分析

在低碳发展情景下，随着各项节能减排措施的实施，新能源车辆的逐步推广，能源消耗结构得到优化，智能交通技术快速发展，能源利用效率不断提升，城市交通碳排放先保持较长时间的持续增长，然后开始逐步下降，城市客运、城市物流的碳排放强度持续下降。在强化低碳发展情景下，随着强有力的政策支持，新能源车辆等低碳新技术的快速推广，能源结构得到显著优化，智能交通技术得到规模推广应用，能源效率显著提升，城市交通碳排放先保持快速增长，实现达峰并进入平台期，然后实现快速下降，城市客运、城市物流的碳排放强度显著下降。

4. 减碳效益分析

在基准情景、低碳发展情景和强化低碳发展情景下，城市交通的能源结构不断得到优化，电气化水平不断提升，二氧化碳排放量呈现先升高后下降的发展态势。与基准情景相比，在低碳发展情景和强化低碳发展情景下，分别都呈现出显著的减碳效果。在低碳发展情景下，2030 年、2040 年和 2050 年的减碳量分别为 10032.3 万 t、21555.0 万 t 和 19220.5 万 t，在强化低碳发展情景下，2030 年、2040 年和 2050 年的减碳量分别为 26978.7 万 t、34533.1 万 t 和 40830.3 万 t，如图 3-26 所示。

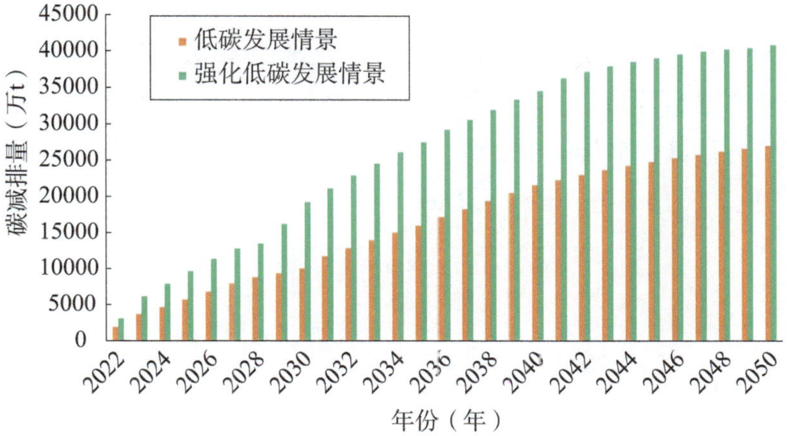

图 3-26　低碳发展情景和强化低碳发展情景下的减碳量

二　城市客运节能减碳效益分析

1. 节能效益分析

1）低碳发展情景下的节能效益分析

在低碳发展情景下，城市客运的节能效果十分显著。据预测，在低碳发展情景下，2030 年、2040 年和 2050 年城市客运的节能量分别为 430. 3 万 tce、1780. 5 万 tce 和 2305. 2 万 tce。

2030 年，在各项节能减排措施中，新能源客运车辆推广、优化交通出行结构、提升客运车辆燃油经济性、推广智能交通技术、实施城市客运其他措施的节能量分别为 142. 8 万 tce、89. 0 万 tce、121. 7 万 tce、55. 0 万 tce 和 21. 5 万 tce。2050 年，在各项节能减碳措施中，新能源客运车辆推广、优化交通出行结构、提升客运车辆燃油经济性、推广智能交通技术、实施城市客运其他措施的节能量分别为 880. 5 万 tce、276. 6 万 tce、230. 5 万 tce、384. 9 万 tce 和 532. 4 万 tce，如图 3-27 所示。

2）强化低碳发展情景下的节能效益分析

在强化低碳发展情景下，城市客运的节能效果更加显著。据预测，在强化低碳发展情景下，2030 年、2040 年和 2050 年城市客运的节能量分别为 2236. 1 万 tce、5522. 4 万 tce 和 5972. 6 万 tce。

2030 年，在各项节能减排措施中，新能源客运车辆推广、优化交通出行结构、提升客运车辆燃油经济性、推广智能交通技术、实施城市客运其他措施的节能量分别为742.5万tce、462.9万tce、632.9万tce、286.3万tce和111.8万tce。2050年，在各项节能减排措施中，新能源客运车辆推广、优化交通出行结构、提升客运车辆燃油经济性、推广智能交通技术、实施城市客运其他措施的节能量分别为2269.2万tce、531.5万tce、495.7万tce、997.3万tce和1678.0万tce，如图3-28所示。

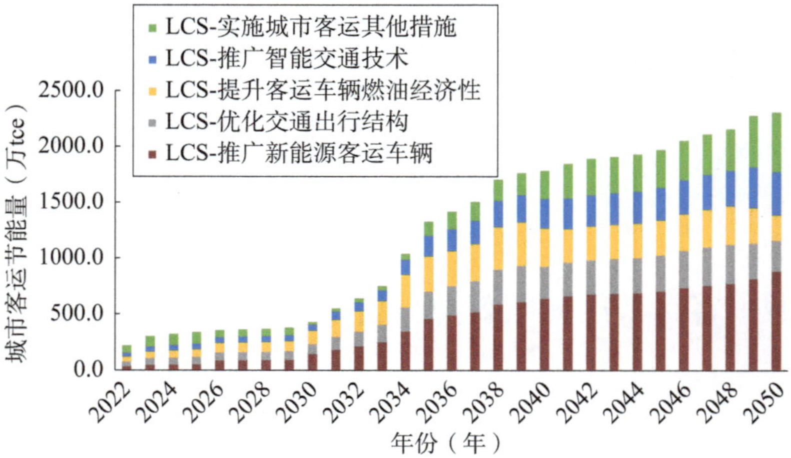

图3-27　低碳发展情景下城市客运的节能量

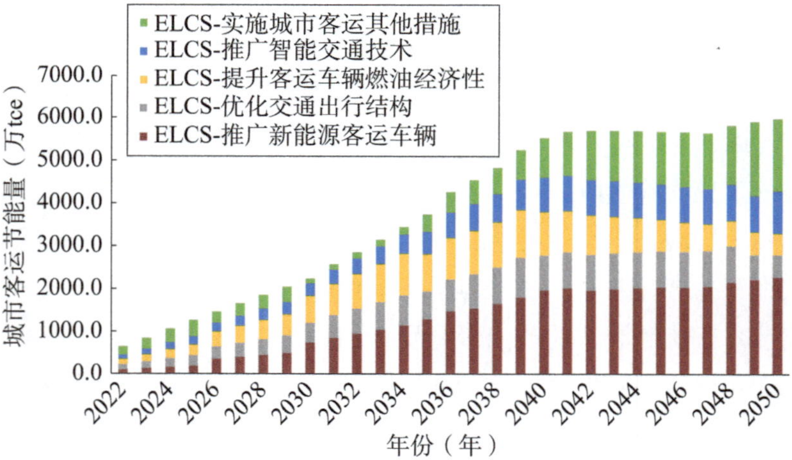

图3-28　强化低碳发展情景下城市客运的节能量

2. 减碳效益分析

1）低碳发展情景下的减碳效益分析

在低碳发展情景下，城市客运的减碳效果十分显著。据预测，2030年、2040年和2050年城市客运的减碳量分别为6215.3万t、13298.4万t

和 15200.0 万 t。

2030 年，在各项节能减碳措施中，新能源客运车辆推广、优化交通出行结构、提升客运车辆燃油经济性、推广智能交通技术、实施城市客运其他措施的减碳量分别为 2063.5 万 t、1286.6 万 t、1758.9 万 t、795.6 万 t 和 310.8 万 t。2050 年，在各项节能减碳措施中，新能源客运车辆推广、优化交通出行结构、提升客运车辆燃油经济性、推广智能交通技术、实施城市客运其他措施的减碳量分别为 4134.4 万 t、1200.8 万 t、5365.6 万 t、3754.4 万 t 和 744.8 万 t。其中，提升客运车辆燃油经济性减碳量最高，新能源客运车辆推广次之，如图 3-29 所示。

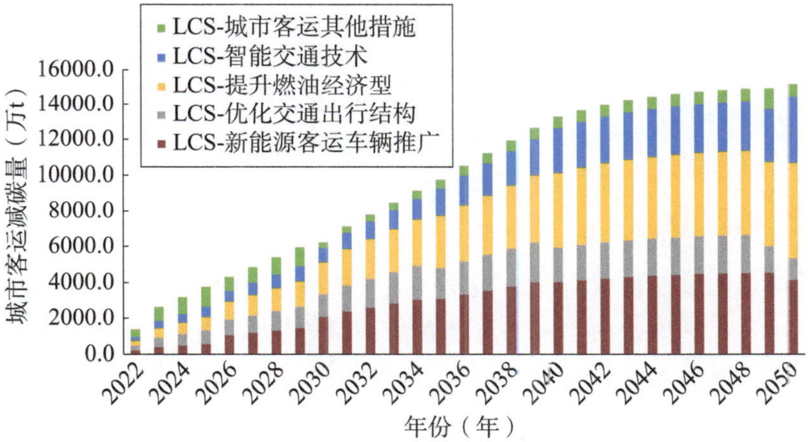

图 3-29　低碳发展情景下城市客运的减碳量

2）强化低碳发展情景下的减碳效益分析

在强化低碳发展情景下，城市客运的减碳效果更加显著。据预测，2030 年、2040 年和 2050 年城市客运的减碳量分别为 11936.9 万 t、23769.6 万 t 和 26880.2 万 t。

2030 年，在各项节能减碳措施中，新能源客运车辆推广、优化交通出行结构、提升客运车辆燃油经济性、推广智能交通技术、实施城市客运其他措施的减碳量分别为 3963.1 万 t、2470.9 万 t、3378.2 万 t、1527.9 万 t 和 596.8 万 t。2050 年，在各项节能减碳措施中，新能源客运车辆推广、优化交通出行结构、提升客运车辆燃油经济性、推广智能交通技术、实施城市客运其他措施的减碳量分别为 7311.4 万 t、2123.5 万 t、9488.6 万 t、6639.4 万 t 和 1317.1 万 t。其中，提升客运车辆燃油经济性减碳量最高，新能源客运车辆推广次之，实施城市客运其他措施减碳量最低，如图 3-30 所示。

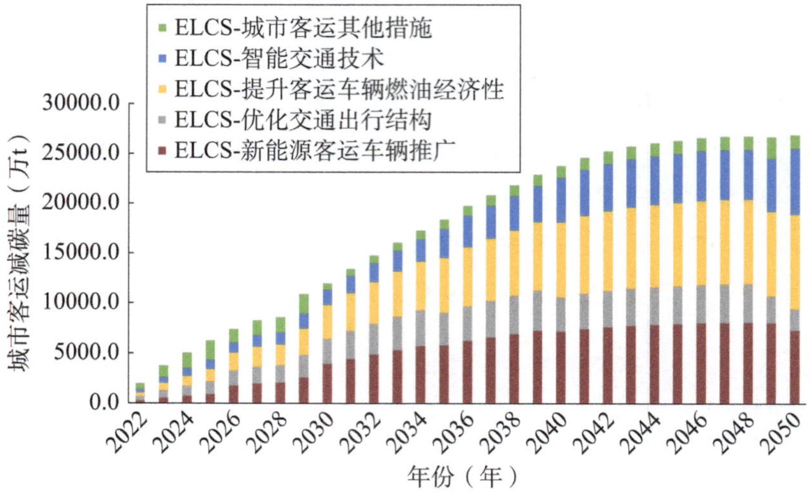

图 3-30　强化低碳发展情景下城市客运的减碳量

3）碳排放强度分析

碳排放强度是衡量行业低碳发展成效的重要指标，随着行业的发展和技术的进步，不同城市交通方式的碳排放强度快速下降，其中小汽车下降最快，城市公共交通的不同方式也有不同的下降。在低碳发展情景中，小汽车 2030 年、2040 年和 2050 年的碳排放强度分别为 200g/km、180g/km、150g/km；公共汽电车 2030 年、2040 年和 2050 年的碳排放强度分别为 70g/km、55g/km、46g/km。在强化低碳发展情景下，小汽车 2030 年、2040 年和 2050 年的碳排放强度分别为 190g/km、135g/km、80g/km；公共汽电车 2030 年、2040 年和 2050 年的碳排放强度分别为 60g/km、48g/km、40g/km。地铁和轻轨的碳排放强度最低，在本书中不分情景，地铁 2030 年、2040 年和 2050 年的碳排放强度分别为 28g/km、25g/km、20g/km；轻轨 2030 年、2040 年和 2050 年的碳排放强度分别为 36g/km、30g/km、25g/km，如图 3-31 所示。

4）城市公共交通的减碳贡献度分析

城市公共交通是一项最节能低碳的机动化出行方式，具有高效、集约的比较优势，对提升城市交通整体运行效率能发挥重要作用，有利于减少小汽车的出行量，将产生显著的减碳效益。基于上述情景分析，分析了主要特征年在城市公交出行分担率提升1%时产生的减碳量贡献率。在低碳发展情景下，2030年、2040年和2050年，实现的减碳量分别为7.0万t、8.3万t、8.9万t；在强化低碳发展情景下，2030年、2040年和2050年，实现的减碳量分别为21.1万t、30.9万t、29.7万t，减碳效益十分显著，如图3-32所示。除城市公共交通外，如果采用绿色出行方式的出行量不断提升，减碳效益将更加显著。

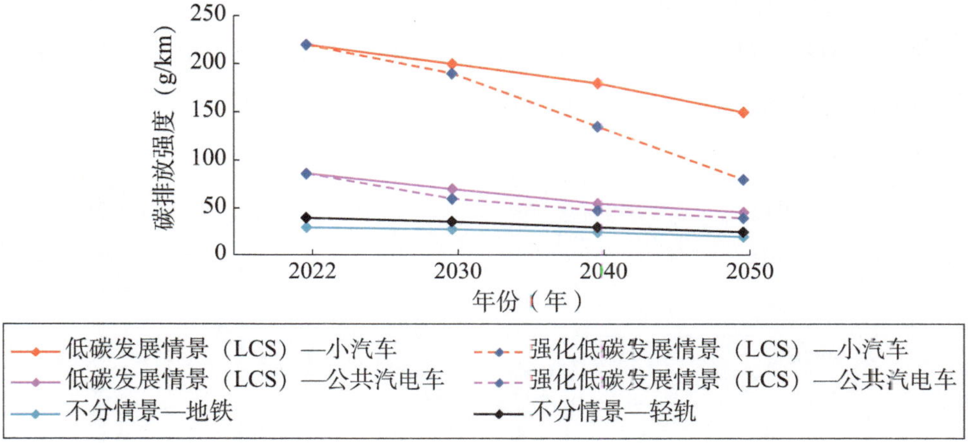

图3-31　不同城市交通方式的碳排放强度变化

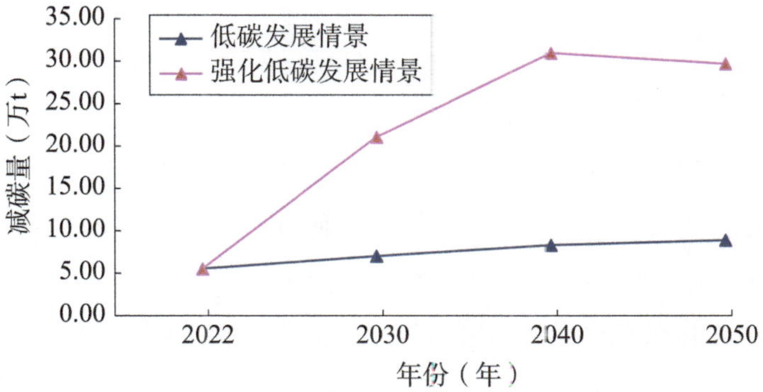

图3-32　城市公交出行分担率提高1%时产生的减碳量

三　城市物流节能减碳效益分析

1. 节能效益分析

1）低碳发展情景下的节能效益分析

在低碳发展情景下，城市物流的节能效果十分显著。据预测，在低碳发展情景下，2030 年、2040 年和 2050 年城市物流的节能量分别为 580.0 万 tce、1403.2 万 tce 和 2834.7 万 tce。

2030 年，在各项节能减排措施中，推广城市物流新能源车辆、提升物流车辆燃油经济性、推广智能化城市物流平台、发展城市物流新业态、实施城市物流其他措施的节能量分别为 117.2 万 tce、92.8 万 tce、162.4 万 tce、69.6 万 tce 和 138.0 万 tce。2050 年，在各项节能减排措施中，推广城市物流新能源车辆、提升物流车辆燃油经济性、推广智能化城市物流平台、发展城市物流新业态、实施城市物流其他措施的节能量分别为 799.4 万 tce、226.8 万 tce、411.0 万 tce、566.9 万 tce 和 830.6 万 tce，如图 3-33 所示。

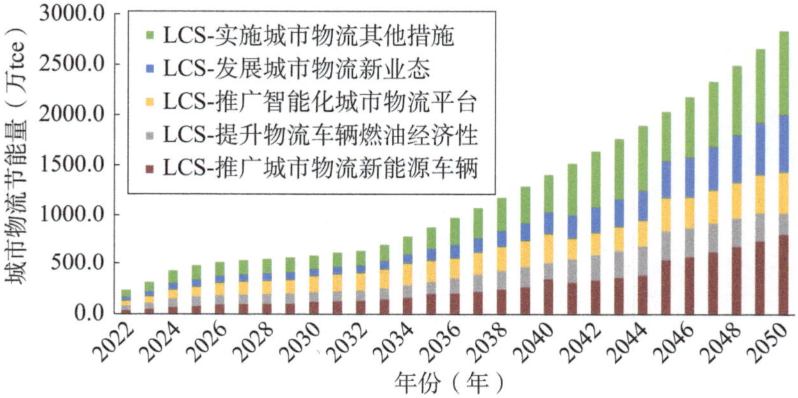

图 3-33　低碳发展情景下城市物流的节能量

2）强化低碳发展情景下的节能效益分析

在强化低碳发展情景下，城市物流的节能效果更加显著。据预测，在强化低碳发展情景下，2030 年、2040 年和 2050 年城市物流的节能量分别为 761.2 万 tce、2232.4 万 tce 和 4589.0 万 tce。

2030 年，在各项节能减排措施中，推广城市物流新能源车辆、提升物流车辆燃油经济性、推广智能化城市物流平台、发展城市物流新业态、实施城市物流其他措施的节能量分别为 153.8 万 tce、121.8 万 tce、213.1 万 tce、91.3 万 tce 和 181.2 万 tce。2050 年，在各项节能减排措施中，推广城市物流新能源车辆、提升物流车辆燃油经济性、推广智能化城市物流平台、发展城市物流新业态、实施城市物流其他措施的节能量分别为 1294.1 万 tce、458.9 万 tce、458.9 万 tce、917.8 万 tce 和 1459.3 万 tce，如图 3-34 所示。

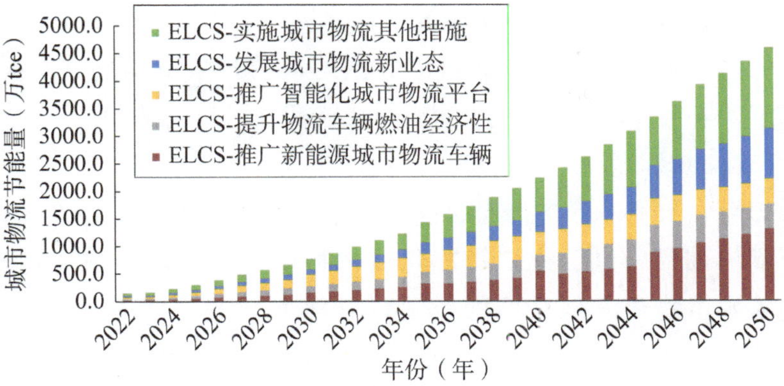

图 3-34　强化低碳发展情景下城市物流的节能量

2. 减碳效益分析

1）低碳发展情景下的减碳效益分析

在低碳发展情景下，城市物流的减碳效果十分显著。据预测，2030 年、2040 年和 2050 年城市物流的减碳量分别为 3784.7 万 t、8256.5 万 t 和 11778.0 万 t。

2030 年，在各项节能减排措施中，推广城市物流新能源车辆、提升物流车辆燃油经济性、推广智能化城市物流平台、发展城市物流新业态、实施城市物流其他措施的减碳量分别为 764.5 万 t、605.5 万 t、1059.7 万 t、454.2 万 t、900.8 万 t。2050 年，在各项节能减排措施中，推广城市物流新能源车辆、提升物流车辆燃油经济性、推广智能化城市物流平台、发展城市物流新业态、实施城市物流其他措施的减碳量分别为 3321.4 万 t、1919.8 万 t、1177.8 万 t、2355.6 万 t 和 3003.4 万 t，如图 3-35 所示。

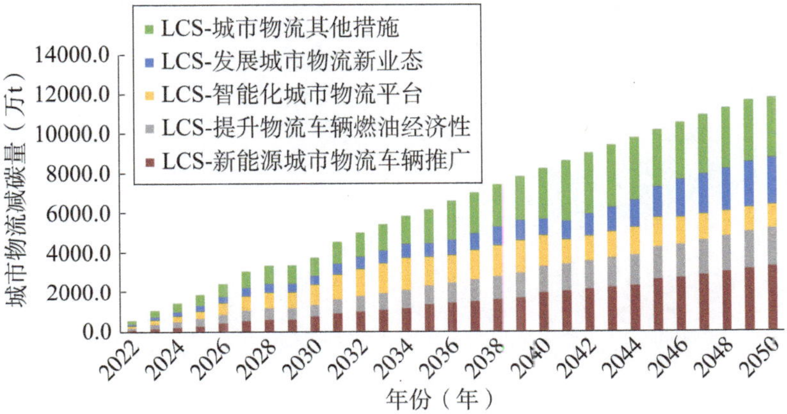

图 3-35　低碳发展情景下城市物流的减碳量

2）强化低碳发展情景下的减碳效益分析

在强化低碳发展情景下，城市物流的减碳效果更加显著。据预测，2030 年、2040 年和 2050 年城市物流的减碳量分别为 6600. 0 万 t、10763. 3 万 t 和 13949. 6 万 t。

2030 年，在各项节能减排措施中，推广城市物流新能源车辆、提升物流车辆燃油经济性、推广智能化城市物流平台、发展城市物流新业态、实施城市物流其他措施的减碳量分别为 1333. 2 万 t、1056. 0 万 t、1848. 0 万 t、792. 0 万 t 和 1570. 8 万 t。2050 年，在各项节能减排措施中，推广城市物流新能源车辆、提升物流车辆燃油经济性、推广智能化城市物流平台、发展城市物流新业态、实施城市物流其他措施的减碳量分别为 3933. 8 万 t、2273. 8 万 t、1395. 0 万 t、2789. 9 万 t 和 3557. 2 万 t，如图 3-36 所示。

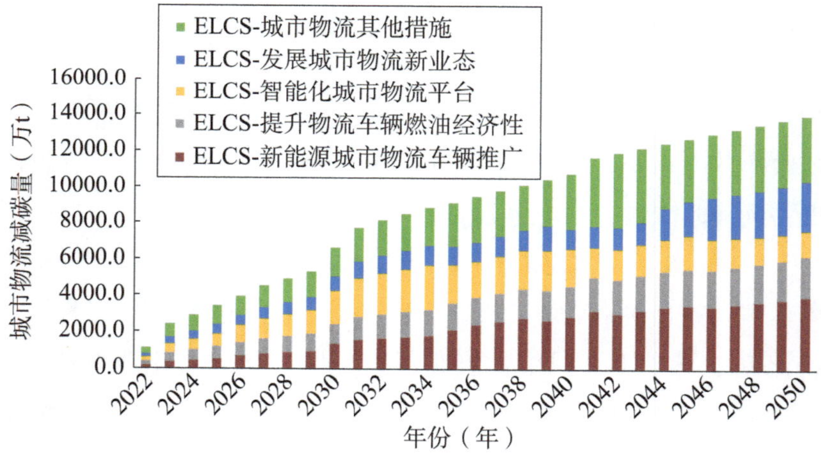

图 3-36　强化低碳发展情景下城市物流的减碳量

第四章

典型国家低碳城市交通的发展经验与启示

2020年被称为“全球碳中和元年”，世界各国纷纷提出碳中和目标。截至2021年底，国际上已有136个国家、116个地区、234个城市制定了碳中和目标。美国、欧盟、英国、日本、韩国、加拿大、南非等国家和地区把实现碳中和的目标年定在2050年。而乌拉圭、芬兰、冰岛、奥地利、瑞典的碳中和目标年份是2030—2045年。新加坡则承诺将在21世纪下半叶尽快实现净零排放。欧盟发布了《欧洲气候法》，提出2030年温室气体排放要比1990年减少55%，用法律框架推进各国碳中和进程；发布了“地平线欧洲（Horizon Europe）”项目，投入近1000亿欧元科研资金用于资助基础研究、创新和社会重大问题研究，其中35%的预算投向应对气候变化领域。2020年碳排放前15位的国家中，美国、俄罗斯、日本、巴西、印度尼西亚、德国、加拿大、韩国、英国和法国已经实现碳排放达峰。中国、马绍尔群岛、墨西哥、新加坡等承诺2030年前碳达峰，届时全球将有58个国家实现碳排放达峰，占全球碳排放量的60%。一些汽车制造企业开始发布燃油车退出计划，如沃尔沃、奔驰、林肯、玛莎拉蒂、保时捷等，均表示很快将不再生产传统内燃机汽车，而转向仅生产纯电动、混合动力电动汽车。

第一节 典型国家和国家联盟的发展经验

一 欧盟

欧盟绝大多数国家已经实现了二氧化碳排放达峰，其中交通运输行业碳排放达峰的时间比国家达峰时间晚10～20年，计划到2050年实现碳中和。欧盟是全球应对气候变化的发起者、倡导者和实践者，发展零碳交通也是欧盟交通运输可持续发展的主导策略。

欧盟交通运输领域碳排放占总碳排放量的25%，其中道路交通是交通碳排放的主体，占比达71.7%，如图4-1所示。

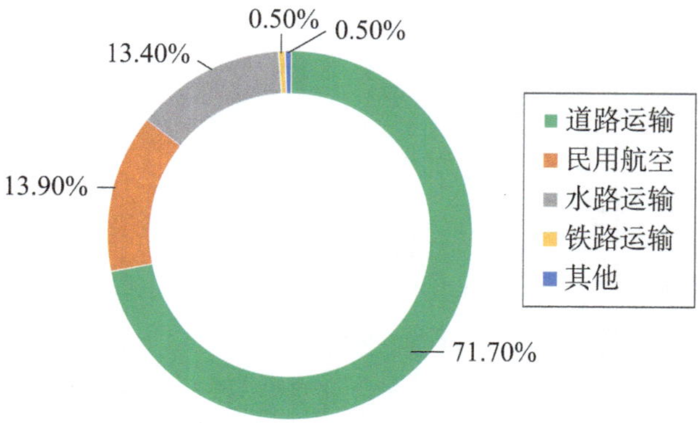

图 4-1　欧盟各种交通方式的温室气体排放量

数据来源：Statistical pocketbook 2019。

为积极应对气候变化，推动可持续发展，2019 年 12 月，欧盟委员会发布了《欧洲绿色协议》，提出 2030 年温室气体排放量在 1990 年基础上减少 50% ~55%，到 2050 年实现碳中和目标。重点任务包括以下 7 个方面：提高能源效率，发展可再生能源，发展清洁、安全、互联的交通，发展竞争性产业和循环经济，推动基础设施建设和互联互通，发展生物经济和天然碳汇，发展碳捕获和储存技术。2020 年 3 月，欧盟委员会又提出《欧洲气候法》，旨在从法律层面确保欧洲到 2050 年成为首个“碳中和”，准备设立 7500 亿欧元的专项经济复苏基金。复苏计划的重点投资领域包括电动汽车、低碳电力生产和氢燃料等。

为确保顺利实现上述目标，欧盟委员会认为必须改变交通系统的既有发展模式，并实现根本性的变革，具体分为三个阶段：到 2030 年，欧洲范围内将投入并使用 3000 万辆零排放汽车，100 个欧洲城市实现“气候中和”，高速铁路客运量翻倍，欧盟范围 500km 内公共出行实现碳中和，智能出行大规模应用，零排放船舶进入市场；到 2035 年，实现零排放大型飞机进入市场；到 2050 年，几乎所有的客车、货车、公交车及其他重型车辆将实现零排放，铁路运输系统进一步完善，货运量翻倍，建成一个全面运营、多式联运的泛欧洲运输网络（TEN-T），以实现可持续的、智能高效的交通运输。

1. 制定欧盟可持续和智能交通战略

《欧盟可持续和智能交通战略》（Sustainable and Smart Mobility Strategy）出台了一系列政策举措推动交通领域绿色和数字化转型，分步骤、分阶段实现《欧洲绿色协议》，具体措施详见表 4-1。

欧盟可持续和智能交通战略措施（节选） 表 4-1

序号	措施	实施时间（年）
一、可持续交通		
（一）促进零排放汽车、可再生和低碳燃料及相关基础设施的普及		
1	重新制定可再生能源指令	2021
2	通过《重新制定可再生能源指令》下的相关实施立法，规定了衡量温室气体减排量的方法，并推广了可再生和低碳燃料	2022
3	修订小汽车、货车二氧化碳排放性能标准，推行公交车辆二氧化碳排放性能标准	2021—2022
4	车辆载质量和尺寸的修改	2021
5	探讨不同运输方式下革新及更新计划的效益	2021
6	为小汽车、轻型客车、货车和公共汽车提出欧Ⅵ后的排放标准	2021
7	改进道路性能检查中的排放测试	2023
8	为轮胎的环境、能源和安全性能制定一致的规则	2023
9	促进能源效率提升和替代燃料措施的发展	2021
10	修订《替代燃料基础设施指南》，并制订一份包含融资机会和要求的推广计划	2021
11	修订《建筑能源性能指令》，包括加强电子交通充电基础设施的规定	2021
（二）创建零排放机场和港口		
12	欧盟海事燃料倡议—欧盟绿色海洋空间和航空燃料条例—可持续航空燃料	2021
13	考虑建立可再生低碳燃料价值链联盟	2021
14	修订船舶污染源指令	2022
15	修订欧盟船舶回收法规	2023
16	修订《机场机位规例》及《机场收费指示》	2021—2022
17	为所有模式建立可持续的分类标准	2021
（三）使城市间和城市交通更加可持续和健康		
18	欧盟 2021 年铁路走廊倡议—促进铁路客运的行动计划	2021
19	采取措施，更好地管理和协调国际铁路交通，包括在必要时修订铁路运力分配和基础设施收费规则	2022

续上表

序号	措施	实施时间（年）
20	修订2013年城市交通一揽子计划	2021
21	空气、水、土壤零污染行动计划；修订空气质量标准，减少噪声污染	2021—2022
22	发布支持微移动设备安全使用的指南	2021
23	评估采取措施的必要性，以确保2022年当地按需客运和乘车平台的公平竞争环境	2022
二、绿色货运		
24	欧盟2021年铁路走廊倡议—修订铁路货运走廊条例	2021
25	审查多式联运监管框架，包括《联合运输指令》	2022
26	启动内陆港口运输集成行动计划项目（NAIADES 3），开发内河水运尚未开发的潜力	2021
27	通过实施电子货运信息（e-FTI）法规和海事单窗口环境，实现“商业机构对行政机构”（B2A）多模式数据交换	2025
28	为运营商和平台发布指导方针，告知用户其交付的碳足迹以及提供可持续的交付选择	2023
为碳定价并为用户提供更好的激励		
29	修订欧盟排放交易体系（ETS），涉及海运、航空和国际航空碳抵消与减排机制（CORSIA）	2021
30	修订能源税指令	2021
31	审查2022年国际客运增值税免税额	2022
32	在国际海事组织提出航运市场化措施	2022
33	建立欧盟运输和物流排放协调测量框架	2022
34	为运营商和平台发布指南，告知乘客其行程中的碳足迹，使乘客能够自愿抵消碳足迹	2023
35	欧洲航空安全局制订航空环境标志计划	2022
三、智慧出行		
（一）实现连接和自动化的多式联运		
36	修订关于实时交通信息服务的授权条例2015/962，以扩大地理覆盖范围和数据集；修订关于多式联运出行信息服务的授权条例2017/1926，以包括新动态数据集的强制可访问性	2021—2022

续上表

序号	措施	实施时间（年）
37	评估对多式联运数字服务提供商权利和义务采取监管行动的必要性，并提出建议，确保公共服务合同不妨碍数据共享，支持多式联运售票服务的发展，同时提出一项票务倡议，包括铁路票务	2022
38	修订智能交通系统指令，包括多式联运售票计划	2021
39	完成欧盟自动车辆认证的法律框架	2021
40	评估是否需要一个机构或其他机构来支持安全、智能和可持续的道路运输运营	2022
41	通过有关批准联网和自动驾驶车辆的实施法规	2021
42	采用有关 ERTMS（欧洲铁路运输管理系统）/控制指挥和信号的铁路技术标准和规范包；制订列车自动运行、自动交通管理和先进信号的强制性部署计划	2022
43	修订《河流信息协调服务指令》	2022
44	提出 2021 年内河船员船舶电子文件管理办法	2021
（二）创新、数据和人工智能在智慧出行中的应用		
45	开发/更新研发合作伙伴关系：互联、合作和自动化移动；转向铁路；欧洲天空空中交通管理研究项目；水上运输；清洁航空；清洁氢合作伙伴关系；智能网络和服务；人工智能、数据和机器人技术；关键数字技术	2020—2021
46	进一步制定无人机和无人驾驶飞机的监管框架，包括国家无人机空管系统（U-Space）；采用无人机战略 2.0	2021—2023
47	评估监管措施的必要性，以确保新进入者和新技术（如 hyperloop）的安全性	2021
48	成立一个高级别小组［新移动技术小组（New Mobility Tech Group）］，作为制定一致的欧盟方法的第一步，并提出一套关于促进欧盟新兴移动技术和解决方案测试和试验的建议（“欧洲移动性试验台”）	2022
49	开发一个共同的欧洲移动数据空间，并为根据 ITS 指令建立的国家接入点建立更强大的协调机制	2021
50	为出行制定人工智能路线图	2021

续上表

序号	措施	实施时间（年）
51	审查铁路运输中可互操作数据共享的监管框架（欧洲铁路运输管理系统，ERTMS）	2022
52	审查当前的欧盟型式认证立法，以促进基于汽车数据的服务，包括与能源系统的互动	2021
53	提出一个新的监管框架，以开放对移动服务的汽车数据访问	2021
54	为支持协同物流的走廊数据交换提出可信环境规则	2022

2. 碳中和目标下交通发展政策措施

（1）以能源转型为重点，让各种交通方式更加可持续。

为了满足碳中和要求，欧盟在战略中更加强调推广清洁能源。因此，除了制定更为严格的空气污染物排放标准之外，欧盟提出能源绿色低碳转型是促进交通可持续发展的重点。一方面，大规模使用可再生能源和低碳燃料刻不容缓。道路运输需要大力推进电动汽车的规模化使用，并开发氢能源燃料交通工具，同步加强政策支持，引导车辆的技术创新和刺激民众对零排放汽车的消费需求。另一方面，欧盟各国将加强紧密合作，全面建成面向公众的300万个充电站和1000个加氢站，从而为低排放、零排放汽车的规模化使用提供更为便利的能源补给设施。

（2）提供多种绿色替代出行方式，实现多式联运。

在客运方面，重点是促进铁路运营商提供更优质的服务，进一步提高铁路交通对公众的吸引力。具体包括：制定各项规划和政策，引导各成员国协同合作进行基础设施改善，促进长途和跨境客运铁路服务；加快完善铁路票务体系，以简化跨境票务服务。货运方面，重点是优化运输结构，促进内陆货运量中的75%转移到铁路和内陆水运，建成以绿色方式为核心的多式联运物流体系。为解决多式联运中的转运问题，欧盟将投入资金和政策支持，加强各成员国、各城市间的转运基础设施建设，以提高不同方式之间的转运效率。

（3）引入激励政策和措施，推动道路交通向零排放过渡。

主要采用经济方面的激励措施，坚持“污染者付费”和“用者自付”的原则，促进交通外部成本的内部化，从而以更低的外部成本实现更可持续的交通发展。为此，欧盟将采取一套全面的措施，包括排放交易、碳定价、道路收费、取消化石燃料补贴、调整各种燃料的能源税率等在内的政策组合，引导消费者转向更具可持续性的交通方式。

（4）发挥智能交通在促进交通减碳中的作用。

欧盟提出，将全面推动交通系统的数字化转型，让交通体系更加高效和可持续。重点包括两个方面：一是依靠数字技术，建立互联共享的线上电子票务系统，从而提高一站式服务体验。欧盟为此提出将创建一个全面运营的跨欧洲多式联运网络，为铁路、航空、公路、水路联运提供便利。根据计划，欧盟将从2021年开始采取灵活的票务机制，到2030年建成一站式电子票务系统，以简化跨境票务服务。二是提高城市交通效率，减少车辆二氧化碳排放，加快部署包括车辆导航系统、智能停车系统、共享汽车、自动驾驶等在内的智能交通系统，减少因交通拥堵和效率低下造成的多余燃料消耗和碳排放。通过创新技术促进城市交通和物流智能发展，加强数字化供应链相关的工业能力，包含移动性电子组件、网络基础设施、云边缘资源、数据技术和治理、人工智能。促进交通运输部门的数字化转型，建设欧洲共享交通数据库（European Common Mobility Data Space），保持公平竞争环境，保证移动服务提供商公平有效地获取车辆的使用信息数据，以促进新的商业模式出现。

（5）加强交通韧性，持续提升绿色出行吸引力。

欧盟将扩大和改善自行车基础设施，加大部署包括车辆导航系统、智能停车系统、共享汽车、驾驶辅助系统等在内的智能交通系统，并推动无人机与物流结合，减少交通事故和拥堵、提高出行便利性。意大利政府对新增的自行车、电动踏板车或共享出行模式给予70%补贴。

为促进绿色出行发展，2021年5月，泛欧地区第五次交通、健康与环境高峰会议，发布了《泛欧促进自行车发展总体规划》。这是全球第一个正式通过的关于促进自行车交通的超国家发展规划，共有欧洲和北美洲54个国家参与签署，主要目的是推动各国政府承认自行车在交通体系中的重要性，并在国家层面就如何通过政策扶持自行车交通发展提供指导。

《泛欧促进自行车发展总体规划》的发展目标是：到2030年，泛欧区域各国实现自行车出行分担比例增加一倍。该规划提出11部分共33条发展建议，核心内容包括：①完善自行车交通顶层设计，从国家层面制定自行车出行发展战略，成立强有力的管理团队和机构，组建自行车学院或研究中心，建设自行车出行数据平台等；②建立对自行车出行友好的政策法规、标准规范和发展规划体系，将自行车出行纳入各类发展规划，为自行车基础设施建设提供充足资金保障和财政激励政策；③拓展自行车出行的社会职能，将自行车出行作为改善民众出行安全、身心健康的工具；④发展自行车旅游，成立国家自行车旅游协作中心；⑤促进自行车交通高质量发展，建立泛欧联合发展机制，完善泛欧、国家、区域、地方四级基础设施网络，鼓励新技术应用，优化自行车出行环境等。

泛欧区域已有16个国家实施了国家自行车交通发展战略，有9个国家正在制定首个国家自行车交通发展战略。例如，2021年4月，德国联邦政府通过并在国家自行车大会上发布了《德国2030骑行国家：国家自行车交通规划3.0》。这是德国继2002年和2012年以来，发布的第三版国家级自行车发展规划。规划的总体目标是：到2030年，将德国建设成为骑行国家，自行车出行里程比2017年翻一番，民众选择自行车出行意愿达到60%，自行车重大伤亡事故比2019年降低40%。

新型冠状病毒感染疫情期间，交通运输受到严重的影响，交通体系的问题也随之暴露。为此，欧盟在可持续交通发展战略中，也非常强调韧性交通体系的建设，尤其是绿色交通体系的韧性。为此，欧盟将加大投资，统一由“连接欧洲设施”基金会来安排相应的资金拨款，并向绿色交通和数字化交通项目倾斜，尽快建成泛欧运输网络；创造对所有人公平公正的出行系统，交通建设将考虑到所有地区、所有人群的出行需求。

（6）制定机动车二氧化碳排放性能标准，实施燃油车禁售政策。

从2020年到2024年，欧盟EU2019/631号法规首先确认了先前EC443/2009号法规和EU510/2011号法规设定的欧盟范围内所有新车二氧化碳排放量上限目标（乘用车二氧化碳排放量上限为95g/km，货车为147g/km），随后新法规还设定了更严格的欧盟范围内所有新车二氧化碳排放量上限的分阶段目标，其定义为相较2021年新车二氧化碳排放量上限水平的减量幅度：自2025年起，乘用车和货车均减量15%；自2030年起，乘用车和货车分别减量37.5%和31%。在自2021年7月开始推行的“减碳55%”一揽子计划中，欧盟委员会提议将2030年乘用车和货车的新车二氧化碳排放量上限减量目标分别更新为相较2021年水平分别减量55%和50%。自2035年起，所有新的乘用车和货车都应达到零排放目标。

否则，到2050年将无法实现碳中和目标。所有目标都基于欧盟范围内全部新车的二氧化碳排放量上限目标，同时还考虑到每个制造商在给定年份注册的新车平均质量，因此使用了极限值曲线，这意味着重型汽车制造商的新车二氧化碳排放量上限高于轻型汽车制造商的新车二氧化碳排放量上限。该曲线的设置，是为了实现欧盟范围内所有新车的二氧化碳排放量上限目标。此外，欧盟 EU2019/631 号法规还针对零排放和低排放车辆引入了复杂的激励机制。欧盟委员会于2021年提议自2030年起取消这一激励措施，因为届时零排放和低排放车辆将成为排放标杆车型。在出台2021年汽车标准提案的同时，欧盟委员会还提议出台《替代燃料基础设施法规》，该法规将确保零排放车辆充电基础设施的可用性。

2022年10月，欧盟三大机构——欧盟委员会、欧盟议会和成员国正式确认从2035年起禁止生产新的燃油汽车，这意味着从2035年起，新的燃油汽车将无法在欧盟境内销售。根据此协议，欧盟汽车制造商需在2035年前实现零排放目标，同时欧盟要在未来10年减少55%的碳排放，到2050年实现碳中和。

二 新加坡

新加坡是一个土地资源有限、人口密度高的城市型国家，在低碳发展方面一直走在世界前列。2020年3月，新加坡向联合国气候变化框架公约提交了加强版的国家自主贡献目标，在2015年提出的“2030年实现碳达峰”目标基础上，进一步明确了绝对减排量目标，即“在2030年左右达到6500万t的峰值，到2050年碳排放量减半，达到3300万t，在21世纪下半叶尽快实现碳中和”。与此同时，新加坡同步提交了长期低排放发展战略文件《描绘新加坡低碳和适应气候的未来》（Charting Singapore's Low Carbon and Climate Resilient Future），提出为实现上述碳达峰碳中和的愿景目标，电力、工业、交通等各个领域均需要做出重大转型，其中针对交通领域提出“实现私人小汽车零增长、90%的高峰时段出行由‘走骑搭’模式完成、2040年所有车辆使用清洁能源”的具体目标。

1. 发展更低碳的出行方式

除了控制机动车保有量增长外，持续增加低碳出行比例是推进交通减碳的关键战略之一。根据新加坡《陆路交通规划2040》提出的目标，到

2040年，90%的高峰时段出行由“走（Walk）、骑（Cycle）、搭（Ride）”模式完成（图4-2），包括主动出行方式（如步行、自行车等）、公共交通方式（地铁、公共汽电车等）和共享交通方式（出租汽车、网约车、共享汽车等），目前这一比例为71%，意味着未来20年每年需提升1个百分点，仍需作出巨大努力。

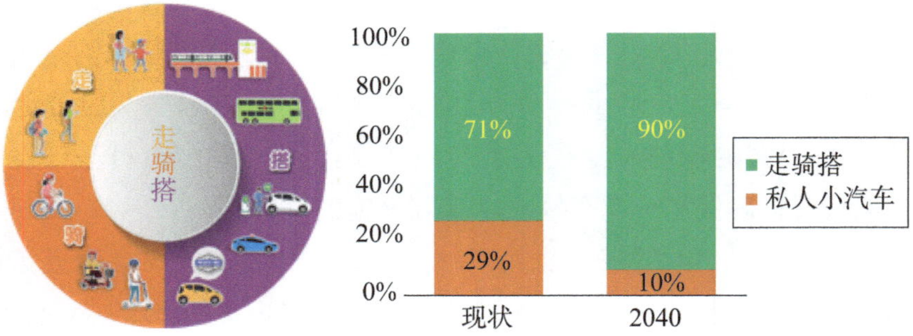

图4-2 新加坡“走骑搭”模式及高峰时段出行方式构成

为此，新加坡加快构建更方便、更具吸引力的主动出行和公共交通设施网络，到2040年，自行车道网络将从目前的440km扩大到1000km以上，轨道交通里程从230km扩展到400km。在此基础上，新加坡提出将更加注重提升门到门的一体化出行效率和服务体验，重点实施两方面策略：①改善现有土地用途，发展更多区域中心，尽可能缩短通过“走骑搭”模式到达邻里中心（具有较完善的商业、服务、娱乐等生活配套）和工作地点的出行时间，打造“20min市镇、45min城市”出行；②加快发展MaaS，通过整合公交车、出租汽车、地铁、共享单车等多种方式的出行服务，为市民提供门到门的行程规划以及一体化支付等功能，提升多方式组合出行的服务体验，从而吸引更多市民主动选择“走骑搭”模式。

2. 加快推广新能源运输工具

新加坡虽然在控制机动车数量增长方面卓有成效，目前机动车保有量仅为97万辆，但从能源类型来看，几乎都为汽柴油车辆。由于很多小汽车出行的行驶距离较短和国家对购置汽车的严格控制，新加坡实际上非常适合推广新能源汽车。为实现碳达峰和碳中和目标，新加坡提出到2040年，逐步淘汰内燃机车辆，实现所有车辆都使用清洁能源。采取车辆税费激励等经济手段，实行“附加注册费回扣+路税优惠+绿色贷款”的组合拳，是新加坡促进电动汽车规模化发展的主要途径。

在新加坡拥有一辆车，除车辆的市场公开价格（Open Market Value，OMV）外，还包括附加注册费等多种税费（表4-2）。为提升电动汽车的吸引力，新加坡充分运用车辆税费、绿色贷款等经济手段，促进电动汽车的推广应用。一方面，出台了电动汽车购置激励计划，针对2021—2023年购买的电动汽车，给予最高达45%的车辆附加注册费减免，上限为20000新元（约合9.5万人民币），同时对高排放的车辆追加额外的附加注册费。自2022年初起，新加坡还计划进一步取消电动汽车5000新元（约合2.4万人民币）的最低附加注册费，并将电动汽车的道路税降低40%，从而提高电动汽车相对燃油汽车的成本优势。

新加坡车辆购置和使用涉及的主要税费　　表4-2

类型	要点
附加注册费	根据车辆的OMV阶梯式征收费用，车价越高征收比例越高，通常为OMV的100%～180%
拥车证费用	通过竞拍获得有效期10年的拥车证（Certificate of Entitlement，COE），满10年后需要续费以延长COE的使用权
消费税	OMV × 20%
道路税	车辆上路之前需缴纳的费用，根据发动机容量计算，发动机容量越大，需缴纳的道路税越多
拥挤费	根据“使用付费”原则，车辆在高峰时段使用城市道路时需要支付一定费用，不同道路和时间段的拥挤费率会有所不同

此外，新加坡金融部门于2021年3月推出了新加坡首个绿色汽车贷款，对购买纯电动或混合动力电动汽车的消费者提供年利率1.68%的汽车贷款服务，相比普通个人贷款的利率3.88%，优惠力度较大。

3. 建立更完善的充电设施

随着电动汽车的推广，充电基础设施的可达性和便利性对于保障电动汽车的规模化使用至关重要。目前，新加坡仅有1600个充电站。为更好地支持未来十年电动汽车的快速增长，新加坡将加快充电基础设施建设，提出到2030年建设电动汽车充电站60000个，重点针对以下三类停车场：①新建停车场。新加坡将持续跟进电动汽车的使用量，并考虑通过法规和标准引导，强制要求新开发项目提供足够的电力，以满足其停车场的电动汽车充电需求，包括即将建成的组屋城镇、商业建筑和新的私人公寓。

②现有公共停车场。对于公共停车场，充电站将分阶段实施，到2025年将有8个“EV-Ready”城镇，每个公共停车场都将配套建设充电站。到2030年，努力使每个城镇都成为“EV-Ready”城镇。③现有私人停车场。新加坡公寓和私人公寓等非有地私人住宅占很大比例，安装充电设施难度较大。为此，新加坡设立电动汽车充电设施补助金，建议电动汽车充电运营商或非有地私人住宅的开发者，在公共区域建设充电设施。

三 法国

法国于1991年实现全国碳排放达峰，2011年实现交通运输行业碳达峰，峰值为1.35亿t CO_2，并计划到2050年实现交通领域碳中和。近年来，法国先后出台了《控制温室效应国家计划》、新《出行指导法》等法律法规，以及制定多规融合的城市发展规划，以保障碳中和目标的实现。

1. 制定《控制温室效应国家计划》

法国于2000年制定《控制温室效应国家计划》，明确了减排措施选取和制定原则：①确保先前制定的减排措施得到有效落实；②利用经济手段来调节和控制温室气体排放。该计划中提出了三类不同的减排措施，并明确了措施的适用范围。第一类减排措施包括资助、法规、标准、培训和信息宣传，适用领域是工业、交通、建筑、农林、废物处置和利用、能源、制冷剂等行业；第二类减排措施是指利用经济手段（以生态税为核心，包括增值税优惠、绿色证书制度等）来限制碳排放，适用领域是农林、能源及高能耗行业；第三类减排措施包括城市空间发展控制，发展城市公共交通和交通基础设施等。

2. 颁布新《出行指导法》

2019年12月24日，法国颁布了新《出行指导法》，将环境保护的需求纳入了政策管辖范围，对法国未来几十年的出行模式创新确定行政上的合法性和合规性。新《出行指导法》旨在消除没有公共交通覆盖的区域，减少甚至消除这些区域对私人小汽车的依赖，赋予地方政府安排新出行模式的权利，例如共享汽车、共享出行、预约出行等出行服务。

（1）加速新出行模式的发展。新《出行指导法》要求在2021年，所有出行选项信息向公众公开，例如公共交通的时间表、价格、空载率、拥堵情况等实时变更信息，也包括特定停车场的空位信息等，公众可以通过网络查询出行所需的各种便捷信息。自动驾驶摆渡车从 2020 年起可以在特定路况下运行。拼车出行这一模式的法律法规也得到了规定，保证行业健康发展。随着共享单车、共享滑板车和共享摩托等出行模式在法国的发展，新法律对这类出行方式的运营商设置了法律法规。

（2）制定碳排放目标。为了减少温室气体的排放，新《出行指导法》把到 2050 年实现零碳出行这一目标写进了法律中，伴随这一目标，两个中期目标也被写入法律：2030 年实现欧盟法规中的 CO_2 排放目标，2040 年将全面停止销售燃油车辆。这表明了法国政府对未来实现零碳出行的态度和决心。

3. 将物流用地纳入城市发展规划

巴黎将物流功能区设置在河道和铁路沿线，通过公司合作模式为物流公司提供必要的基础设施，发展可持续城市供应链。巴黎大力支持物流园区的规划建设，将一些大面积地下停车场向物流公司开放用作城市供应链的节点，这些专区也毗邻最终配送点，进一步减小了配送距离。法国 Chronopost 邮政快递公司通过利用专区和电动货车进行货物配送，成功减少了 50% 的配送里程以及 80% 的温室气体排放。

在大巴黎区域的规划中，某些区被选为密集型工业区域，这些工业聚集区多位于有多式联运基础设施的区域范围内，这样的产业规划选址使得工业的物流效率得到提升，同时也带动了物流产业在工业和交通转运中心周边的发展。通过统一的物流规划，产业集聚，提高货运效率提升，从而减少碳排放。

此外，在新型冠状病毒感染冲击下，巴黎着力提升与绿色复苏相适应的城市交通系统韧性，投资超过 3 亿欧元建设和拓宽机动车和自行车道，打造 15min 城市。

四 英国

1991 年，英国实现国家碳排放达峰，交通运输行业在 2005 年实现碳排放达峰，峰值为 1.34 亿 t CO_2。2020 年，英国交通运输碳排放中小汽车和出租汽车为最大排放源，占总排放量的 55.4%，其次是重型货车，占总排放量的 15.9%，再次是轻型货车，占总排放量的 15.7%，如图 4-3 所示。2021 年 7 月 14 日，英国交通部发布了世界上首个交通脱碳绿皮书

《交通减碳：更好、更绿色的英国》，相应的指南和配套文件也于次日正式发布。绿皮书规定了英国中央政府实现2050年全英交通系统脱碳中的承诺与行动，包括英国实现碳中和愿景下的交通发展路径（愿景、领域、影响）、实施碳中和的广泛收益和巩固脱碳方法所需的原则。

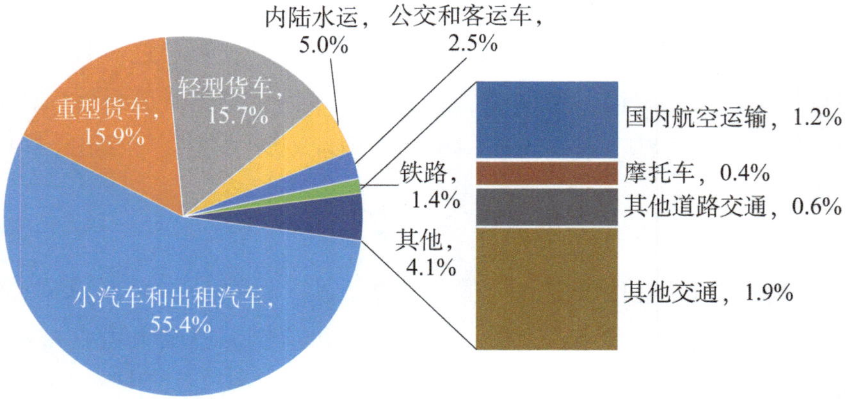

图4-3　英国不同交通方式碳排放构成

交通脱碳规划从承诺、行动和时限进行要求，分为各交通方式脱碳和多模式脱碳两部分。各交通方式包括步行和骑行、地面公交与大型客车、地铁、小汽车、摩托车、海运、航空等。多模式包括零排放货运物流产业、各地多样化脱碳、可持续低碳燃料、氢能源脱碳、未来交通技术、科技创新赋能和解锁绿色经济等。

《交通减碳：更好、更绿色的英国》作为世界上第一个交通脱碳规划，并不是阻止人类去发展，而是要以不同的方式去做同样的事情，避免进入高碳生活方式。该绿皮书在技术上和可行性上对所有交通领域都有很高的期望，脱碳将部分依赖于未来交通技术，以及必要的人类行为与社会变革。

1. 交通方式脱碳

（1）发展步行和骑行。加大政策支持力度，未来5年内将投资20亿英镑，加快步行和骑行的发展，到2030年，英国50%城镇内出行选择步行和骑行方式。到2040年，全英国建成世界级步行与自行车网络。

（2）推广零排放地面公交与客运车辆。实现国家地面公交战略关于公交产业转型与绿色公交革命的愿景。推广4000辆零排放公共汽电车及进行配套基础设施建设。建成首个全电动公交车辆城镇。研究提出全英国非零排放地面公交和客车禁售政策和计划。

（3）推广零排放乘用车。加强相关规制政策研究，包括推广零排放车辆、确定汽柴油车辆逐步退出时间表等。对外公布零排放小型客货车实施计划。借助一揽子财政与非财政激励措施支持零排放车辆。针对非零排放两轮车辆退出时间开展研究。制订行动计划推动零排放轻型车辆发展：到2022年底，公务车辆实现超低排放，到2027年，100%公务车辆和货车车队实现零排放。确保充电基础设施网络满足需求。支持培育汽车产业创新。改善交通信号系统，发展智能交通信号控制。

2018年7月，由英国交通部（Department for Transport，DFT）牵头制定的《零排放之路》发布，该文件是英国交通运输领域未来向更加清洁化迈进的纲领性文件，可分为三个发展阶段，细化了英国汽车全面电动化的时间表，并计划于2025年根据进展情况对目标进行评估和审视：到2030年，50%～70%的新销售乘用车、40%的新销售轻型厢式货车是超低排放汽车（目前英国超低排放汽车是指CO_2排放量低于75g/km的汽车，英国于2021年起将该标准调整为50g/km）；到2040年，停止传统汽油、柴油车（包括乘用车和厢式轻型货车）的新车销售；到2050年，争取全部在用乘用车和厢式轻型货车均为零排放汽车。

此外，该政策也从技术研发支持、购置补贴、基础设施建设等方面全面协助市场向“零排放”过渡。2020年2月4日，时任英国首相鲍里斯·约翰逊在联合国气候峰会启动仪式上宣布，英国政府计划将停止传统燃油车新车销售的时间由2040年提前到2035年，停售范围包括汽油、柴油和常规混合动力电动汽车（HEV）。目前，英国政府已就停售日期、停售车型定义、停售面临的障碍、停售对工业和社会的影响、配套措施等内容公开征求了社会意见。

2. 多模式脱碳与关键因素

（1）实现零排放货运物流产业。针对非零排放重型货运车辆停售时间表开展研究。借助财政与非财政激励措施支持零排放货车发展。支持货运车队提高运输效率和降低排放。鼓励支持公路货运转为更可持续的方式。改善最后一公里配送。

（2）推动各地多样化脱碳。支持地方政府开展多样化脱碳行动。将脱碳量化作为地方交通规划与资金补贴的组成部分，推动地方政府脱碳与交通改善。2021 年发布地方政府实施工具包与指南。将交通脱碳原则融入空间规划与交通政策。创建至少一个零排放交通城市与四个产业超级中心。审查交通案例与评估中的优秀实践案例。

（3）最大化可持续低碳燃料效益。提高可再生交通燃料使用。推出新标准汽油、审查生物燃料、制定低碳燃料战略等。

（4）加强氢能源发展。2021 年英国中央政府公布氢能源发展战略，增加氢能源生产与全经济业态使用。2021 年建立英国首个氢能源交通枢纽。

（5）发展未来交通技术。到 2030 年，采取行动提高车辆承载率。发布地方政府共享汽车拥车与服务指导意见。支持共享俱乐部实现零排放。加强 MaaS 的研究与实践。推动电动滑板车试验。减少交通部门数据共享障碍。推出全新年度统计数据发布及指南。探讨商业、社区、慈善机构共同支持的可持续出行奖励方案。开展宣传活动，鼓励换乘与可持续交通行为。鼓励企业带头，通过“零通勤”减少通勤排放。

（6）支持全国研发作为关键脱碳因素。2020 年 3 月，英国交通部即发布了《交通脱碳：设定挑战》为《交通减碳：更好、更绿色的英国》做好铺垫，其主要内容包括：①实施《向零排放客货车辆过渡：2035 年实施规划》。2020 年 11 月，中央政府宣布承诺 2030 年停止销售汽油、柴油动力车辆，并要求 2035 年，所有新生产客货车辆均应实现尾气完全零排放。②政策咨询。就电动车辆智慧充电、非零碳排放重型货运车辆停售时间、航空产业 2050 年碳中和、全英新售道路车辆碳排放规制框架开展公众意见咨询。

五 日本

2020 年 10 月，日本政府宣布 2050 年实现碳中和。2021 年 4 月，日本进一步提出要在 2030 年前比 2013 年减排 46% 的中期目标，标志着 2011 年福岛核事故后日本应对气候变化政策从消极转向积极。为落实 2030 年中期目标及 2050 年碳中和目标，日本政府打出政策组合拳，制定了“绿色增长战略”，修订《地球温暖化对策推进法》以及与之配套的“地球温暖化对策计划”，修订《能源基本计划》等，试图同时运用财政与金融两种手段，推动能源革命、产业转型、技术换代，在全球绿色转型大变局中重新确立全球产业竞争力，参与制定新规则，主导国际经济新秩序。城市交通低碳发展采取的主要措施如下。

1. 建立能效激励机制

20世纪90年代后期，日本经济逐步转型，为控制建筑和交通等部门能耗的快速增长，日本开始实施能效“领跑者”制度，引导制造企业生产节能型的家电和汽车等产品，并于2018年将能效“领跑者”机制对象从产品拓展到企业服务和公共机构。日本“领跑者”制度效果明显，以汽车行业为例，通过该制度的实施，载客汽车能效改善48.8%，高于预期。欧美等国家和地区针对能源效率也建立了类似的激励机制，如美国在“能源之星”机制下建立的“最高能效项目”，也取得了较好的效果。日本“领跑者”和美国“能源之星”之间的主要特征比较见表4-3。

日本、美国的能效激励机制　　表4-3

对比内容	日本：领跑者	美国：能源之星
启动时间	1998年	2010年
目标定位	控制建筑和交通部门等部门能耗快速增长	促进消费性电子产品的能源节约，从“能源之星”产品中进一步筛选出最高能效产品
范围	产品类：家电、汽车等32类； 企业类：钢铁冶炼、火力发电等15类	洗衣机、电视等5类家电产品
评价指标	事先设置能效指标：能效加权平均值高于“领跑者”标准	事先设置能效指标：当前最高节能技术水平，严格限制入围产品数量
实施方式	强制，到目标年限考核企业能效目标完成率	自愿申请
专有标识	有	有
配套激励政策	信贷支持、政府采购、品牌宣传、环保点数补贴等	消费退税、宣传推广

分析国外经验可看出，激励对象从终端设备逐步扩展到用能企业，设备本身的能耗水平固然重要，而企业的能耗管理水平也直接影响最终能耗。

2. 推进汽车产业电动化

日本政府已宣布乘用车自2035年起、货车等商用车自2040年起禁止销售燃油车。未来，日本市场上的新车销售将全部转为纯电动汽车（EV）、油电混合动力汽车（HV）、插电式混合动力汽车（PHV）和氢燃料电池汽车（FCV）。与此同时，日本政府还计划在社区、道路沿线、商业街及其他公共场所增设充电桩、充电站，支持车载蓄电池的研发和生产，最终计划在2030年前将电动汽车成本降至燃油车水平。

3. 发展城市轨道交通节能技术

1）利用再生能源和新型电机降低能耗

日本各大铁道公司目前正在引进的节能技术就是利用再生能源。这里的再生能源是指在列车制动时，将电机作为发电机工作所产生的电力。在容纳150名乘客的10节车厢以时速90km运行时，从制动到列车停止的30s内大约能够产生1500kW的再生电量。产生的再生电力通过专门架设的电线输送给其他列车，其他列车以这些再生电量为动力，从而实现了列车的节能运行。

为推动节能，日本铁道公司在列车上安装了“可变电压可变频率（Variable Voltage and Variable Frequency，VVVF）变压控制装置”，从而实现更有效的列车制动。这一装置可将供电线路中的直流电转换为交流电，根据电车的加速度和速度的变化调整电压和频率，从而使得电机更有效地运转。其最大优点就是比过去的列车节约了30%的耗电量。日本京王电铁公司同时采用再生电力装置与VVVF变压控制装置后，每节列车的平均耗电量比过去减少约45%。

东京地铁公司计划在2015年投入运行的银座线列车上安装永磁同步电机，力求更加节能。列车上的主流电机目前都是利用电枢线圈产生驱动转矩，采用永磁同步电机后，永久磁铁代替了电枢线圈，从而不再需要为其供电，有效控制了电量消耗。该公司目前同时采用了永磁同步电机与VVVF变压控制装置，预计能耗将比过去减少约37%，一组列车平均每天能够节约电能920kW·h。

2）推广车站辅助电源设备

地铁列车在发车时用电最多，将产生的再生电力用于其他列车发车，才能提高再生电力的利用效率。如果再生电力输送时间和列车发车时间不匹配，再生电力就会得不到利用。京王电铁公司设计了不通过变电站便可直接输送再生电力的系统，该系统以最短线路输送再生电力，以使产生的再生电力尽可能多地得到利用。东京地铁公司则在2014年6月开始投入使用“车站辅助电源设备”，可使多余的再生电力用于车站内的照明和空调用电。该设备能够通过监视线路电压的变化，来判断列车是否即将进站，如附近没有进站列车，那么再生电力将通过该装置为车站内的机电设备供电。

3）推广飞轮储能技术

地铁公司最大的运营成本是牵引动力用电，一般占到总用电量的50%以上，而制动能量一般占牵引用电的30%～40%。由此可见，合理回收利用制动能量将很大程度影响到地铁运营成本。飞轮储能是指利用电动机带动飞轮高速旋转，在需要的时候再用飞轮带动发电机发电的储能方式。飞轮储能系统主要包括转子系统、轴承系统和转换能量系统三个部分构成。飞轮储能装置中有一个内置电机，它既是电动机也是发电机。在充电时，它作为电动机给飞轮加速；当放电时，它又作为发电机给外部设备供电，此时飞轮的转速不断下降；而当飞轮空闲运转时，整个装置则以最小损耗运行。飞轮储能具有诸多优点：①提高地铁车站安全性，可为断电时地铁列车提供紧急牵引动力，不发热，无发生火灾危险；②无污染，飞轮储能器中旋转的飞轮是纯粹的机械运动，没有任何化学物质，也没有任何化学反应发生；③节能，节约牵引动力用电15%～30%；④超高充放电次数，飞轮储能系统每日充放电可超过1000次；⑤降低地铁固定投资，根据国外经验，地铁沿线设立储能站，地铁列车可以利用储能站储存的能量，这样可以增加牵引变电所直接的距离，从而可减少1/3的牵引变电站数量。

4）发展新能源技术

地铁系统在使用传统能源的同时，也可以考虑采用新能源技术。例如，采用以太阳能发电为主的绿色可再生能源为地铁车站供电。2014年2月，JR东日本公司在京叶线车辆段的建设中，引进了输出功率达1050kW的太阳能发电站。太阳能发电将在车辆段内使用，其余的经由变电站为列车运行提供电力。该发电站建成之后，每年约可以节省100万kW·h的电能，减少500t的碳排放量。

4. 城市物流

日本从20世纪90年代开始应用和推广普及城市共同配送体系，提倡发展“城市内最佳配送系统”，通过采取共同配送模式发展城市末端物流，其零售企业共同配送采用率达55.4%。日本的《流通业务城市街道整备法》统筹规划大城市中心区物流设施布局，基于“流通据点集中化”的发展方向完善了物流节点布局，提高了车辆里程利用率和实载率，减少了城市物流的碳排放。日本为了减少大型货车进入东京都内，围绕东京都周边设置了四个物流中心，将货物转装至小型车辆后再向东京都内配送，形成了由运输业者组成的共同配送服务网点。

六 德国

德国在《气候变化法案》中明确了具有约束力的减排目标，即到2045年实现气候中和。到2030年，德国二氧化碳排放量比1990年实现减少65%；到2040年，德国二氧化碳排放量比1990年实现减少88%；自2050年起，通过吸收天然碳汇来实现负排放。

2020年，德国交通运输行业温室气体排放量相较1990年减少11%，为1.46亿t二氧化碳当量。德国《气候变化法案》规定，到2030年，德国交通运输行业温室气体排放量不得超过9.5万t二氧化碳当量，届时交通运输行业将成为自1990年以来所有需求行业中温室气体排放最少的行业。

1. 制定乘用车和货车的二氧化碳排放性能标准

《乘用车与货车二氧化碳排放性能标准》（欧盟EU 2019/631号法规）不仅是欧盟助推交通运输行业转型的核心手段，也是助推德国能源转型的核心手段。该标准旨在确保汽车制造商所生产汽车的排放量越来越低而电动化程度越来越高。二氧化碳排放性能标准是新车二氧化碳排放量上限，即该标准适用于制造商在一年内售出新车的平均排放量，而不是单个汽车的排放量。在此种情况下，纯电动汽车为零排放，这为生产纯电动汽车提供了动力。2015年，欧盟开始正式强制推行首个新车二氧化碳排放量上限，规定在欧洲销售的所有新车的平均二氧化碳排放量必须低于130g/km。在2016—2019年间，随着制造商致力于推动更大、更重且利润率更高车辆的销量，新车二氧化碳排放量上限再次上升。自2020年起，新车二氧化碳排放量上限变为95g/km。如果排放量超标，在每售出一辆汽车时碳排放量每超标1g就对制造商处以95欧元的罚款。2019年，最新修订的二氧化碳排放性能标准规定，与2021年基准年相比，制造商必须进一步减少新车的二氧化碳排放量，到2025年碳排放量实现减少15%，到2030年碳排放量再实现减少37.5%。作为“减碳55%”（Fit for 55）一揽子计划的一部分，欧盟委员会于2021年7月提议修订欧盟EU 2019/631号法规，自2030年起为新车和货车设定更激进的二氧化碳排放目标。

除诸多汽车标准之外，德国还提出两项节能减排措施：①自2021年1月1日起，德国联邦财政部提出对首次登记注册的高油耗汽车征收更高的机动车税，该政策会影响运动型多用途汽车（SUV）和二氧化碳排放量超过116g/km的车型销售，实现鼓励人们购买更经济实惠的乘用车；②自2021年1月1日起，交通运输领域的碳定价机制也开始生效。起初，每吨二氧化碳价格为25欧元，这使每升Super E10（一种95号环保型汽油）价格平均上涨7.7欧分，每升柴油价格平均上涨7.6欧分。二氧化碳价格将逐年上调，预计到2025年将达到55欧元/t。届时，每升汽油价格将比2020年底水平高出15欧分，而每升柴油价格则将比2020年底水平高出17欧分。

得益于《乘用车与货车二氧化碳排放性能标准》的实施，2020年德国车辆平均二氧化碳排放量下降至136g/km。2019年德国车辆二氧化碳排放量的跃升是由于引入了全球轻型车统一测试程序，如图4-4所示。相比之下，2020年欧洲新车的平均二氧化碳排放量则为130.8g/km（WLTP二氧化碳平均排放量）或107.8g/km（NEDC平均二氧化碳排放量）。德国新车二氧化碳排放量之所以超过欧洲平均水平，是因为乘用车体积相对更大（2020年德国乘用车平均质量为1.53t，而欧洲乘用车的平均质量则为1.46t）。总体而言，《乘用车与货车二氧化碳排放性能标准》的实施会产生越来越大的减碳效益，见表4-4。

2. 征收机动车碳税

2020年10月16日颁布的《机动车税法案第七修正案》（联邦法律公报第2184页/BGBl. IS. 2184）规定，自2021年起，在德国首次注册的乘用车的二氧化碳排放量将通过逐步累进税率的方式进行加权，从而加大对小排量机动车的正向激励力度。具体执行是按二氧化碳排放量征收的机动车税采用累进式费率，即对于每公里二氧化碳排放量超过95g但低于195g的汽车，每公里二氧化碳排放量每增加1g就要额外收取2～4欧元的税费，具体按二氧化碳排放量分为六个等级，前五个等级跨度相同，第六个等级的二氧化碳排放量上不封顶，见表4-5。德国采用全球轻型车统一测试规程（WLTP）下测得的二氧化碳排放量，因此能更真实地反映车辆的碳排放量。

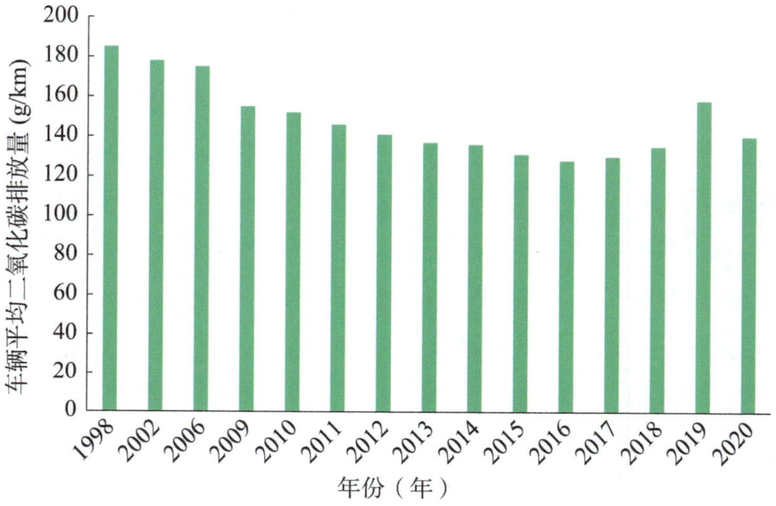

图4-4　德国新注册乘用车的平均二氧化碳排放量

资料来源：德国联邦汽车运输管理局，2021年。

乘用车和货车二氧化碳排放性能标准实施的预期减排量　表4-4

年份（年）	2025	2030	2035	2040
《乘用车与货车二氧化碳排放性能标准》实施产生的减碳效果（百万 tCO_2）	0.98	4.93	9.62	10.37

资料来源：德国联邦政府，2021年。

德国各等级车辆的碳排放税征收标准　表4-5

各等级车辆范围	收费标准
95g < 每公里 CO_2 排放量 < 115g	2.00欧元/g
115g ≤ 每公里 CO_2 排放量 < 135g	2.20欧元/g
135g ≤ 每公里 CO_2 排放量 < 155g	2.50欧元/g
155g ≤ 每公里 CO_2 排放量 < 175g	2.90欧元/g

续上表

各等级车辆范围	收费标准
175g≤每公里 CO_2 排放量＜195g	3.40 欧元/g
195g≤每公里 CO_2 排放量	4.00 欧元/g

随着该措施的实施，提高了小汽车购买者的购置成本，对小汽车的销售造成一定影响。通过评估发现，由于与其他措施的相互作用，这项措施实施产生的减碳效益似乎相对较小，并且影响力会随着时间推移而逐步下降，见表 4-6。

增加机动车税中二氧化碳排放量权重产生的预期减排量　表 4-6

年份（年）	2025	2030	2035	2040
自 2021 年起，增加机动车税中二氧化碳排放量的权重产生的减碳效果（百万 tCO_2）	0.29	0.20	0.08	0.09

资料来源：德国联邦政府，2021 年。

第二节　典型城市的发展经验

一　东京

东京作为国际大都市，在低碳发展方面一直走在世界前列。2019 年 12 月，东京都政府正式发布面向碳中和的白皮书——《东京零排放战略》，明确到 2050 年实现碳中和的愿景。2020 年 3 月，在全球碳中和行动迅速升温的新形势下，东京都政府公开发布了《东京零排放战略》更新报告，进一步强化了减碳的目标以及零排放车辆的发展力度。

《东京零排放战略》更新报告提出了东京碳中和的发展愿景，即建立资源循环利用、环境舒适友好、对气候变化造成的灾害具有抵御能力的城市，到 2050 年实现东京零碳排放。根据这一愿景，东京设定了 2030 年"碳减半"的阶段性目标，即 2030 年碳排放量在 2000 年的水平上减少 50%（相较于之前提出的 30% 目标显著提升），并将可再生能源的电力利用率提升到 50% 左右。

在上述碳中和愿景下，东京提出亟须对整个社会系统进行变革和转型，以真正迈向零排放。由于东京交通运输领域 80% 的碳排放来自机动车，因此，东京将车辆的能源转型作为交通领域减碳的重要抓手，并提出相应的发展目标：到 2030 年停止销售汽油车辆，零排放车辆（Zero Emission Vehicle，ZEV）在新车销售中占比达 50%，到 2050 年实现东京都内所有使用车辆都为零排放车辆。东京所定义的零排放车辆主要包括三类：纯电动汽车（Electric vehicle，EV）、插电式混合动力汽车（电动模式）（Plug-in hybrid vehicle in EV mode，PHV）和燃料电池汽车（Fuel cell vehicle，FCV）。

围绕东京碳中和愿景下的车辆能源转型目标，东京出台了《东京零排放车辆推广策略》专项报告，提出了相应的发展策略，主要包括以下四个方面。

1. 多措并举促进零排放车辆的规模化应用

为了推动 ZEV 在各个领域的应用，东京都政府将发挥带头作用，在其制订的《零排放东京都政府行动计划（2020—2024 年度）》中，要求东京都知事部局、教育局、警务处、消防厅等更新的公务车辆（应急车辆除外）都为 ZEV，并通过该计划的实施进一步推动市民和企业的电动化进程，以期达到东京都政府 2030 年“碳减半”的目标。

在推动市民购买 ZEV 方面，东京的公众意愿调查显示，“降低购买价格”（44%）、“降低维护成本”（27%）和“发布理想车型”（18%）是东京居民购买或考虑购买 ZEV 的三大主要因素。因此，东京计划通过国家层面以及都政府层面的资金补助和税收优惠，引导个人和企业购买 ZEV，并降低汽车制造商的生产成本，鼓励其发展更为多样化的 ZEV 车型。对于个人购买的首台 ZEV，将补贴 30 万 ~ 60 万日元。根据东京都政府的测算，使用补贴购买的 ZEV，在使用 10 年后的总成本将比汽油动力汽车少约 45 万日元（约合 2.8 万人民币）。

与此同时，东京将通过完善法规和建立新的机制来鼓励企业更多使用 ZEV。例如东京结合最新的减碳目标，对其《东京环境保护条例》中的“低污染、低油耗车辆引进义务制度”进行了修订，规定拥有 200 辆及以上汽车的运营企业须有计划地采购政府指定的低污染、低油耗车辆（最新要求改为 ZEV），并将采购比例由原来的 5% 提高到不低于15%。

日本东京提出了2050年实现二氧化碳净零排放的目标。《东京零排放汽车推广策略》中，设定了推广ZEV的2030年和2050年目标，以及三大减碳策略。2030年，ZEV在新车（公交车、出租汽车、货车）销售中的市场份额由1.6%（2018年）上升至50%，引入零排放公交车300辆以上，新增小型客车（30座左右）全部为ZEV。预计到2025年公共充电站达到5000个，2030年快速充电站达1000个，加氢站达150座。2050年，东京所有路上行驶的汽车都是ZEV。通过扩大使用可再生能源，使零排放理念深入人心，其具体举措包括：①确保基础设施有力支撑ZEV的推广；②鼓励用ZEV替代现有车辆，包括小汽车、公交车、摩托车等；③促进社会广泛接受ZEV。

2. 加快交通数字化转型，建立未来智慧出行MaaS系统

为了实现2030年“碳减半”和2050年碳中和的愿景目标，东京认为未来的技术变革与创新将发挥至关重要的作用。在《东京零排放车辆推广策略》报告中，除了提到加强电池技术、无线充电技术等方面的技术创新和推广应用外，还重点提到将ZEV的规模化推广、自动驾驶技术与出行即服务（Mobility as a Service，MaaS）紧密结合，并关联购物、旅游、保险等多种生活功能，从而打造融入生活的全新出行服务体系，推动交通出行从高碳向低碳甚至零碳方式转移，最终实现减少排放、缓解交通拥堵、提升市民出行体验的多重目标。

以东京为例，在东京的《零排放东京战略》中，提出将应用物联网、人工智能等先进的信息通信技术，依托MaaS将所有交通方式实现一体化无缝连接，从而打造一个全新的出行乃至生活体系，既提高交通运行效率、缓解交通拥堵，又有效降低碳排放，如图4-5所示。

3. 加大资金支持和发挥标准引领作用，强化能源补给设施保障

截至2018年，东京共建设了2500个公共充电桩，包括300个快充式充电桩和2200个慢充式充电桩。东京关于ZEV的公众意愿调查显示，能源补给设施规模不足、补给时间过长、距离过远是公众购买ZEV时比较担心的问题。因此，为保障ZEV的应用有足够的充电设施并提高充电效率，东京都政府提出2025年公共充电桩将在既有基础上增加一倍，达到5000个，其中快充式充电桩将达到1000个。此外，在燃料电池汽车的能源补

给方面，东京于2014年开始建设加氢站，目前已有14座加氢站。随着燃料电池汽车的推广，东京都政府计划在2030年建成150个加氢站，实现在7min内能够到达就近的加氢站。

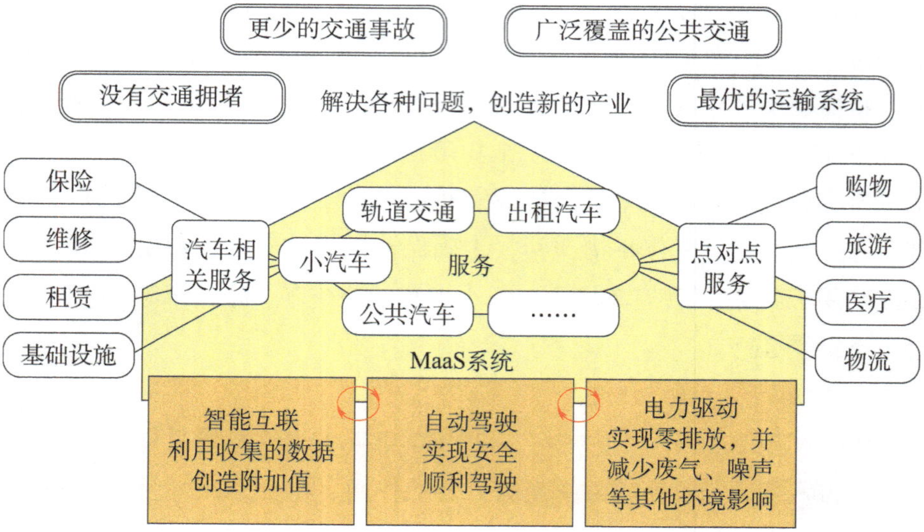

图4-5　东京依托MaaS打造全新出行体系

为实现上述目标，东京计划采取以下两方面的主要措施：①对充电桩、加氢站给予资金支持。例如对商场等公共场所安装公共充电桩、居住区安装私人充电桩给予补贴；设立加氢站建设运营的专项补助资金，并在土地租赁、建造站点等方面提供支持，对加氢站的相关知识进行免费培训。②发挥标准的引领作用。为鼓励大型建筑物业主安装充电桩，东京都将修订《东京绿色建筑标准》，将建设充电设施作为评价绿色建筑的一项重要标准。此外，还将完善停车场规划建设的相关标准规范，以统筹考虑充电桩的建设。

4. 通过开放式体验、展览等方式，提升市民对ZEV的认知和接受度

东京关于ZEV的公众调查显示，仍有很多市民对ZEV并不了解甚至存在对ZEV安全性和技术性能等方面的诸多担忧。为此，东京计划通过开放式体验、展览活动等方式，让市民充分体验ZEV带来的好处和易用性，从而提高整个社会对ZEV的认识和接受度。例如东京建立了全日本第一座氢能博物馆，为向公众普及燃料电池汽车的知识创造了体验机会，市民可实地观摩燃料电池汽车的工作原理，并亲自体验向燃料电池车加氢的全过

程。此外，东京还计划结合东京都乃至日本的各种重要活动举办 ZEV 展览，让更多的市民切身感受和体验 ZEV。

二 巴黎

围绕 2050 年法国碳中和发展目标，巴黎市通过加大投资力度，发展城市公交、绿色出行、绿色物流等方面，以实现城市交通的低碳发展。

1. 实行公共交通税政策

巴黎依据《法国公共交通法》建立的公共交通税（1971 年开始实施），规定 9 人以上企业需按工资总额提取 1.2% ~2% 的公共交通税，每年征收的公共交通税约占公交总投资的 40% 左右，从而保证公共交通发展有可靠的资金来源。巴黎市区公共交通税率为 2.4%，公共交通税征收后，由巴黎交通管理委员会每月分配给公交总公司、法国国营铁路公司等交通企业。公共交通税是巴黎公交总公司弥补亏损的重要来源，也是城市公共交通资金的重要来源，在省级政府的财政预算中约占 1/3。全法国征收的公共交通税中有 41% 用于省级的公共交通投资，28% 用于巴黎的公共交通投资。如果公共交通税所得资金不能满足需求的话，则由地方政府从自己的财政预算中予以支持。

2. 建立零排放区

为实现减碳目标和改善空气质量，巴黎在现有的低排放区的基础上逐步升级，计划在 2030 年将低排放区变成零排放区。

巴黎现有的低排放区的覆盖范围包括大巴黎地区的 79 个自治区（包含巴黎市在内），共有 561 万人生活在这个地域范围内。如图 4-6 所示，巴黎市为白色，另外 78 个在低排放区以内的自治区为浅蓝色，未被低排放区囊括在内的自治区为深蓝色。在低排放区要求的运行时间内，只有排放水平达到特定要求的车辆才被允许进入，车辆的排放水平通过贴在其前风窗玻璃上的 Crit'Air 环保标识来体现，如表 4-7 所示，法国的 Crit'Air 环保标识体系将车辆分为 6 个级别，排放最高的车辆（欧 I 及更早的汽柴油车）没有任何标识。对于公交车、客车和重型货车，该低排放区每周 7 天、每天从早 8 时至晚 8 时运行；对于其他所有车辆类型，该低排放区仅在工作日的早 8 时至晚 8 时运行。

图 4-6　巴黎的低排放区

法国 Crit'Air 环保标识体系对乘用车的分级　　表 4-7

Crit'Air 环保标识体系的分级	符合条件的车辆
绿色级	纯电动汽车，燃料电池汽车
Crit'Air 1 级	插电式混合动力汽车，燃气汽车，欧Ⅴ/Ⅵ混合动力汽车，欧Ⅴ/Ⅵ汽油车
Crit'Air 2 级	欧Ⅳ混合动力汽车，欧Ⅳ汽油车，欧Ⅴ/Ⅵ柴油车
Crit'Air 3 级	欧Ⅱ/Ⅲ混合动力汽车，欧Ⅱ/Ⅲ汽油车，欧Ⅳ柴油车
Crit'Air 4 级	欧Ⅲ柴油车
Crit'Air 5 级	欧Ⅱ柴油车
未分级	欧Ⅰ及更早的汽油车，欧Ⅰ及更早的柴油车

在未来 10 年内，巴黎将逐步加严对低排放区内的排放要求，最终实现将低排放区升级为零排放区的计划。巴黎低排放区的合规监管目前是通过交警来完成，但已有计划在 2022 年 7 月转为通过能够自动识别车牌的摄像头完成。不合规车辆需缴纳罚款，不同车辆类型的罚款额度不同，公交车、客车和重型货车为 135 欧元，其他车辆类型为 68 欧元。如果在 45 天内未支付罚款，上述罚款金额将分别增加至 375 欧元和 180 欧元，见表 4-8。

巴黎从低排放区向零排放区升级过程中排放要求的逐步加严　表 4-8

<table>
<tr><th>实施日期</th><th>2015 年 9 月 1 日</th><th>2016 年 7 月 1 日</th><th>2017 年 7 月 1 日</th><th>2019 年 7 月 1 日</th><th>2021 年 6 月 1 日</th><th>2022 年 7 月 1 日</th><th>2024 年 1 月 1 日</th><th>2017 年（目标）</th></tr>
<tr><td>适用的车辆类型</td><td>公交车、客车、重型货车</td><td colspan="7">全部（包括乘用车、轻型货车、两轮摩托车、三轮摩托车、四轮摩托车、公交车、客车、重型货车）</td></tr>
<tr><td>允许进入巴黎市的车辆</td><td>2001 年 10 月 1 日及以后注册的车辆</td><td>绿色级；Crit’Air 1～5 级</td><td>绿色级；Crit’Air 1～4 级</td><td colspan="2">绿色级；Crit’Air 1～3 级</td><td rowspan="2">绿色级；Crit’Air 1～2 级</td><td rowspan="2">绿色级；Crit’Air 1 级</td><td rowspan="2">绿色级</td></tr>
<tr><td>允许进入低排放区所覆盖的除巴黎市以外的其他自治区的车辆</td><td colspan="3">全部</td><td>绿色级；Crit’Air 1～4 级</td><td>绿色级；Crit’Air 1～3 级</td></tr>
</table>

3. 发展慢行系统

为了缓解城市交通拥堵，不断提升道路通行状况，法国巴黎遴选了里沃利大街等长约 150km 的多条城市道路进行改造升级。在改造升级完成后，出行环境得到很大的改善，体现了以人为本的指导思想，因此大受自行车使用者的欢迎。以里沃利大街为例，据不完全统计，2020 年 1—7 月，超过一百万辆次自行车骑行经过该大街，大大促进了巴黎市绿色出行的发展，如图 4-7 所示。

4. 发展绿色物流

巴黎将物流用地纳入城市发展规划，将物流功能区设置在河道和铁路沿线，通过公私合作模式为物流公司提供必要的基础设施，发展可持续城市供应链。巴黎大力支持物流园区的规划建设，将一些大面积地下停车场向物流公司开放用作城市供应链的节点，这些专区也毗邻最终配送点，进一步减小了配送距离。法国 Chronopost 邮政快递公司通过利用专区和电动货车进行货物配送，成功减少了 50% 的配送里程以及 80% 的温室气体排放。

图 4-7　巴黎里沃利大街的改造升级

图片来源：Zero Emission Area Digital Handbook，Global New Mobility Coalition。

城市配送车辆一般多选用轻量型、节能型、小吨位专用车辆，部分小型城市甚至推荐三轮电动车作为配送车辆。巴黎要求城市配送车辆车长为 8～11m，载重不超过 8t，同时满足欧Ⅱ排放标准。2005 年巴黎发布了关于城市路边卸货区的细则标准，要求卸货区长度在 12～15m 范围内，并配有相应的标准化设施，市内 10000 多处卸货区按照标准进行了强制改造，已完成了 50% 的改造，目前巴黎大约有 15% 的街道面积专门用于装卸货停车，同时鼓励使用小型电动车辆进行城市末端配送，在城内设置了专门配送停车点。

在大巴黎区域的规划中，某些区被选为密集型工业区域，这些工业聚集区多位于有多式联运基础设施的区域范围内，这样的产业规划选址使得工业的物流效率得到提升，同时也带动了物流产业在工业和交通转运中心周边的发展。通过统一的物流规划，产业集聚，提高货运效率提升，从而减少碳排放。

三　伦敦

围绕 2050 年伦敦零碳城市发展目标，《大伦敦规划 2021》在空间规划的领域全面落实回应了伦敦气候目标。交通运输领域的碳排放量占伦敦碳排放总量的比例超过1/4，“净零碳交通”将有力推动“净零碳城市”目标的实现。伦敦通过倡导出行方式向步行、骑行和公共交通转变，以及提高交通运输效率和能耗效率、调整交通能源使用结构等战略手段，实现交通运输领域的节能减排。

伦敦交通战略的总目标是“至2041年，80%的出行由步行、骑行和公交出行组成”。其中，预计绿色出行占比在伦敦市中心达95%，内伦敦地区达90%，外伦敦地区达75%。同时，提出“至2050年，整个交通系统将实现净零碳排放”，如图4-8所示。

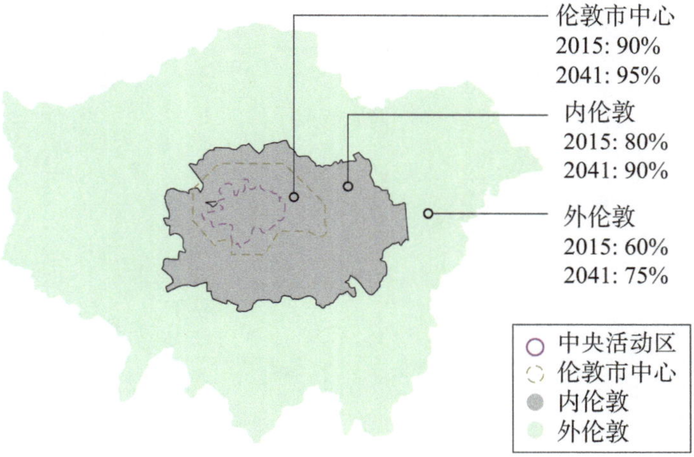

图4-8　2015年、2041年伦敦绿色出行比例空间示意图

1. 建设健康街道

伦敦正面临一场“不活动”危机。据官方统计，超过40%的伦敦人无法完成每周活动150min的推荐指标，28%的人每周活动时间不超过30min，体力活动逐渐从日常生活中淡出。健康街道旨在减少机动车的使用，鼓励市民通过“主动出行”（即步行和骑行），每天进行至少20min的运动，同时倡导绿色出行方式，从而减少交通拥堵，改善空气质量，助力交通战略总目标的实现。该策略重点关注行人友好、过街方便、有遮阴挡雨的设施、有停留休憩的场所、汽车交通降噪、绿色出行（步行、骑行与公交出行）、有安全感、视觉享受与便利生活、令人放松、空气清洁10项指标，如图4-9所示。

2. 加快各类车辆电气化进程

结合车辆的淘汰更新，加快提升出租汽车、租赁车、公共汽车、私人小汽车以及其他车辆的电动化水平，具体的推进计划是：到 2023 年，新增租赁车辆实现全部零排放；到 2025 年，新增公共汽车实现全部零排放；到 2030 年，新增私人小汽车和货车实现全部零排放；到 2040 年，新增其他车辆实现全部零排放；到 2050 年，全部车辆实现零排放。

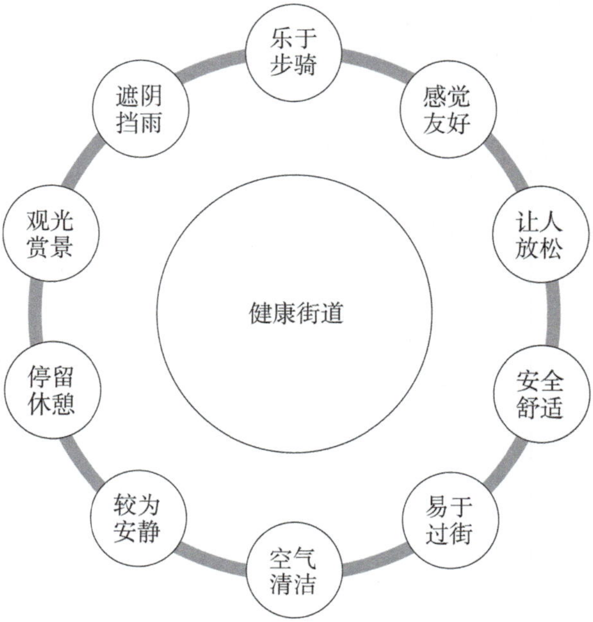

图 4-9　伦敦健康街道十大指标

3. 提升公共交通可达性和服务能力保障

提升公共交通服务，保留用于公共交通的现有土地和建筑物，确保用于公共交通、步行和骑行线路的新空间，并保障必要的线路连通性和可达性。实现到 2041 年伦敦的公共交通系统须能够承载每日 500 万人次的新增出行量。优先保障健康街道（26 项）、公共交通（48 项），总计 74 项重点项目，同时明确了重点项目的建设时序和投资预算情况。

4. 评价复合的交通影响

交通影响评价同样需要纳入健康街道的原则，需与项目提案同时提交。充分评估各个范围层级对城市道路网容量（也包括行人和骑行）的影响，交通组织方案、停车场设计和管理方案、物流和配送方案也需同时提供。对被认为存在不利交通影响的设施或地点，应改善提升其周边的公共交通、慢行设施和道路设施，或按标准缴纳影响的费用。

5. 打造便捷的自行车交通

以促进和鼓励骑行为宗旨，建设新的骑行路线和优质的相关设施，支撑全域范围内骑行网络的实现。同时，停放空间需提供对社会特殊人群友好的设施。

针对不同级别的区域，提出不同的自行车停放设施配建最低标准；结合全市的出行研究，确定了重点区域，重点区域中开发项目的自行车停放设施配建标准更高；开发项目的自行车停放设施应按周边地块大小及用途确定的标准配置，并保证不少于 2 个短期和 2 个长期停车泊位。

6. 精细化的机动车停车管理

机动车停车场应根据现有和未来的公共设施水平加以限制，以减少习惯性的私人小汽车出行，进而促进出行结构向绿色方式转型和“以车为本”向“以人为本”的转变。

对于公共交通网络发达（现状或规划）的区域，除残疾人停车位外，应促进无车化（Car-free）；其他地区应遵循提供最低必要停车位（Car-lite）的原则。停车场需在不对行人产生负面影响的情况下配置供电动汽车充电的多种不同设施。鼓励各行政区在《伦敦规划（2021）》提出的上限配建标准的基础上，进一步采取更严格的执行标准。

（1）居住区机动车停车管理需满足以下标准：按照公共交通可达性等级（Public Transport Accessibility Levels，PTALs）、分区（中央活动区、中心区、郊区、机遇地区）、户型对新建居住区停车位配建标准的上限进行限制；所有居住区的停车位均必须提供电动汽车的配套设施；大型特定用途共用住宅、学生宿舍和其他特殊用途住宅可不配停车位；在居住区，最低需保证 3% 的住宅有指定的残疾人停车位。停车管理计划还应阐述在有需求的情况下，额外 7%（共计 10%）的住宅可以拥有指定的残疾人停车位的具体预案。

（2）办公区机动车停车管理需满足以下标准：按照分区（中央活动区、中心区、郊区等）对新建办公区停车配建标准的上限进行限制；在公交连通性良好，或站点周边的办公区，鼓励采用无车化的发展模式，但根据不同地点的出行发生规律，应有一定的差异化；对于希望采取更宽松办公区停车标准的郊区行政区需进行说明；残疾人停车位需按标准供给；对于工业化企业，停车空间同时服务于运营车辆和工人，整体以就业强度作为标准，根据具体情况逐个确定。

（3）其他区域机动车停车管理需满足以下标准：对于零售停车场、酒店和休闲用途停车场，整体思路仍为通过减少停车位供给以达到改变私人小汽车习惯性出行的目的，结合不同的分区和公共交通可达性等级，对车位配建进行上限标准设定，并保证一定的充电设施；对于非居住区的残疾人停车位，针对不同的场所，指定残疾人停车位占总车位的比例，并尽可能地靠近出入口或其他便捷设施。

7. 绿色导向的物流配送

实现铁路运输、水路运输和道路运输等方式的配送和物流业的可持续发展。减少区域和区域间、区域内部的道路货运量，从全域的尺度协调设施的供给，提高道路安全，减少噪声和污染物排放。

为实现2050年“碳中和”的目标，支持为物流和工业场所提供氢气加注站和电动汽车快速充电站。为鼓励和支持非高峰配送，所有规模的集配站点的设计应具备满足24h运营的条件，同时要求与一定的设施或手段结合，以减少因投递失败而造成的额外货运。同时，在不影响铁路、水运客运服务质量的前提下，尽可能实现货物从公路货运向水路、铁路转换。

8. 通过标准化评估推进轨道交通节能减碳

伦敦地铁使用了温室气体核算体系（Greenhouse Gas Protocol）标准评估和减少其碳排放。首先通过Greenhouse Gas Protocol标准全面评估了系统年度运营阶段的碳排放，并对结果进行统计与分析。然后，在评估结果的基础上伦敦地铁采取了以下碳排放减少措施：①重点研究碳排放较多以及节能空间较大的节能减排方法，并利用Greenhouse Gas Protocol标准对节能减排方法进行验证；②建立完整的监督报告系统，该系统能够提出日常及策略性环保措施；③管理碳排放及提升能源利用率，研究高能源利用率的新型系统以及发展可再生能源技术。伦敦地铁公司通过使用多种节能优化方法降低其运营碳排放，成功获得了英国碳信托标准认证，成为轨道交通领域首例得到碳信托公司认证的单位。

四 波士顿

《波士顿碳中和交通系统规划》可以主要分为三个部分：第一部分是

对波士顿的现状交通系统进行了分析，总结剖析了现行的和交通体系低碳减排有关系的各种规划文件和政策。第二部分是通过统计数据，完成2016—2050年之间交通方面温室气体排放量的基线统计和预测。第三部分是通过建立模型，对低碳交通方面的政策进行分析，考虑各种不同政策情境的影响，最后基于前边的分析，提出重点关注领域的八大策略和五大实现路径。

《波士顿碳中和交通系统规划》提出碳中和愿景下交通八大策略，并对每项策略逐一进行政策概述、情景建模分析和政策效益分析。这些策略包括：清洁交通策略、土地利用策略、公共交通策略、主动交通策略（即步行和自行车出行）、自动驾驶汽车策略、智能出行策略、出行定价策略及交通需求管理策略。

1. 发展清洁交通

在不改变行驶距离的前提下，依靠低碳或者无碳的清洁交通体系，是实现低碳排放的重要方式。根据波士顿的市场预测，到2050年将有40%～90%的轻型车辆为纯电动车辆，交通电动化的实现需要城市政策和方针的指引。交通电动化带来的好处包括：降低交通成本、减少污染气体排放、有利于公众身体健康、提升交通出行的公平性等。

2. 提升土地使用效果

土地使用政策的作用体现在管理出行需求和改善可达性方面，通过将居住和就业安排在交通便利的地点以减少碳排放。坚持交通效率高的土地利用规划原则：①减少停车需求，以适应城市降低汽车拥有量和降低住房成本；②分区规定增加住房供应，特别是规模较小的经济适用房的住房供应；③扩展交通需求管理（Transport demand management，TDM）要求的实施。

3. 加快发展公共交通

①通过城市道路交叉口改造，专用公交车道建设以及马萨诸塞湾交通运输局（Massachusetts Bay Transportation Authority，MBTA）关键公交线路上其他相对低成本的运营改进，提高公交车的运行效率和可靠性；②实施快速公交和铁路项目，在《波士顿2030》和《MBTA Focus 40》的计划草案中确定了这些任务，包括新增大约42mile（约67.6km）的快速公交服务和35mile（约56.3km）的城市轨道服务，并认为这是高优先级的任务，

确保如期完成；③实行公共汽车和地铁临时免票政策，通勤铁路和渡轮也降低 50% 的票价。

4. 发展主动交通

主动交通策略包括自行车优先和步行道改善。新增街道上的自行车道，以便使更多市民能够优先选择骑行方式；加强“完整街道”设计的运用，以便街道能够服务于所有出行模式和所有使用者，如图 4-10 所示。今后仍需要进一步考虑的是，加强城市道路空间的优化调整，为不同使用者（汽车出行者、公共汽车乘坐者、骑行者、行人和停车者）确定道路空间的优先级。

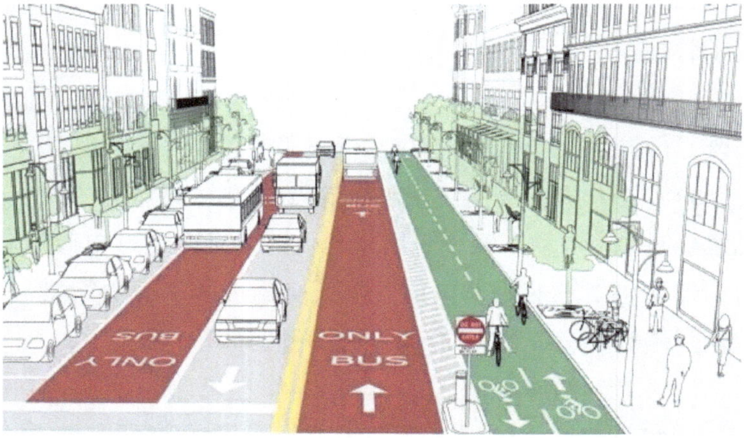

图 4-10　完整街道示例图

5. 发展自动驾驶

自动驾驶车辆可以降低能耗强度，能够接受更短的车头时距，有效减少事故所造成的拥堵，提升城市道路系统的允许交通量，从而减少碳排放。但是城市需要采取一些政策（如拥堵收费），加强自动驾驶出行的管理，重点应该限制一些低效通行，如为逃避停车收费的通行等。

6. 发展智能出行

智能出行重点是指共享车辆服务，如网约车、定制公交等。智能出行服务的普及，能有效降低私人小汽车的拥有量，作为解决“最后一英里”出行难题的解决方案。为实现此目标，智能出行必须选择新能源车辆，并实行共享乘车的形式，减少人们单独的点到点出行，否则，可能反而会增加拥堵和碳排放。

7. 出台财税政策

价格是引导交通出行需求最有效果的政策之一，包括拥堵费、停车费、行车里程税及减免公交票价等。合适的定价有助于引导出行者选择最高效低碳的出行方式，还可以鼓励居民向主动交通方式转移，这样也能够降低医疗成本。另外，定价政策所产生的收入，可以用于清洁交通的投资，或投资到公交、骑行、步行设施，或为低收入出行者减免税收等。通过中心区域收费带来的车辆行驶里程（Vehicle Miles Traveled，VMT）变化，中心区域的社区受价格影响变化最大，大约减少5%～10%，其他社区的变化比较小，基本都小于1%。

8. 交通需求管理

实施交通需求管理策略的目的是规定或者鼓励公司、住宅和商业的物业为员工和居民提供出行选择，通过与公司和物业合作，把通勤者作为实施重点。政府可以在新的商业和住宅建筑的开发评估过程中加入TDM的要求。TDM可以提供更多的通勤出行信息，以此来促进其他的出行方式以及减少公共交通或其他出行方式的成本，为通勤者和居民带来出行便利。

综上所述，波士顿城市交通碳中和的各项政策和时间计划详见表4-9。

波士顿城市交通的碳中和政策　　表4-9

政策	时间计划
要求新开发项目提供清洁交通设施，如电动车充电设施、交通需求管理项目	1～2年
支持如电单车等微动力出行的政策	1～2年
测试各种鼓励共享汽车的政策	1～3年
增加公交设施周边的人口和工作岗位密度、减少机动车使用	1～5年
出行价格机制，如拥堵费、停车费、高排放车辆费等	2～5年或更久
鼓励轻型和中型货车电气化	2～5年或更久
管理无人驾驶技术和无人驾驶车辆的使用	2～10年
对现有多单元住宅、商业楼宇的电动车充电设施进行补贴或直接投资	5～10年
投资成本较高的公交设施	5～10年
减少内燃机车辆	10年以上

续上表

政策	时间计划
有策略地布局公共电动车充电设施	长期持续
增加对完整街道项目的投资，改善骑行、步行和公交乘坐环境	长期持续
调整道边空间的使用优先级，支持主动交通、公共交通、共享交通	长期持续
以较低成本提高公交出行效率和可靠度	长期持续
公共车辆电气化	长期持续
和周边城市、区域、州等层面的机构合作推动电气化、鼓励非机动出行	长期持续

五 哥本哈根

哥本哈根市在 2009 年发布了《哥本哈根 2025 年气候规划》，提出将在 2025 年成为世界第一个零碳城市的目标，分为三个阶段实施（2013—2016 年，2017—2020 年；2021—2025 年），这实际就是哥本哈根市碳中和路线图。

1. 制定碳中和路线图

2012 年 3 月，丹麦通过了《2050 年能源战略—从煤、石油、天然气到绿色能源》（Energy 2050-From Coal，Oil and Gas to Green Energy）。《2050 年能源战略》着眼于丹麦全国上下注重节能并广泛利用清洁能源，确立了一系列节能和能源转型的目标和清洁能源项目，涉及丹麦能源供给的所有方面，包括交通、工业和建筑等行业。丹麦政府考虑利用能源转型，鼓励绿色增长，创造绿色就业和竞争，同时逐渐取消煤、石油和天然气。

哥本哈根市政府于 2009 年 8 月发布了第一版 2025 年气候规划，确定了到 2025 年哥本哈根市将成为世界第一个碳中和城市的发展目标。近期目标为：与 2005 年相比，2015 年二氧化碳排放水平将降低 25%。据哥本哈根市政府评估，此目标早已实现，二氧化碳在此阶段实际降低了 38%，减排速度随着环境技术的发展和多方的努力正在加快。这个减排效果主要是由于利用再生能源及区域供暖与制冷。2012 年 8 月又出台了《哥本哈根 2025 年气候规划》（Copenhagen 2025 Climate Plan），对 2009 年的第一版规划做了补充和修订。

《哥本哈根2025年气候规划》重点包括节能、能源生产、绿色交通和市政四个方面的重点任务。交通领域的目标和任务是：到2025年，绿色出行比例（含步行、骑行和公共交通）达到75%；在上班、上学通勤出行中骑行比例达到50%；公共交通出行比例比2010年增加20%；城市公共交通中全部采用零碳的交通工具；20%～30%的轻型车辆为新能源车辆；30%～40%的重型车辆为新能源车辆。哥本哈根通过实施《哥本哈根城市自行车战略2011—2025》的组合政策与投资策略，建设总长375km的自行车专用道，继续提升自行车出行比例。《哥本哈根2025年气候规划》不仅仅是单一减排规划，而是通盘考虑减排、城市生活质量、创新、增加就业及投资，涉及政府、企业、科研单位和市民，并要求全民参与。

2. 注重城市间的横向合作

哥本哈根市非常注重城市间的横向合作和学习，是C40成员城市。自2014年以来，哥本哈根市每年秋天举办一次“哥本哈根气候措施”（Copenhagen Climate Solutions）年会，会议一般分为12个议题，其中包括气候适应、交通、智能城市、节能、创新、国际合作、循环经济等。

3. 提出具体的发展措施

（1）发展低碳运输装备。按照碳中和总体要求，哥本哈根市将正在投入运营的柴油公交车辆加快更新为新能源车辆，到2023年实现零排放公交车辆占比为60%；在港口运营的其他企业（如游览船等）转换为使用绿色燃料；2020—2023年期间将道路和非道路移动机械转换为绿色替代燃料。

（2）打造自行车之都。哥本哈根曾是以小汽车交通为主的城市，但现在却成为世界上著名的“自行车之都”，自行车数量比人口数量还多，已超过60万辆，骑行在日常通勤出行中占比超过50%。在政府公务员中，骑行在日常通勤出行中占比甚至超过60%。在基础设施方面，从20世纪60年代哥本哈根开始建设自行车道，目前已有390km的自行车道，还开通了一条长为22km连接哥本哈根和艾尔伯特伦德镇的“自行车高速公路”，这条专用高速公路在开通之后，广受人们欢迎，并能使哥本哈根市减少碳排放约7000t/年。另外，还采取了一系列自行车优先措施，如：设置自行车专用交通灯、蓝色自行车过街带、自行车停车线前移等，可以说是世界上自行车道规划和骑行设施最完善的城市。调查显示，骑自行车出行还改善了居民健康状况，为政府每年节省下3亿丹麦克朗（约合5300万美元）的医疗支出。

六 纽约

纽约在《只有一个纽约：纽约2050总规》（One NYC 2050）中提出纽约的碳中和策略是摆脱对化石能源的依赖，转向可再生能源利用，通过尽可能多的适应性技术来减少城市的排放，同时也利用碳信用交易来抵消剩余的排放量，最终实现碳中和。主要措施包括支持现有汽油驱动车辆转向电力驱动，加快推广电动车辆，引导居民从私家车辆转向公共交通、自行车或步行。

1. 管理城市街道的车辆需求

（1）通过与纽约市大都会运输署（Metropolitan Transit Authority，MTA）协作在CBD区域征收拥堵费。拥堵收费是管理城市最拥堵街道出行需求的有效方法，也将为MTA带来一部分收入。正如伦敦、斯德哥尔摩和新加坡等城市一样，拥堵收费可以大幅减少交通拥堵、污染排放，并提高生活质量。政策预计使收费时段内收费区域的拥堵水平下降13%，并为纽约每年带来约10亿美元的收入，其中80%用于改善纽约市内公交和地铁系统，剩余20%平均分配给长岛和北部的铁路建设。

（2）利用新技术强化交通执法。拥堵不仅可以通过管理核心商业区的车辆需求来解决，还可以通过新的技术手段强化交通执法。特别是纽约警察局（NYPD，New York City Police Department）将与美国交通部（U. S. Department of Transportation，DOT）合作部署的手持车牌阅读器和基于车牌的停车管理/执法系统，以构建符合交通法律法规的文化，增加停车位周转率，减少车辆寻找停车位空驶和实施并排停车。

（3）坚持近年来的拥堵执法工作。新技术将支撑近期针对交通拥堵的执法工作，其中包括增加纽约市警察局对阻塞交叉口行为的处罚，路侧停车位动态监管以支持高峰时段变更为行车道的可行性，以及强化共乘车道（High-Occupancy Vehicle Lane，HOV）车道的执法。

（4）优化路缘石功能。纽约市将通过扩建地面公交和自行车道、货车装卸设施、安全设计以及路缘石的其他高价值用途来优化路边空间的使用。有效的路边管理系统对纽约市的经济发展产生了促进作用，也保证了社会公平和环境可持续性发展。DOT 将通过与社区或其他机构合作，提高社区安全性、可达性和吸引力，以支持商业发展，创建强大的充满活力的社区，并减少车辆对环境的负面影响。

（5）限制网约车数量，提高驾驶员收入，并支持城市公平普惠的网约车服务。为了遏制越来越多的网约车及其带来的相关影响，纽约市从 2018 年 8 月开始暂停发放新的网约车许可证，为期一年。该法案通过为大型网约车公司的驾驶员设立最低工资，使出租汽车和豪华轿车委员会（Taxi & Limousine Commission，TLC）能够保护工人权益。它还为公司提供了一种激励政策，即增加驾驶员运送乘客的时间，降低空驶时间。同时，纽约努力使全市残疾人更容易得到支持轮椅的网约车服务。

（6）通过推广共享汽车试点鼓励使用电动汽车。2018 年，纽约市启动了一项为期两年的全市试点项目，为汽车共享服务指定了近 300 个停车位。例如 Zipcar 和 Enterprise，用户可以短期租用（按小时甚至分钟）车辆，费用包含汽油和保险，从而减少对私人车辆所有权和停车的需求。纽约市将在 DOT 的支持下，考虑在未来几年扩大试点，并探索优先考虑电动汽车（EV）。

2. 发展城市充电基础设施网络

为实现城市的可持续发展目标，需要继续提升交通电动化水平，同时加快建设充电基础设施网络，以鼓励市民使用电动汽车。为实现此目标，DOT 和市长可持续发展办公室（Mayor's Office of Sustainability，MOS）将与公共和私营部门合作，在纽约五个行政区扩大公共电动车充电网络，包括与 Con Edison 公司合作，建立 50 个快速充电站（30min 内能完成 100% 充电）和路边二级充电试点（4 ~ 6h 内能完成 100% 充电）。纽约政府将与市议会合作，通过立法等手段，加强对新停车场安装充电设施的支持，以支持发展电动汽车。该法律将确保 40% 的新增停车位能够具备充电功能，其中 20% 需要增设充电器。

3. 推进公务车辆的节能减排

（1）减少公务车辆的数量。通过提高公务车辆的效率，减少车辆数量和限制 SUV 的使用。通过行政命令，纽约市将扩大其远程信息的使用，以监控车辆使用情况并识别未充分利用的车辆，这能实现减少 1000 辆公务车辆及每年 1000 万 km 的使用，实现减少碳排放。

（2）提升车辆的绿色化水平。到 2040 年，公务车辆的目标是实现碳中和。通过使用可再生柴油燃料，加速向电动汽车和混合动力电动汽车的过渡，以及提高车队的效率，可以实现减排，这将有助于将城市的燃料消耗降到低于 2014 年的水平。长期减排将依赖于纽约州规划的 100% 清洁电网，以及应急响应车辆和重型车辆技术的发展。

4. 从商业层面减少车辆排放

纽约市将在 DOT 的支持下，与 MOS、NYPD、机动车管理处（Department of Motor Vehicle，DMV）和货运产业进行合作，选择部分区域开展绿色装载区试点，为零排放车辆提供装卸货物的空间。如果成功，该试点可能还会促进低排放区域的分阶段扩张，零排放车辆和货运电动自行车有专用的车道，非 ZEV 低排放车辆可能优先获得通行许可，而污染较高的货车的装载货物会进一步受限，包括在高峰时段限制货物交付等。此外，DOT 将以成功的 Hunts Point 清洁货车计划为基础，并将其扩展到其他工业商业区。

七 奥斯陆

自 2014 年起，奥斯陆开始发展水力发电并应用于交通行业。奥斯陆的目标是到 2050 年实现 100% 的碳中和，加大投资力度，加快发展可再生能源、沼气、氢气和电动汽车的基础设施等。

1. 建立近零排放区

为了降低温室气体排放，应对全球气候变化，奥斯陆计划到 2028 年实现公共交通系统的零排放，2030 年成为零排放城市。为了实现此目标，奥斯陆将目标任务进行了分解，其中城市交通领域采取的主要举措是严控私人小汽车。由于奥斯陆交通尾气排放占温室气体排放量的 61%，其中 39% 来自私人小汽车，市政府于 2015 年决定在市中心实行无车化，逐步全面禁止私人小汽车进入市中心，人们在市中心的出行方式主要为公共交通和自行车。为此，奥斯陆制定了一些具体措施，包括陆续取消 760 个停车位，对市中心进行分区，将部分街道变成人行道等。考虑到奥斯陆三条高速公路最内环线约 1.7km^2范围内（常住居民约 1000 人，其中 88% 的人没有车，就业人数也不高）驾车通勤出行比例仅有 7%，推行无车区的阻力相对较小，所以尝试在此区域打造无车区。在这 1.7km^2 内 80% 的地面空间留给行人，20% 留给车辆，减少私人用车，将城市空间还给市民。

2020 年，奥斯陆市环境局和气候局开始联合编制零排放区实施方案草案，并最终通过奥斯陆市议会审议。根据该方案，奥斯陆于 2022 年先将现有的“无车城市生活区（Car-Free City Life Area）”划定为零排放区，然后于 2026 年将零排放区的范围拓展至二环路以内的全部区域，如图 4-11 所示。其中绿色区域就是奥斯陆的“无车城市生活区”，面积约 1.3km^2，该区域的城市规划将步行和骑自行车出行的便利性放在最高的优先级，而私人小汽车则被放在最低的优先级，而图中五种颜色的区域合在一起就是二环路以内的区域，面积约 13km^2。奥斯陆的零排放区计划每周 7 天、每天 24h 运行。只有零排放汽车才被允许进入，该要求一开始将只适用于轻型车，到 2023 年时重型车也将被包括在内。对于重型车辆，奥斯陆考虑是否在零排放汽车之外，也可以允许生物燃料汽车进入，但目前尚未最终确定。目前对外公布的实施方案尚没有明确合规监管的方式和处罚措施，可能会通过交警或自动识别车牌的摄像头来完成。

图 4-11　奥斯陆计划实施的零排放区

2. 推广电动汽车

据 2013 年欧洲汽车工业协会（Association des Constructeurs Europeens，ACEA）评估，挪威已成为电动汽车推广力度最大、优惠政策最多的欧洲国家，相关政策贯穿于电动汽车的购买、使用以及配套设施建设等各个环节。主要优惠政策包括：①在挪威购买电动汽车免征登记税和增值税，不征收过路费；②在挪威的电动汽车通勤出行中，允许使用公交专用道；

③电动汽车驾驶员可以在公共场所免费使用停车位。在相关政策措施的推动下，奥斯陆的电动汽车保有量大幅提升，目前已是世界上人均电动汽车拥有量最高的城市。

八 弗赖堡

德国弗赖堡市是世界闻名的“绿色之都”，从 20 世纪 70 年代开始探索对环境友好的交通模式，经过几十年的努力，建立起以“公共交通 + 自行车 + 步行”为主导的绿色交通体系，推广短距离交通，限制小汽车出行。通过多年的努力，弗赖堡城市交通出行结构不断得到优化，如图 4-12 所示。

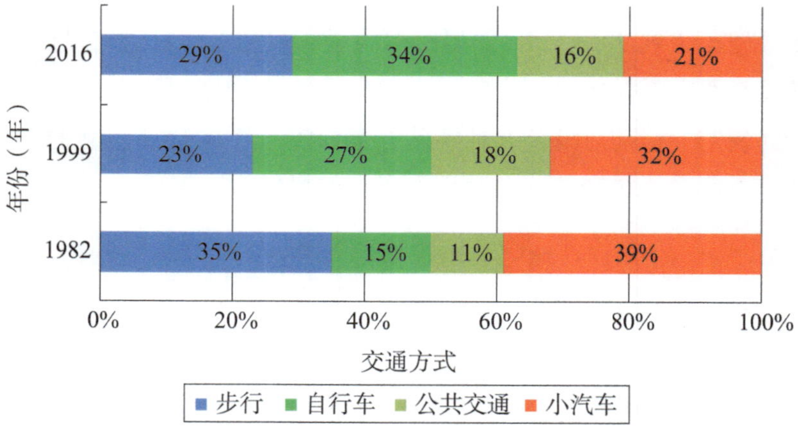

图 4-12　弗赖堡城市交通出行结构变化

1. 建立完善的公交系统

弗赖堡公共交通系统的设计重在追求方便、快捷和舒适。经过 40 年的探索和努力，如今的公交系统已经非常完善，不仅包括了轻轨、区域铁路、公交车等众多交通方式，所覆盖的范围也从城市扩展到了周边区域。为了更好地管理日趋庞大的公交系统，弗赖堡专门成立了一个区域公共交通协会（ZRF），负责协调各类公交服务、票价管理以及资金分配。区域内所有公共交通政策与规划的制定、更改和实施都通过协会完成，联邦政府或地方政府所派发的补贴和资金也由协会分配给各公交运营商，以支付公交投资与运营费用。目前，该协会的管辖范围包括 75 个城镇的 187 个不同运营商，服务于区域内 60 多万居民。

尽管弗赖堡的公交系统复杂且庞大，但它的使用却简单而方便。在弗赖堡，市内与周边地区的公交融为一体，轻轨、铁路、公交车线路相互交织，形成网络，换乘系统方便快捷。同时，整个公共交通系统采用一票制，以极具吸引力的价格鼓励市民选择公交出行，只要购买一张票，便可任意换乘区域范围内的各种公共交通工具，并且次数不限。当市内举办音乐、体育以及会展活动时，这些活动的门票还可以直接作为当日的车票使用。另外，地区环保月票的推出满足了常住居民的需求，既给予乘客更多优惠，又带来方便，同时还可以进一步推广绿色交通。

除了方便快捷之外，良好的舒适性也是弗赖堡公交系统具有吸引力的重要原因。公交站点和公交车的设计充分考虑了各类乘客的需求，提供多种选择并注重细节处理。在公交站台，电子站牌、时刻表、城市地图、休息座椅、售票机等设施一应俱全；在公交车上，各种类型的座位、站立区域、自行车或婴儿车停放空间也应有尽有。公交车的侧窗玻璃宽大透明，让阳光照亮整个车厢，也为乘客欣赏沿途景色提供条件。车内地板设计得很低，方便儿童、老年人、残疾人以及携带自行车的乘客上下。另外，不同类型的公交车或有轨电车根据自身构造特点，运用现代化技术降低噪声、提高平稳度，营造舒适的乘车环境。

2. 建立完善的慢行系统

作为弗赖堡绿色交通模式中的重要环节，弗赖堡的自行车交通网络丰富而稠密，从市区延伸到郊区。可以说在城市中的任意两点间，几乎都能找到独立而安全的自行车道。在这个网络中，每一种类型的自行车道都经过了精心的设计，注意车道的位置、宽度和铺装，自行车专用设施的配置，自行车道与道路交叉口的关系等，使出行更加安全、便捷、富有吸引力。除了车道本身，自行车停车场也是一个重要的硬件设施。目前弗赖堡市内共有 9000 个自行车停车处，其中包括很多安全、有遮蔽的高质量停车场，它们分布于城市各处，与公交站点整合在一起，为公交转乘提供方便。在中央火车站附近有一个大型的自行车站，可停车、租车、修车，还可获得旅行信息以及将自行车运输到其他城市。

高水准的设施是基础，而高质量的服务更增强了自行车交通的吸引力。在弗赖堡，有专门为骑行者所绘制的地图，也有系统的骑行技能培训和安全教育。另外，交通法规的制定给予自行车交通很多优惠，例如自行车可以在交通安宁区和步行区内自由通行；对于城市中大部分单行道，自行车可以不受限制地双向通行；在道路交叉口，自行车绿灯信号提前。这些措施不仅能缩短自行车的通行距离，同时也增强了出行的安全性，受到民众的普遍支持。

弗赖堡注重以人为本打造步行系统，考虑人们在城市中的步行体验和感受，将步行系统与城市公共空间连为一体，从而营造舒适、安全且兼具人性化和个性化的步行环境。

3. 实施小汽车使用的管理政策

对于大部分允许小汽车通行的街道，速度限制为30km/h以下。在某些街道，小汽车的行驶速度不得超过步行速度，并且允许儿童在街上玩耍。

第三节 对我国的发展启示

由于城镇化和机动化的快速发展，城市交通是目前我国碳排放增速最快的领域之一，且由于城市交通碳排放主要为移动源排放，因此总体呈现出规模大、增速快、监测难等主要特点。目前我国正处于城市交通发展的关键时期，城市公交整体发展水平不高、小汽车保有量快速攀升、城市交通拥堵从大城市向中小城市快速蔓延、低碳环保理念普及程度不高，导致交通出行结构不合理，同时又由于交通和城市空间融合发展不够、智慧交通还有较大提升空间、低碳发展技术不成熟等原因，离实现碳中和目标下的城市交通发展要求仍有较大差距。因此，如何统筹行业发展和实现减碳目标是未来城市交通发展面临的重要挑战。

国际经验表明，只有从交通、环境、土地利用等多角度综合审视城市空间体系的发展，提升城市公共交通和城市形态的协调关系，促进公交与土地开发紧密融合，形成有利于绿色出行发展的城市空间体系，坚定不移地贯彻落实公交优先发展战略，打造低碳生活模式，建立高品质的绿色出行服务体系、加强交通需求管理，才能有助于加快实现国家“双碳”目标。

1. 结合城镇化发展实际，因地制宜务实规划减碳实施路径

人口、经济发展水平、工业化和城镇化水平、能源结构等因素显著影

响城市碳排放水平。通过总结工业化国家和地区的达峰规律、经济属性后发现，碳排放和能源消费“双达峰”往往出现在工业化、城镇化发展阶段之后，人口总数达到峰值并趋于稳定、城市化率达到70%以上，此时经济增速明显放缓，人均国内生产总值（GDP）在1万~2万美元的水平。如德国1990年实现碳达峰时的城镇化率为73.1%，日本在2013年实现碳达峰时的城镇化率为91.2%。英国、美国的数据显示，在城镇化率达到80%以后，城镇化率的提升对减碳的影响为正效应。我国在上述因素方面均与工业化国家存在较大差异，承担着经济高质量发展和减碳的双重任务。我国的城镇化率不足65%，还有较大增长空间。城市交通碳排放与社会经济发展、城镇化发展密切相关。

城市交通减碳的重点举措包括交通出行模式转变、交通工具燃料类型转变、基础设施及服务配套完善等方面。在城市交通减碳路径方面，主要包括采取政策、经济、立法等手段，降低私人小汽车交通量，改变出行结构，转向公共交通、步行、骑行等绿色出行方式以及基于MaaS平台的共享出行等，需考虑城市实际，因地制宜，务实规划城市减碳的实施路径。如伦敦收取拥堵费和在市中心设置低排放区的做法，交通工具逐渐摆脱对化石燃料的依赖，加强可再生能源的利用，不断提高零排放车辆在新车市场比例。适时提出燃油车禁售时间，如意大利罗马确定为2024年，挪威、墨西哥、雅典、马德里、巴黎确定为2025年，美国加利福尼亚州确定为2029年，荷兰、英国、印度、以色列、爱尔兰、东京确定为2030年，加拿大、日本确定为2035年，西班牙除马德里外其他城市确定为2040年。海南省是全国第一个明确提出燃油车禁售时间的省份，禁售时间为2030年。加强拓展与低碳出行相适应的基础设施网络，包括电动汽车充电网络、加氢站建设、建设地方货物转运中心、建立出行枢纽、优化现有网络运行效率及服务等。

2. 建立高效的城市公交体系是推进城市交通深度减排的重要基础

城市公共交通是最节能、最低碳的机动化出行方式，国外城市实践表明，大力发展地铁、轻轨、快速公交等公共交通系统，是发达国家城市交通实现减碳的根本途径。2021年12月，在苏格兰格拉斯哥闭幕的联合国气候变化框架公约（UNFCCC）第26届年度缔约方会议（Conference of the Parties 26，COP26）上，C40（Cites Climate Leadership Group，40指

40 个创始的成员城市，包括北京和上海）城市气候领导联盟和国际运输工人联合会（International Transport workers' Federation，ITWF）表示，如果世界要实现将气候变暖限制在 1.5℃的目标，到 2030 年，城市公共交通的客运量必须翻一番，且必须在 2030 年前实现向零排放公共交通过渡。到 2050 年，若全球城市公共交通出行比例能上升到 40%，就能够实现减少碳排放 6.57Gt。世界各国城市的发展经验表明，城市交通碳排放强度与交通出行结构密切相关，绿色出行比例（公交、自行车和步行的出行比例之和）越高，碳排放强度就越低，反之则越高（图 4-13）。由此可见，我国城市公共交通的发展水平对全国甚至全球减碳有着至关重要的影响。

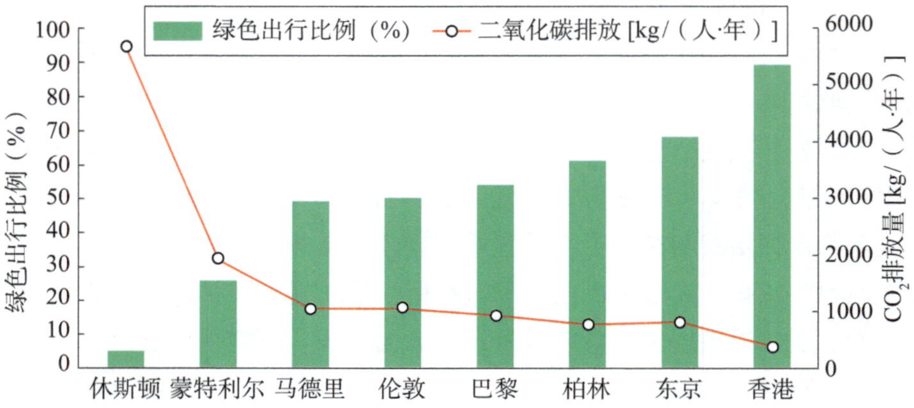

图 4-13 绿色出行比例与碳排放强度之间的关系

既要满足日常出行需求，又要实现碳达峰目标，只有通过建立以城市公交为主体的交通出行结构才能实现。目前已实现达峰目标的国家和城市都已建成了发达的城市公交系统或绿色出行系统，且达到较高的出行比例，如新加坡、巴黎、柏林、东京、中国香港的公交出行比例分别为 75%、54%、61%、68%、90%。其发展经验总结为：①坚持"公共交通引领城市发展"为战略导向，打造以轨道交通为骨干的发达的一体化都市公交体系，建立公交导向的城市空间结构，以大中运量公交走廊作为城市的发展轴，打造"珠链式"的城市空间结构，实现城市功能、产业的合理布局，促进沿线新市镇的发展。②城市公交实行规模化经营、分区域适度竞争模式。中国香港特别行政区、新加坡实施分区域特许经营模式，每个经营区内由 2～3 家公交企业经营，形成区域内"一主一辅"适度竞争和企业间“可比较、可制衡、可补充”的市场格局。实施微利票价机制，提供多层次、多品种、差异化公交服务，满足不同层次服务需求，极大提升了公共交通机动化出行比例。

3. 建设城市交通零排放区是推进城市交通深度减排的重要抓手

国外城市发展经验表明，建设城市交通零排放区是一项推进城市交通深度减排的重要措施。大部分城市选择的零排放区运行方式是限行而非收费，见表4-10。在零排放区政策实施过程中，一般采用分阶段实施的方法，即先开展试点或者划定一个面积较小的零排放区，然后逐步扩大实施范围。

截至2021年7月底全球范围内已经实施或计划实施的零排放区

表4-10

<table>
<tr><th>城市</th><th>政策类型</th><th>实施日期</th><th>运行方式</th><th>使用的车辆类型</th><th>覆盖的地域范围</th><th>是否为在现有低排放区的基础上升级而来</th></tr>
<tr><td colspan="7">第一类 已经实施的零排放区</td></tr>
<tr><td>伦敦哈克尼和伊斯灵顿自治区</td><td>近零排放区</td><td>2018年9月</td><td>限行</td><td>全部</td><td>5条街道</td><td>否</td></tr>
<tr><td>伦敦金融城</td><td>近零排放区（试点）</td><td>2020年3月</td><td>限行</td><td>全部</td><td>1条街道</td><td>否</td></tr>
<tr><td>鹿特丹货运</td><td>零排放区</td><td>2015年1月</td><td>限行</td><td>大于3.5t的中重型货车</td><td>1条街道</td><td>否</td></tr>
<tr><td colspan="7">第二类 计划实施的零排放区</td></tr>
<tr><td>牛津</td><td>零排放区</td><td>2022年</td><td>收费</td><td>全部</td><td>8条街道，约1.6km²</td><td>否</td></tr>
<tr><td rowspan="3">奥斯陆</td><td rowspan="3">零排放区</td><td>2022年</td><td rowspan="3">限行</td><td>轻型车</td><td rowspan="2">约1.3km²</td><td rowspan="3">否</td></tr>
<tr><td>2023年</td><td rowspan="2">全部</td></tr>
<tr><td>2026年</td><td>约13km²</td></tr>
<tr><td rowspan="3">阿姆斯特丹</td><td rowspan="3">零排放区</td><td>2022年</td><td rowspan="3">限行</td><td>公交车和客车</td><td>约6.5km²</td><td rowspan="3">是</td></tr>
<tr><td>2025年</td><td>除乘用车外的所有车辆类型</td><td>约70km²</td></tr>
<tr><td>2030年</td><td>全部</td><td>全市</td></tr>
</table>

续上表

城市	政策类型	实施日期	运行方式	使用的车辆类型	覆盖的地域范围	是否为在现有低排放区的基础上升级而来
巴黎	零排放区	2030 年	限行	全部	大巴黎地区	是
伦敦	零排放区或近零排放区	2025 年	未明确	未明确	中伦敦地区	未明确
		2040 年			内伦敦地区	
		2050 年			全市	
哥本哈根	零排放区（试点）	2023 年	未明确	乘用车	古城区	未明确
	零排放区（试点）	2023 年		全部	未明确	
	货运零排放区（试点）	2023 年		轻型货车		
		2025 年		轻型货车和中重型货车		

4. 提升各种交通方式的平均载客水平对减少城市交通碳排放意义重大

交通运输工具的平均载客量与碳排放变化密切相关，因此，不同的城市交通方式、不同载客量的同一种交通方式都会有不同的碳排放强度。美国对不同城市交通的碳排放开展了详细的研究，明确了不同交通方式的碳排放强度。从美国全国平均水平来看，城市公共交通的碳排放强度明显低于私人小汽车。碳排放强度最低的交通方式是城市轨道交通，即地铁，其碳排放强度比私人小汽车减少 76%。轻轨系统的碳排放强度比私人小汽车减少 62%，公共汽电车的碳排放强度比私人小汽车减少 33%，如图 4-14 所示。

在各种不同城市交通方式中，平均载客量越高，其碳排放强度就越低。例如，美国公共汽车平均占用约 28% 的座位，其碳排放强度比美国单人驾驶小汽车低 33%。一辆载满 40 名乘客的常规柴油公交车的碳排放强度比单人驾驶小汽车可减少 82%（图 4-15）。

5. 持续推广新能源物流车辆和推动共同配送模式是必然趋势

多数发达国家将加快推广标准化、清洁化的新能源城市物流车辆，健全完善加补气、充电等基础设施建设作为重要的减碳手段。目前，我国物流车的电动化比例还比较低，占全部营运载货汽车（含重型、中型载货汽车）的比例不足 5%，车辆类型上几乎全部为纯电动货车。我国适用于新能源货运车辆运营的城市中，新能源城市货运车辆占全市城市货运车辆的比例普遍在 10% ~20% 之间。由于我国新能源货运车辆主要为纯电动货车，在一定程度上受天气、地理条件等因素影响较大。如在极寒天气下续驶里程、充电速度等都受到影响，甚至无法正常使用；在人口密度较低地区，其技术经济性受到影响。在国家碳达峰碳中和目标下，应持续把新能源城市物流车辆推广应用作为重要努力方向。

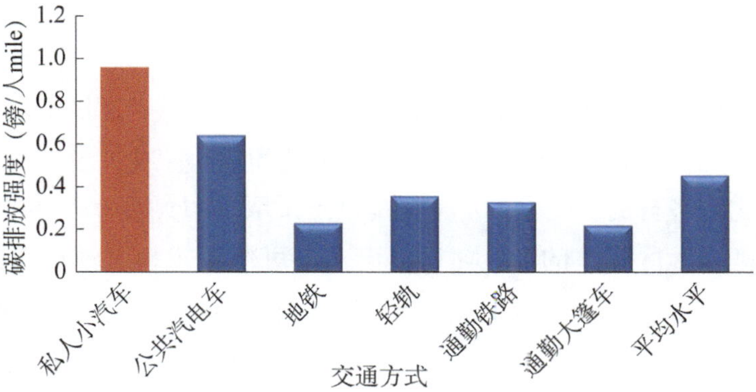

图 4-14　美国不同城市交通方式的碳排放强度

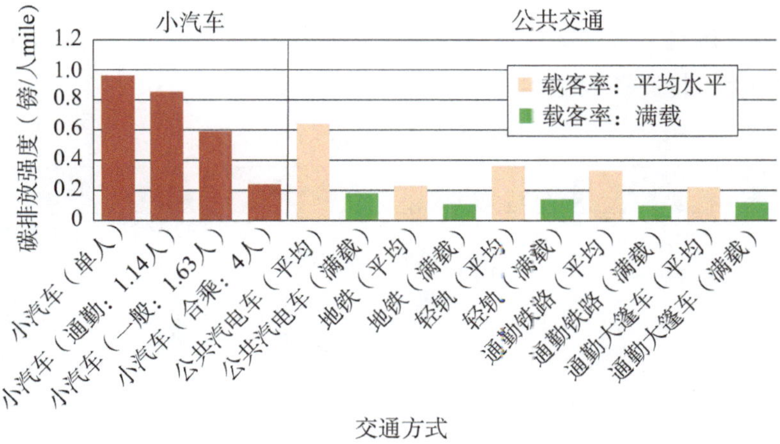

图 4-15　美国不同载客量城市交通方式的碳排放强度

另一方面，建立城市配送共享信息平台，依托共同配送中心开展共同配送也是推进城市物流减碳的重要方面。通过共享配送车辆资源，可减少城市物流车辆的行驶；通过共享仓储资源减少仓库闲置，实现配送路径优化和物流成本降低；通过共享货运信息资源实现车货最佳匹配，减少货车运输中空返，实现集约化经营。从操作路径上，要注重借鉴国际经验，采取合理规划和建设共同配送中心、建立信息平台、推广清洁化标准化新能源城市物流车辆、优化城市通行管控政策等多种方式，多管齐下，为共同配送营造良好的发展环境和基础条件。

6. 发展氢燃料电池车辆是中远期推进减碳的战略重点

氢能是未来全球能源体系中的重要组成部分，是交通能源转型的重点方向，是长距离行驶的大型车辆绿色能源应用的重要期待。据欧盟相关研究，2050年全球氢能源市场规模将达2.3万亿欧元，2/3的汽车将更新为氢燃料电池车辆。美国、欧盟、日本等国家和地区均将汽车作为燃料电池最重要的应用领域，但重点发展的车型各有侧重。美国、日本重点发展乘用车，而欧盟优先发展的是行驶里程长且载荷大的商务车和货车。在加氢站等配套设施建设方面也有各自的发展模式，美国是重点采取“以站促车”的商业模式，加利福尼亚州地区建立的加氢站网络已基本可保障燃料电池汽车的日常行驶。日本以东京、大阪、名古屋、福冈四大都市区为中心打造加氢站网络，形成了区域联动氢能供应网络。欧盟加氢站分布围绕主要城市及其连接的走廊展开，如德国已建、在建及规划中的加氢站基本覆盖了德国七大都市区。与此同时，美国和欧盟主要靠政策法规推动氢能产业发展，日本更多通过能源结构调整推动。各国加氢站布局方式虽有不同，但均以政策推动为主，市场推动为辅。世界各国氢能应用的基本特征详见表4-11。

各国氢能研发和应用对比　　表4-11

基本特征	美国	欧盟	日本
氢能研发水平	燃料电池已用于客运和商用车辆、叉车以及固定电源和备用电源。在发电方面，先进的技术已经使能够燃烧氢/天然气混合燃料的大框架涡轮机商业化应用	氢能作为建筑和交通运输业燃料在试验阶段，未形成规模化商业应用。正研究长途货车采用氢燃料电池的可行性。目前氢燃料电池动力系统核心技术成熟度较低。未来燃料电池堆技术的发展可助推燃料电池汽车的市场应用	燃料电池电堆技术上取得突破，解决了汽车燃料电池成本高的难题，燃料电池商业化应用世界领先。燃料电池汽车车载供氢系统由压力容器供氢、储氢合金储氢发展到高压氢瓶储氢，燃料电池电堆由外协供应发展到汽车公司（如丰田）自产，已实现商业化销售

续上表

基本特征	美国	欧盟	日本
未来氢能占比（2050年）	14%	13% ~14%	氢、氨将占能源结构的10%
氢能成本	以低于2美元/kg的成本生产无碳氢	化石能源氢1.5欧元/kg，具有碳捕捉功能化石能源氢2欧元/kg，可再生氢2.5 ~5.5欧元/kg	2.09美元/kg（该成本不包括碳捕获和储存）
加氢站建设	已建成145个加氢站（包括试验项目）	至少有18个国家已建成或正在建设加氢站	142
应用领域	燃料电池车、加氢站	燃料电池车、供热系统	燃料电池车、家用燃料电池热电联供

第五章

我国城市交通低碳发展战略目标与实施路径

实现“碳达峰碳中和”目标事关人类的可持续发展，并且是迫在眉睫的任务。要实现碳达峰碳中和目标，城市交通要加强落实“以人为本”的发展理念，交通发展成果要惠及全体民众，加强和改善公共服务，体现社会公平，加快建立低碳和全龄友好的城市交通体系，保障所有群体的基本出行和生活需求，并尽可能满足多元化出行服务需求，将绿色出行方式作为日常出行的首选，最大限度降低对小汽车的出行依赖，加快形成全民低碳的生活方式。

随着我国城镇化和机动化进程的加快，交通拥堵、能源紧缺、气候变化等问题日益突出，快速发展的新型城镇化，必须以提高民众的生活便利与舒适度作为出发点和落脚点，坚持“集约、智能、绿色、低碳”方针，提高发展质量，趋利避害，遏制交通拥堵、环境污染等“城市病”继续蔓延，建设经济、社会和环境协调发展的绿色宜居宜行城市，创造人类与自然和谐共存的环境。

第一节 发展愿景

以习近平新时代中国特色社会主义思想为指导，全面贯彻党的二十大精神，深入落实《中共中央　国务院关于完整准确全面贯彻新发展理念做好碳达峰碳中和工作的意见》《国务院关于印发2030年前碳达峰行动方案的通知》（国发〔2021〕23号）、《交通强国建设纲要》和《交通运输部　国家铁路局　中国民用航空局　国家邮政局贯彻落实〈中共中央　国务院关于完整准确全面贯彻新发展理念做好碳达峰碳中和工作的意见〉的实施意见》（交规划发〔2022〕56号）部署，立足新发展阶段、贯彻新发展理念、构建新发展格局，统筹发展与减排、整体与局部、服务侧与需求侧、短期与中远期的关系，以国家碳达峰碳中和目标为指引，坚持“走集约、智能、绿色、低碳的新型城镇化道路”，按照“减少、转移和优化”

的原则，遵循不同类型城市的发展规律，以提升城市交通整体运行效率为核心，以推动城市交通高质量发展和低碳转型为主线，坚持“优化城市空间布局、推广低碳运输装备、优化交通出行结构、优化货物运输结构、加强科技创新应用”发展策略，加大政策支持力度，建设以人为本、结构合理、智慧立体、安全方便、高效低碳的现代化综合交通出行体系，明确发展紧凑型城市发展格局、提供高水平的绿色出行服务等重点任务，如图 5-1 所示。

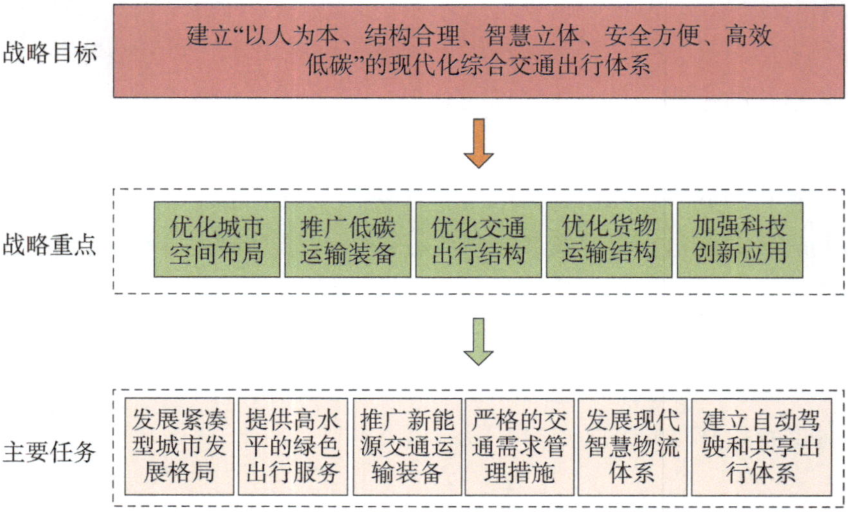

图 5-1　城市交通低碳发展战略框架体系

第二节　战略目标

到 2030 年左右，通过政策引导、技术创新、完善机制和转变观念等手段，重点开展城市交通的节能增效、出行结构调整和新能源车辆推广。实施公交引导城市发展，基本建成以“城市公交 + 步行/自行车”为主导的多模式、多层次城市交通出行体系，各类城市中绿色出行比例超过 70%，加快建立低碳的生活方式。加强统筹规划，加快推进城市交通和能源设施的网络融合，完善配套基础设施建设。到 2050 年左右，进一步强化低碳手段、政策和措施，绿色出行理念深入人心，建成以“城市公交 + 步行/自行车”为主导的城市交通出行体系。加快推动新能源小汽车的推广，多数城市出台传统燃油车退出的相关政策。建立完善的基于需求响应的共享交通系统。加快提升低碳或零碳能源技术，建立有利于实现“碳达峰碳中和”目标的能源结构。加速推进交通和能源网络的融合发展，建成充电站等配套设施网络体系。城市绿色出行比例稳定在80%左右，小汽车出行方式在通勤出行比例中占比极低，普遍形成低碳的生活方式。

一 优化城市空间结构

到2030年左右，在新区规划或旧城开发时，实施公交引导城市发展理念，发展紧凑型、高密度、功能混用的城市形态，实现土地的集约化利用，遏制城市无序蔓延，尽可能缩短城市通勤者的出行距离或减少出行时间，从而降低对小汽车的出行依赖。城市公共交通逐步从适应城市发展向引导城市规划、引导城市功能布局转变。城市群、都市圈、城市设施以公共交通为导向的空间发展战略，以大运量轨道交通满足通道交通需求，引导城市（都市圈）沿大容量公共交通走廊有序发展。以轨道交通枢纽为中心建设新区或进行城市组团。树立“窄路密网”的城市道路布局理念，建设快速路、主次干路和支路级配合理、适宜绿色出行的城市道路网络，提升绿色出行环境。打造地铁、地面公交、地上连廊的立体结构，形成立体人行网络。到2050年左右，公交引导城市发展理念在城市国土空间规划中成为主流，紧凑型、高密度、功能混用的城市形态成为普遍现象，土地的集约化利用程度较高；城市公共交通引导城市规划、引导城市功能布局转变基本实现；绿色出行相关的场站设施用地优先得到保障，形成了绿色出行友好的城市空间，城市宜居性大幅提升；城市内通勤的时间控制在40min之内，通勤方式以绿色出行方式为主。推动城市交通低空、地面和地下的立体一体化发展。对于新规划的城区，地铁、地下管廊、双层道路可在一个空间综合安排，使地下、地上空间综合利用，提高土地利用率，交通和城市空间实现融合发展。

二 优化交通出行结构

到2030年左右，继续贯彻落实城市公交优先发展战略，加快建设基于轨道上的城市群和都市圈，提升城市公共交通服务水平。加快推进城市轨道交通、常规公交和慢行系统的三网融合。继续深化公交都市建设示范工程，深入推进城市绿色出行创建行动，建立高水平的城市绿色出行服务体系。加强实施交通需求管理措施，城市交通运行状况明显好转，重度的交通拥堵现象显著减少。城市交通新业态和传统业态的融合发展程度不断提高。运用移动互联网技术等，城市出租汽车的空驶率快速下降。遴选绿色出行基础好、经济条件优的城市，开展“城市绿色出行示范区”试点，完善试点机制，加强提升公交服务，完善城市慢行系统，适度发展新能源小汽车交通方式。到 2050 年左右，城市群和都市圈中轨道交通网络比较完善，城市轨道交通、常规公交和慢行系统的三网融合发展取得显著成效。在不同规模类型的城市中，建成更多高标准、多样化的公交都市和绿色出行城市，使绿色出行理念深入人心，城市绿色出行比例稳定在 80% 左右，城市交通早晚高峰不再产生中度以上的交通拥堵，形成了城市交通可持续发展模式。利用移动互联网、自动驾驶等技术，城市出租汽车的空驶率显著下降。“城市绿色出行示范区”在各类型城市中得到更多推广。

三 加快推广新能源车辆

到 2030 年左右，结合各省碳达峰专项工作的推进，更多的省市开展燃油车分阶段、分步骤逐步退出市场的机制。加快推广纯电动车辆，城市公交车、出租汽车、城市物流车、私人小汽车新能源车辆在当年新增车辆中的占比分别为 100%、100%、100%、50%。加强示范引领，积极参与国家公共领域车辆全面电动化先行区试点工作，开展车辆电动化推广、充换电设施建设、新技术新模式创新发展等重点工作。加快新能源车辆配套设施建设。《新能源汽车产业发展规划（2021—2035 年）》提出，要积极推广智能有序慢充为主、应急快充为辅的居民区充电服务模式，加快形成适度超前、快充为主、慢充为辅的城乡公共充电网络。加快开展氢燃料电池车辆在城市交通领域中的示范试点，扩大示范规模，在更大范围内交流和推广经验。到 2050 年左右，适时提出国家燃油、燃气车的禁售政策，按照车辆使用年限，加快淘汰以石油、天然气为动力能源的在用车。通过实施车购税优惠等措施，加快推广纯电动车辆和氢燃料电池车辆，城市公交车、出租汽车、城市物流车、私人小汽车新能源车辆在当年新增车辆中的占比均为 100%，氢燃料车辆推广取得显著成效。城市交通与能源设施基本实现了融合发展，“加能站”等综合服务设施基本普及，能保障城市交通的正常运行。

四 加快发展城市智能交通

到2030年左右，建立完善的智能公交系统、出租汽车服务调度系统、互联网租赁自行车管理系统、智能信控管理系统、智慧物流服务系统、智慧停车管理系统等，提升城市交通的通行效率。统筹传统业态和新业态，基于公交IC卡、支付宝等不同的支付方式及互联网租赁自行车等大数据技术，建立以绿色出行为主体的MaaS平台，建立起企业和个人“碳账户”。利用大数据、云计算等新技术，开展城市交通的现代化治理，为治理城市交通拥堵问题提出解决方案。自动驾驶政策、标准规范体系不断完善，并在合规探索规模化商业应用中取得显著成效。到2050年左右，利用大数据、云计算等新技术，智能公交系统、出租汽车服务调度系统、智能信控管理系统、智慧停车管理系统等得到普遍推广，城市交通的通行效率大大提升。利用智能交通的现代化治理技术，提出治理城市交通拥堵问题的解决方案，助力实现“畅行城市”的建设目标。以绿色出行为主体的MaaS得到普遍应用，新的智慧城市出行体系基本形成。自动驾驶政策、标准规范体系非常完善，在商业应用中实现加速普及。

五 完善监测体系和市场机制

到2030年左右，统筹行业统计数据、运营大数据等，建立涵盖城市公交车、地铁、出租汽车、小汽车、城市物流车等的城市交通碳排放监测体系，建立城市交通碳排放数据库。在国家CCER框架下，加快完善交通碳交易的制度和市场机制。围绕城市绿色出行、城市公交等减碳贡献的潜力领域，完善城市交通碳交易方法学体系，推动参与跨行业的碳交易。通过推行合同能源管理模式等，加快推动社会资金对城市交通节能减碳的投入。加快推动金融机构（如保险公司、银行等）对建立城市交通碳普惠机制的支持，为城市交通推进减碳目标赋能。到2050年左右，建成涵盖城市公交车、地铁、出租汽车、小汽车、城市物流车等的城市交通碳排放监测体系。城市交通碳排放数据库更加完善。城市交通碳交易机制及CCER

方法学体系非常完善。城市交通低碳融资政策体系不断完善。随着城市交通低碳发展技术的推广、社会资金投入的加大，城市交通碳交易的参与度较高，发挥出显著的引导减碳作用。城市绿色出行碳普惠得到广泛推广。

第三节 战略重点

为落实碳达峰碳中和发展目标，加快城市公交及绿色出行发展，重构城市交通出行体系，推进城市交通深度减排，需要通过政策引导、技术创新、市场机制和转变观念等手段，实施的战略重点包括交通出行结构调整、交通能源融合发展、科技创新赋能等。

一 建成以“城市公交+步行/自行车”为主体的交通出行体系，推进新业态和传统业态的融合发展，推进交通与能源网、信息网的融合发展

1. 城市空间的融合发展

综合考虑不同的城市类型，因地制宜，打造集约、紧凑、混合的 TOD 土地开发模式，推进公交引导城市发展，避免城市无序扩张，减少无效的交通出行需求，例如打造混合功能区、提高职住平衡比例、重塑街道空间资源、建立城市绿色出行示范区及开展碳普惠等。

2. 城市公交和城际公交的一体化

在城镇化与区域化背景下，通过强化枢纽的布局与设计，重视城市公共交通与对外公共交通的融合发展。超大与特大城市需要弥补建设城际（或市郊）快速铁路与构建中等运量公共交通体系，大城市需要重点建设中等运量公共交通，中小城市需要着重加强公共汽（电）车布局。中小城市尤其应注重对外客流的公交化服务，依托对外客运枢纽布局城市内部的公共交通网络，构建内外一体的公共交通服务体系。城市群和城市之间，推进干线铁路、城际铁路、市域（郊）铁路、城市轨道交通的四网融合。

3. 信息网、能源网与交通网融合发展

依托智慧能源网、交通网和信息网三网融合，实现智慧清洁能源和城市交通、充电及储能设备的智能互动和深度融合，提高城市客运和城市物流的能源效率和绿色能源比例，改善城市交通能源结构，最终实现清洁能源和城市交通的共生、共享和可持续发展。

4. 新业态与传统业态的融合发展

近年来随着互联网技术的快速发展，进一步丰富了城市居民的出行方式，产生了网约车、互联网租赁自行车等新业态，为满足城市居民的出行需求提供了多样化的选择，但同时也产生了发展定位不明确、服务秩序混乱等问题。因此，实现新业态与传统业态的融合发展是未来发展的必然趋势，结合自身定位，发挥出比较优势，是提升城市交通的整体运行效率的重要内容，同时可促进减少资源浪费和实现节能减排。

5. 推广城市绿色出行碳普惠

围绕提升城市公交、促进绿色出行等，加快完善城市交通 CCER 碳排放方法学体系，建立完善的 CCER 自愿减排机制。从需求端考虑，积极发挥个人的作用，通过建立城市绿色出行碳普惠机制，以及宣传教育、激励机制等方式，引导公众积极参与，转变出行观念，提高绿色出行比例，提升节能意识，加快建立起绿色低碳的生活方式。

二 坚持近期以“节能增效”和发展纯电动车辆为主，扩大新能源车辆推广应用范围，加快燃料电池车辆的研发和商业化

未来十多年，燃油汽车仍会有较大存量占比，所以仍需坚持“节能增效”的发展主线。在减碳战略中，发展新能源车辆是推进城市交通深度减排中难度较小、成本较低的方案。由于动力蓄电池的快速发展，纯电动车辆的续驶里程快速增加，安全性同时也得到有效提升，交通电动化的范围越来越大，由原来的铁路、城市轨道交通已逐步扩展到公交、物流配送和环卫等公共领域，近期随着国家公共领域车辆全面电动化先行区试点工作的开展，将会加快新能源车辆的推广速度。随着人们对新能源汽车的接受度不断提升，新能源车辆在小汽车等社会车辆领域的推广也逐

渐加快。未来随着新能源车辆的大幅增加，“节能增效”仍是未来发展的重点。

根据《新能源汽车产业发展规划（2021—2035年）》，到2025年，纯电动乘用车新车平均电耗降至12.0kW·h/100km，新能源汽车新车销售量达到汽车新车销售总量的20%左右。到2035年，纯电动汽车成为新销售车辆的主流，公共领域用车全面电动化，燃料电池汽车实现商业化应用，充换电服务网络便捷高效，氢燃料供给体系建设稳步推进，有效促进节能减排水平和社会运行效率的提升。同时，数字技术在城市交通领域的有效利用，推动了载运工具和基础设施的不断升级，提升了城市交通服务质量和运行效率，自动驾驶技术的发展也为新能源汽车的推广应用提供了新的机遇。

据中国工程院的研究预测，考虑到我国道路交通和铁路出行的巨大体量，2060年电动化交通能源将超过2万亿kW·h，相当于替代了2.68亿tce的化石燃料，占整个交通部门能耗的一半。因此，短期内，加速城市交通的电气化转型是实现城市交通领域低碳发展的核心，需要政策、技术、市场和基础设施等多方面的配合。中远期内，燃料电池车辆会实现商业化，将继续加快城市交通电气化的进程。未来城市交通将发展成以纯电动和燃料电池车辆为主体的装备体系。

三 利用大数据、云计算等技术，完善智慧出行体系，加快自动驾驶示范与应用，协同解决交通拥堵和减排问题

随着互联网技术、通信技术的快速发展，城市交通新技术、新业态层出不穷，将形成新的智慧出行体系。传统的智能公交调度系统将继续更新升级，建立“公交大脑”，建成高效低碳的城市公共交通体系。巡游出租车将依托移动互联网技术优势，形成以“巡网结合”为主要特征的出租汽车调度平台，出租汽车的空驶率将会显著下降，无效的能源消耗和碳排放大幅减少。

作为新技术的最大落地应用场景，近年来，城市交通网联化趋势明显，共享出行、自动驾驶等新模式、新技术正在持续培育和落地。未来十几年，网约车仍将作为城市绿色出行体系的重要补充。根据《新能源汽车产业发展规划（2021—2035年）》，到2025年，自动驾驶力争实现限定区

域和特定场景的商业化应用，相应的配套政策制度顶层设计逐步完善。到2035年，高度自动驾驶汽车实现规模化应用。MaaS的出现让市民体验到更加一体化的出行服务，同时将带动绿色出行服务的转型升级；自动驾驶、预约出行，使得城市建立“畅行无堵”的交通系统成为可能，交通拥堵现象不再发生。根据《交通强国建设纲要》，大力发展共享交通，打造基于移动智能终端技术的服务系统，实现出行即服务。发展“互联网+”高效物流，创新智慧物流营运模式，加快推进打造高效的交通系统。

第四节 实施路径

一 加强规划引领，完善交通基础设施建设

1. 优化调整城市布局

贯彻落实紧凑型公交导向城市发展的规划理念，构建多中心、职住均衡合理、城市功能配置完善、公共交通与土地使用深度一体化、推行混合土地使用的城市结构，打造15min生活圈，使居民在步行范围内即可实现消费、娱乐、社交等日常活动，减少无效的机动化出行。降低交通需求总量、缩短出行距离，形成短距离出行采用非机动交通、长距离出行乘坐公共交通的城市交通出行方式，在公交站点周边聚集更多的人口岗位，使居民能方便地选用公交等出行方式，形成一个可持续的低碳城市发展模式，实现绿色出行比例超过80%的发展目标。

专栏5-1 国际案例——建立公共交通主导的土地利用和城市发展模式

公共交通主导的高密度紧凑型的土地利用和城市发展模式对减少城市交通领域碳排放的贡献巨大。以美国亚特兰大和西班牙巴塞罗那为例，两座城市有着几乎相同的人口数量，但是在土地利用和开发模式上却有着截然不同的理念，亚特兰大是典型的以私人机动化为主导的低效粗放型蔓延发展，而巴塞罗那更加注重以公共交通为导向的紧

凑集聚型开发，更方便选择公共交通出行。研究显示，亚特兰大的人均交通碳排放量是巴塞罗那的5倍之多。

对于中小城市，以建设宜居城市为导向，打造“步行/自行车＋公共交通”发展模式，避免走国内大城市发展的弯路。可积极探索城市慢行交通发展途径，构建多种方式的绿色便捷换乘系统，规划不同层次慢行网络、强化交通工程设计、配套优质公交、开展土地混合使用等，着力提升慢行交通的竞争力和吸引力。

专栏5-2 国内案例——规划发展低碳交通模式

昆明呈贡新区本着生态保护优先、城市整体协调、城市形象提升的原则，通过开展城市空间规划，打造成全国绿色生态示范城区、APEC（亚太经济合作组织）低碳示范城市，也是国内低碳交通的典型代表，在道路断面设计、路网密度、公交覆盖等层面都做了积极的探索和实践。主要措施包括：尺度适宜、适合步行的街道和街区，增加公交使用率，营造自行车交通路网，提倡混合土地使用来分散公众的出行目的地，在步行可及的范围内设置公共绿地和公共服务设施，增加路网密度，土地开发的密度和容积率取决于公共交通的承载力。

2. 构建高效率的轨道交通网络体系

根据各类城市规模，合理规划城际、市域及轨道交通的系统，实现轨道交通体系与用地体系的融合。以城市总体结构为牵引，形成轨道交通“网络—节点—末端”体系为支撑的轨道交通骨干体系，全面塑造低碳的城市形态。在规划设计与设备采购方面，开展纵断面节能坡设计、再生制动能利用、场站节能设计，推广风水联动智能控制系统、LED节能灯和智能照明控制系统等。在轨道交通网络层面通过各级别轨道交通体系的组合，形成大站车、小站车结合的复合轨道交通体系，提升轨道交通体系的运输效率。

3. 推进综合交通枢纽一体化开发

重点关注枢纽及上盖的深层体制机制问题，因地制宜在各地梳理轨道交通上盖的利益方，形成“多方共赢”的轨道交通上盖体制机制。建议修改土地出让方式、土地招拍挂制度等相关法律条款，将城市交通枢纽的用地性质由“交通用地”调整为“综合用地”，使其能够用于一体化的商业、办公等综合开发。修编城市规划相关编制办法，在轨道交通建设规划编制的同时，同步编制轨道交通沿线和车站的控制性详细规划，保证轨道交通与周边用地的一体化开发落到实处。积极构建TOD理念下的轨道交通经济圈，促进商业、会务以及居民公共活动区域在轨道交通站点周围的集聚发展，打造高密度、高活力度、高群众满意度的城市节点，形成紧凑型的城市形态，推动人口向轨道交通站点周边聚集，实现站城融合，从源头上减少对小汽车出行的依赖。

专栏5-3 国际案例——综合客运枢纽的一体化开发

名古屋市综合客运枢纽“荣”站位于名古屋市主城区中心，是集居民铁路线（城际轨道交通）和多条地铁线路、公交线路的交通枢纽。“荣”站在兼顾铁路、地铁与公共汽车换乘便利性的同时，通过地下街、商业设施、公园的一体化规划建设，形成了交通功能与城市功能融合为一体的综合客运枢纽。“荣”枢纽站由水的宇宙船、绿色的大地、公共汽车中心站、铁路、地铁、21世纪科学信息中心、银河广场、地下商场等部分组成，并与爱知县文化艺术中心、日本NHK电视台名古屋电视中心、大型地下商业网连接，集交通、购物、娱乐、休憩、集会、信息获取等为一体，建筑设计构思独特，造型美观，别具一格。

4. 推进城市群轨道交通网络化

推动京津冀、长三角、长株潭等城市群干线铁路、城际铁路、市域（郊）铁路融合建设，加强城市交界地区道路和轨道顺畅连通。推进城市群轨道交通运营公交化，构建运营管理和服务“一张网”，打造全天候、一体化换乘环境，为公众集约化出行提供便利条件。

5. 优化城市公共交通基础设施和客运枢纽布局

推动新建综合客运枢纽各种运输方式的集中布局，长三角、珠三角地区试点建设综合交通枢纽场站“分布式光伏＋储能＋微电网”的交通能源系统。

结合城市公共交通系统建设，优化完善轨道交通站点、公交站点周边步行和自行车接驳系统。建设低碳公交场站和车站，选择节能型设施设备和推广节能管理措施，建立日常节能的管理制度。

专栏5-4 国内案例——建设绿色低碳公交场站

案例1：建设绿色轨道交通车站

广州鱼珠车辆段屋面光伏电站项目是目前国内规模最大的结合地铁交通的分布式光伏电站。利用鱼珠车辆段屋面面积76000m^2，总装机容量5MWp，发电量450万kW·h/年，采用分块发电、集中并网方案，项目发电将引入地铁线网，在满足车辆段全年用电的前提下，剩余部分还能供5号线使用，每年节约电费超过40万元。随后，广州地铁14号线新和、钟落潭以及21号线长平、山田、朱村、金坑等6座高架站光伏电站项目建成投用，总装机容量1.326MWp，发电量140万kW·h/年，车站光伏发电统分为两个低压并网点接入用户侧低压电网并网运行，运行模式为自发自用方式。

案例2：建设近零碳排放公交场站

深圳巴士集团股份有限公司四公司的中山园精品公交场站是深圳首个近零碳排放公交场站。该场站于2022年初投入使用，充分利用屋顶面积，对具备安装光伏条件的屋顶、充电桩遮阳棚等进行光伏设备安装。据评估，这一光伏发电系统年均发电量约14.81万kW·h，可基本满足场站办公以及维修区的用电需求，年均可减排二氧化碳达147t，光伏发电系统使用寿命约为25年。

6. 加速重构交通能源基础设施

我国的新能源车辆正在实现快速推广，预计2030年全国新能源汽车保有量将达到9000万辆以上，占汽车总量的20%以上，分散建设的传统交通能源基础设施将成为制约汽车电动化规模发展的主要瓶颈，将难以满足用户多元化的动力需求。在新能源汽车加速发展的新形势下，油、气、电、氢等能源要素交织并存与融合发展趋势越发凸显，各大能源企业正在充分利用现有基础设施，加强新型交通能源基础设施协同规划和加速融合，由单一加能向多元加能转型，构建便利化、多元化、智能化的城市能源基础设施。

7. 加快城市绿道慢行系统建设

结合城市道路建设，完善步行道和自行车道系统。在城市主要的交通走廊建立更多自行车专用道系统。新建及改扩建城市主干道、次干道时，具备条件的地区设置步行道和自行车道。结合园林城市、花园城市建设等，加强城市道路沿线照明和沿路绿化，建设林荫路，提高步行和骑行的舒适性，改善慢行的出行环境。

8. 建立完善的无障碍设施

开展“以人为本”的交通设计，为残疾人、老年人等行动不便人士提供交通方便，建设“全龄友好型”城市交通体系。通过建设完善的“无障碍”公共设施，使行动不便的人士从下楼出门开始，到公交站、地铁站都有连续的“无障碍”设施，公交车辆采用低地板及低入口车辆，并完善相应的信息化设施，行动不便人士即使不需要他人的协助，也能够轻松实现出行。

专栏5-5 国际案例——加强无障碍公共设施设计

德国柏林市非常重视无障碍公共交通设施的应用，在公共交通无障碍设计方面处于领先地位。自20世纪80年代末起，柏林市公共交通公司全部购买具有人性化设计的汽车和低通道有轨电车，到2006年底，全市已有77%的有轨电车和95%的公交车辆符合无障碍要求。全部公共交通车站都建成可供轮椅通行的坡道和围栏，并增加了盲道等导盲设施。城市公共交通的规划和布局也非常合理，不同路线之间实现有机衔接。这些措施解决了老年人不能长时间步行和久站等问题，为老年人创造了一个良好的道路交通环境。

加强规划引领、完善交通基础设施建设是一种投入较高但减碳最彻底的实施路径，也是实现优化交通出行结构的重要基础。但若缺乏低碳的规划理念指导，将会大大增加机动化的出行距离，增加市民对高碳出行方式的依赖，导致后期城市交通的减碳难度和减碳成本大大增加，所以这也成为对城市交通减碳影响最大的路径之一，其主要政策措施如图5-2所示。

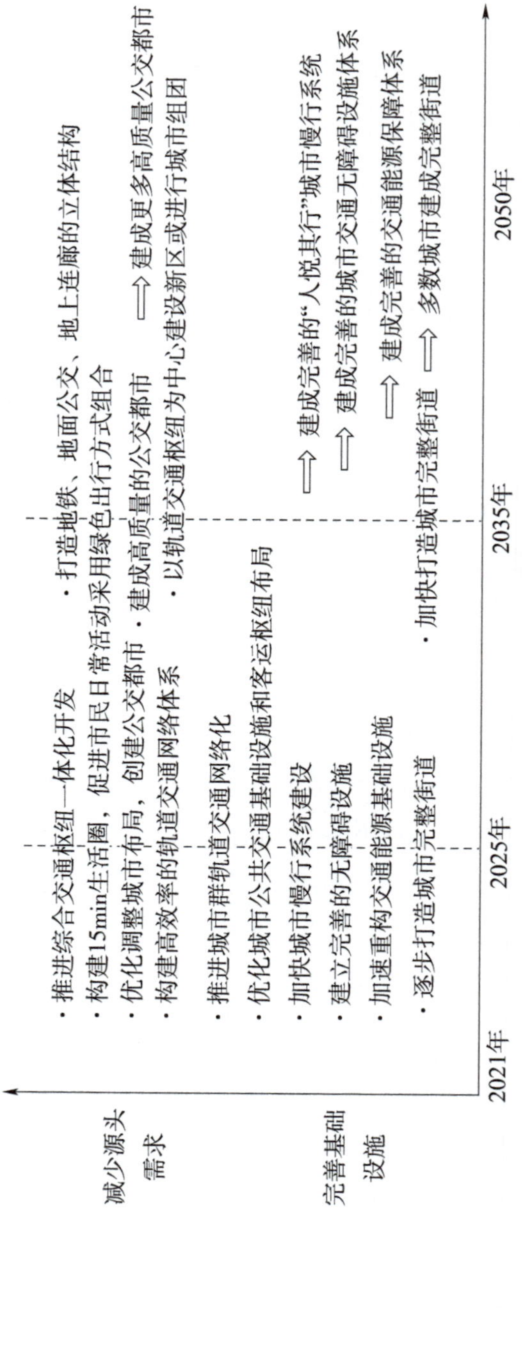

图 5-2　交通规划和基础设施完善措施路线图

二 发展绿色出行，改善城市交通出行结构

1. 加快提升绿色出行发展水平

（1）打造城市绿色出行体系。超大、特大城市深入推进“轨道＋常规公交＋慢行”网络融合，加快建设国际公交都市，重点大力发展轨道交通或其他大容量公交系统，创新定制公交等个性化公交服务。改善步行、自行车出行环境，加强慢行交通与公共交通的衔接。大城市加快推进大、中运量“公交＋慢行”网络融合，建设国家公交都市，推荐发展中运量公交，更多开设公交车专用道，加大公交服务供给。改善和提升步行、自行车出行环境，鼓励5km内选择非机动化方式通勤。中小城市和县城建设绿色出行友好城市，重点发展慢行交通，改善和提升步行、自行车出行环境。在人口集中、交通拥堵的客流主走廊区域，开设重点公交线路，并设置固定高发车频次，提高公共交通服务水平。在人口非密集区，公交需求少的区域可采用社区公交、微公交、小型新能源车等灵活车型按需服务。

（2）加强多种交通方式的综合衔接。加强综合客运枢纽与城市地铁、轻轨、地面公交等公共交通方式的绿色换乘，打造高效、便捷的多元化公共交通换乘体系；优化交通枢纽与慢行交通系统的接驳服务，加强自行车与步行在交通枢纽接驳中的服务占比，推动零碳出行方式在客运枢纽降碳中的贡献。

（3）加强城市群公共交通服务系统建设。随着我国城市社会经济发展水平的提高，加上双休日模式的作用，城市居民出行范围已从城市中心区扩大到附近城市群。因此，打造经济、便捷、舒适的城市与城市群一体化公共交通服务体系，降低居民出行对小汽车的依赖，对于推进城市交通深度减排至关重要。

（4）推进城市轨道交通高速发展。2018年7月，国务院办公厅印发《关于进一步加强城市轨道交通规划建设管理的意见》（国办发〔2018〕52号），规定了在未来申报建设地铁、轻轨的城市准入门槛，即申报建设地铁的城市一般公共财政预算收入应在300亿元以上，市区常住人口在300万人以上；申报建设轻轨的城市一般公共财政预算收入应在150亿元以上，市区常住人口在150万人以上。城市轨道交通具有绿色、环保、大容量、便捷等优势，符合国家发展城市都市生活圈理念，能够解决我国城市当前面临的交通拥堵、环境污染、职住不平衡等诸多问题，在国家宏观

政策引导和扶持下，未来我国城市轨道交通将进入蓬勃发展时期，城市轨道交通里程预测如图 5-3 所示。

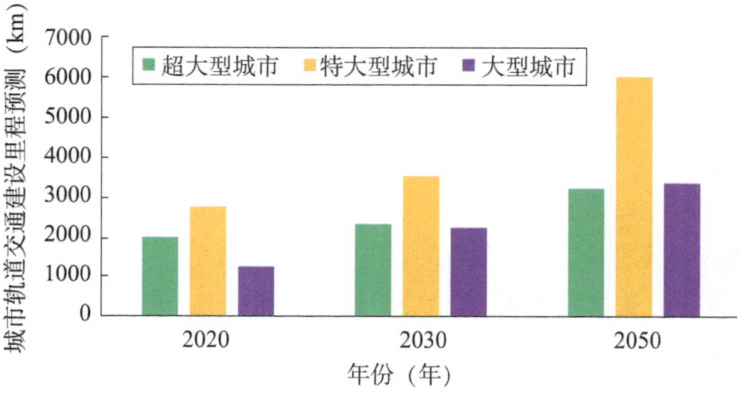

图 5-3　城市轨道交通建设里程预测

数据来源：城市轨道交通协会、前瞻产业研究院等科研机构的预测数据。

近期通过优化列车行车组织、设置多样化速度曲线、加强车站智能化运营管理和建立能源管理系统等措施，提升轨道交通的绿色化发展水平。中远期逐步推广智能电气化轨道交通供电系统，搭建高效的智慧系统运行管控平台，提升轨道交通运输系统的用电自洽率。

（5）积极开展城市交通拥堵治理。建立交通需求管理的长效机制，即使在电动化水平较高的场景下，也避免不了产生交通拥堵问题，因此必须通过综合施策，引导小汽车的拥有和使用，缓解小汽车快速增长、高强度使用带来的交通拥堵问题。通过实施差别化停车收费等交通需求管理政策，加快各类停车设施建设与经营服务的产业化、市场化进程，科学调节车流的时空分布，提高中心城区小汽车的使用成本，合理引导小汽车的使用。超大、特大城市实施最严格的小汽车使用管理政策，建立交通拥堵与低排放控制区；大城市实施必要的小汽车使用管理政策；中小城市和县城利用差异化停车政策适度控制小汽车使用，尤其是中心城区或重点路段两侧不能实施免费停车政策，加强引导出行方式选择。深入整治城市交通拥堵，加快完成“打通断头路、整治堵点、新增停车位”等目标任务；中远期通过建立城市交通诱导系统、自动驾驶系统、出行预约系统等，打造“畅行交通”，实现实时调度和交通系统的最优化。

2. 加快构建绿色慢行交通系统

（1）构建安全、连续和舒适的城市慢行交通体系。从以人为本的角度出发，开展人性化、精细化道路空间和交通设计，完善慢行交通基础设施。优化交通路权分配，均衡道路资源，保障城市微循环道路的连续性、通畅性。规范路面设施，安装必要的安全围护设施，完善非机动车道专用交通标志标线、信号灯等，确保步行、骑行安全快捷顺畅。布局规划和建设自行车停放设施。

（2）加强慢行系统环境整治。制定加强自行车专用道管理的制度措施，建立健全多部门协同管理的工作机制，保障自行车路权。严格整治违规停放机动车和摆放设施设备等非法占用自行车专用道的行为，严禁通过挤占自行车专用道来拓宽机动车道，保障自行车专用道有效通行宽度。完善自行车专用道的标识、监控系统，禁止机动车进入。

（3）规范发展互联网租赁自行车。按照管理规范化、服务统一化及与公共自行车融合化等，采用互联网、大数据分析处理、电子围栏等技术，通过实时监测车辆运行情况，加强互联网租赁自行车的投放、监测调控、过程监管、停放管理、质量信誉考核等，促进互联网租赁自行车与城市公共交通的融合发展。

（4）开展全国自行车复兴计划。建设覆盖全国的自行车网络体系，将自行车规划纳入国家综合交通规划和绿色城市建设规划，制订实施城乡一体化自行车交通规划，基于骑行者优先理念进行环境治理和街区设计，中央和市级财政支持自行车基础设施建设，强化法律和制度建设保障，鼓励企业给自行车通勤者相应补贴，大力发展自行车技术，强化自行车安全系统，统筹管理公共自行车网络和共享单车网络。

专栏 5-6 国际案例——德国自行车复兴计划

2021 年 4 月，德国联邦政府通过，并在国家自行车大会上发布了《德国 2030 骑行国家：国家自行车交通规划 3.0》。这是德国继 2002 年和 2012 年以来，发布的第三版国家级自行车发展规划。规划的总体目标是：到 2030 年，将德国建设成为骑行国家，自行车出行里程比 2017 年翻一番；民众选择自行车出行意愿达到 60%；重大伤亡事故比 2019 年降低 40%。

3. 探索绿色出行市场机制

（1）积极推进城市绿色出行市场机制。鼓励引入市场机制调控需求端，改善城市出行结构。充分发挥市场机制作用，适当引入绿色出行碳交易激励等新模式。推动绿色出行从理念倡导向激励引导升级，鼓励交通运输企业主动减排，以自愿减排方式积极参与国内碳交易市场，发挥市场对绿色出行的引导作用。

专栏 5-7　国内案例——重庆轨道交通 CQCER 项目

2021 年，按照重庆市生态环境局《关于组织开展我市自愿减排项目备案登记申报工作的函》，重庆交通开投集团结合自身经营实际，同时兼顾“碳惠通”项目及减排量管理要求，积极申请了轨道交通环线、5 号线、10 号线 3 条线路的 CQCER 项目，并成功实现了碳交易，获得了可观收益。在项目收益方面，重庆交通开投集团采用与第三方专业机构合作组建项目团队的方式共同开发 CQCER，并约定参照成交单价按一定比例进行收益分成，重庆轨道交通项目的成交均价为 25 元/t，成交总量为 65.7 万 t，全部收益为 1642.8 万元，按照约定，重庆交通开投集团获得总收益的 50%，即 821.4 万元。

（2）开展绿色出行碳普惠激励。按照国家加快建立绿色低碳的生活方式要求，从生活需求侧考虑，发挥市场的激励作用，实行以个人或家庭为单位的绿色出行碳普惠激励措施。绿色出行碳普惠机制运作原理示意如图 5-4 所示。

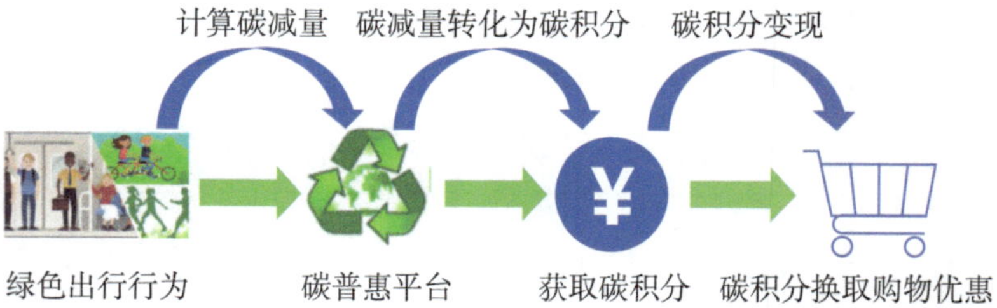

图 5-4　绿色出行碳普惠机制运作原理示意

建立交通运输、生态环境等部门主导及公交、地铁、公共自行车、共享单车、互联网大数据等企业参与的碳普惠机制，各省份设定统一的计量标准、奖励标准、支付场景等。充分利用长期积累的城市交通运营数据和能耗数据，提出《城市绿色出行碳普惠方法学》，明确全省统一的减碳评估方法，建成省、市两级绿色出行碳普惠服务平台，设置个人“碳账户”。建设减碳积分商城，支持积分优惠乘公交和共享单车、兑换商品等功能，为用户提供更多的服务选择。

4. 构建需求响应的共享交通系统

为了合理区分各类服务模式和使用场景，根据运营线路、站点规划和运营方式对定制运营模式进行划分，发展如下三种模式：①接驳定制公交。一般在早晚高峰期开行，主要应对通勤、通学等起止点确定且集中的需求，首末站一般为住宅聚集区、学校、城市商务集中区域和城市交通枢纽等。适用于组团型或带状形态的城市，以及职住分离程度相对较高，市民的“居住区”“商务区”和“城市交通枢纽”具有较明显点对点特征的城市。②客流集散定制公交。线路首站确定，中途站、终到站和开行路线均不确定的线路，一般在综合枢纽（如高铁站、飞机场、火车站等）开行，主要应对客流集散需求，为其他出行方式难以保障或愿意支付较高费用享受更高服务质量的乘客提供服务。适用于大型综合客运枢纽，如大城市以上类型城市的高铁站、飞机场等。尤其是夜间轨道交通和常规公交停止运营后，或客流集中到站造成其他交通出行方式出行体验降低，甚至无法提供足够的出行服务时。③巡游定制公交。一般为在特定的几个站点间开行，但行驶线路和停靠顺序不固定的线路。乘客通过服务系统平台选择上车站和下车站，车辆在行驶过程中通过算法自动匹配沿途订单，并生成行驶路线。适用于在某一特定区域内，如城市 CBD（中央商务区）或住宅集中区范围内，为没有明显集中特征的出行需求，提供灵活的最后一公里接驳服务。

专栏 5-8 国内案例——雄安新区：需求响应型公交项目

2019 年 5 月，雄安新区需求响应型公交项目开始启动，运营范围包括容东片区、市民中心片区和容城城区。截至 2023 年 3 月，共计开设站点 291 个，其中容东片区 160 个、市民中心片区 11 个、容城城区 120 个，站点布局基本覆盖区域内主要社区、学校、商场、办公场所、交通枢纽等区域。运营车辆 23 辆，其中，新能源中型公交车 3 辆，新能源小汽车 23 辆。利用移动互联网、云计算、大数据、车联网等先进技术和理念，结合“互联网 + 公交”，实现“线上资源合理分配、线下高效优质运行”的新业态和新模式，最大限度提升出行体验、出行效率，提供人性化、综合化、智慧化、绿色节能的出行服务。平台利用车联网技术对车辆进行信息化改装，实现车辆实时响应、高效调度、订单监控、安全管控“四位一体”的用车解决方案。截至2023年3月，需求响应型公交累计完成约65万单，累计接驳83万人次，日均接驳约1000人次。

5. 打造绿色出行发展示范区

选择城市中心城区或某特定区域内，打造若干绿色出行发展示范区，建成以“城市公交+步行/自行车”为主导的绿色出行体系，绿色出行配套设施非常完善，城市绿色出行比例超过90%。城市公交车、出租车、网约车、城市物流车、小汽车等所有通行车辆均为新能源车辆，充电站、加氢站等配套设施满足运行需求，实施严格的需求管理政策，保障建设“畅行无堵”的城市交通体系。

专栏5-9 国际案例——实施交通零排放区域

2022年2月，英国牛津市启动了“零排放区”试点，覆盖市区8条主要街道，对进入该区域的所有汽油、柴油车及混合动力汽车强制每天收取2~10英镑的费用。具体收费标准按照污染程度进行区分，包括：零排放汽车被免除任何费用；超低排放混合动力汽车（碳排放量低于75g/km）每辆每天将被收取2英镑的费用，从2025年起增加到4英镑/天；符合欧Ⅳ标准和欧Ⅵ柴油标准的汽油、柴油车辆将支付4英镑/天，从2025年起增加到8英镑/天；针对使用年限更老的内燃机车辆需支付10英镑/天，2025年开始需支付20英镑/天。

6. 加快出租汽车行业服务品质的创新与升级

利用移动互联网等技术推进巡游出租汽车行业的数字化升级，能够具备扬召、网召、电召、码召、代召“五召”能力，让巡游车服务更高效、便捷、公平，提升出租汽车行业服务效率。通过建立出行App，提供巡游路线的最优路线，开展巡游路线的订单量预测，引导出租汽车驾驶员同时服务好线上、线下订单，每天可减少空驶，既实现了节能减排，又提升了出租汽车驾驶员的收入。

发展绿色出行，改善城市交通出行结构是一项减碳成本最低、减碳最根本、减碳周期较长的实施路径，目前都有较好的发展基础，国内外也有较多的成功经验可以借鉴，其主要政策措施如图5-5所示。

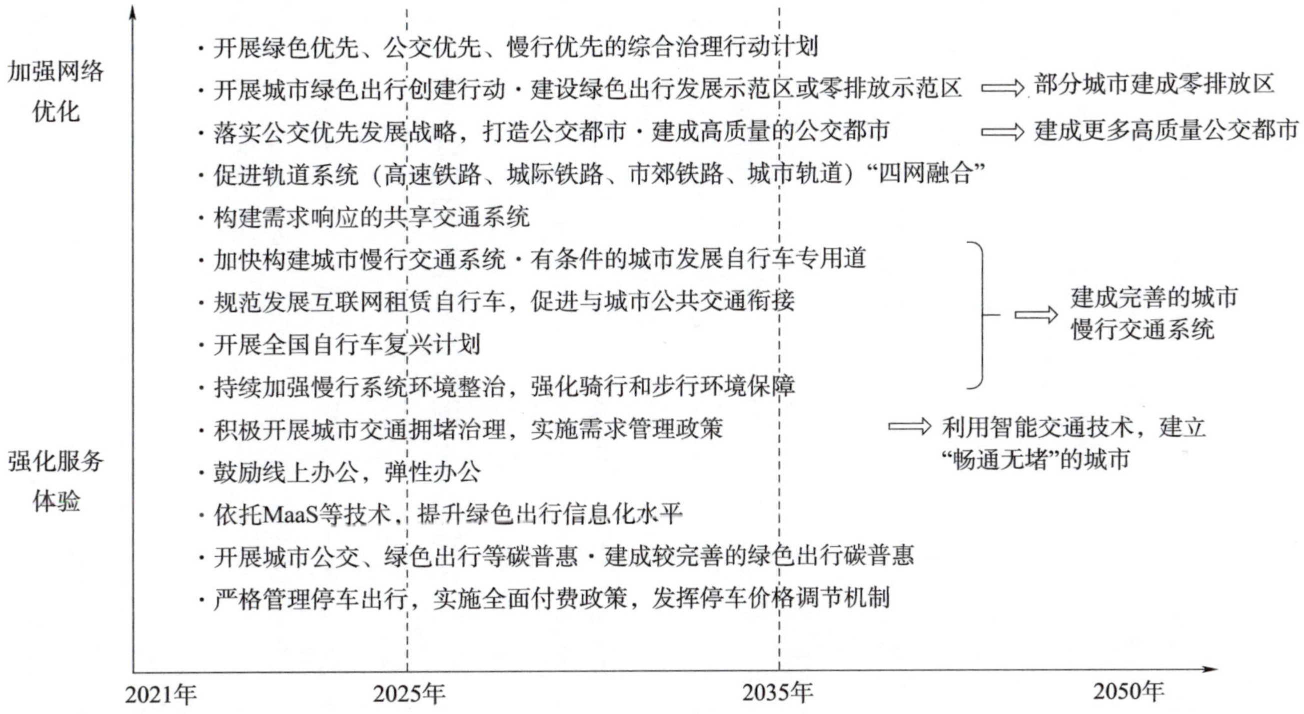

图 5-5　交通出行结构优化措施路线图

三 转变发展模式，优化城市货物运输结构

1. 构建城市三级配送体系

构建以“物流分拨中心—公共配送中心—末端配送点”为节点的城市三级配送体系，强化物流分拨中心多式联运功能建设，鼓励建立专业化、特色化公共配送中心，推动末端配送点下沉至商圈、社区、机关、学校等公共场所，完善城市生产生活物资物流基础设施建设，加快畅通城市物流节点微循环体系。探索实施城市绿色配送车辆分时、错时、分类通行和停放措施。支持城市高效的绿色配送，大力发展生产生活物资夜间配送，错峰利用道路设施资源，合理规划设置中心城区商业区、居住区、生产区、大型公共活动场地等区域专用卸货场地和道路范围内配送车辆的临时停车泊位。

2. 大力发展智慧物流

利用物联网、大数据、人工智能等数字技术，构建包含网络货运管理、园区无人值守、数字化场站运营等功能模块的智慧物流系统。超过50%以上的物流企业能实现智慧物流，基本实现物流各个环节的精细化、动态化和可视化管理，提升物流运作效率。主动应用移动互联网、物联网等信息技术，加快城市网络体系中装备和车辆的统一规划、统一调配和统一使用，实现城市货运配送网络优化。整合末端物流资源，解决末端物流“散、乱、小”等问题，形成最后一公里的“共同配送体系”，整体促进物流低碳绿色化转型。

专栏5-10 国内案例——建立智慧城市配送物流平台

从2019年开始，菜鸟网络科技有限公司（以下简称菜鸟）就开始搭建基于人工智能的智慧城市物流大数据平台，来推动建设城市智慧物流。菜鸟通过将“时空AI（Artificial Intelligence，人工智能）预测能力”应用到城市内物流预测问题中，基于自研的深度时空预测模型，大幅改善时效和路径预测准度，提升配送服务质量。在快递送货上门环节，菜鸟将“物流多模态AI的认知决策技术”全面应用到物流决策过程中，以此提升消费者物流服务体验。菜鸟的“楼栋码”技术手段，可以帮助快递员提前根据消费者的楼栋进行包裹分拣，使送货上门人员效率提升10%。“真实上门履约识别模型”则通过AI技术手段保障快递上门的真实、有效。目前，该技术已经在“天猫超市送

货上门”“菜鸟驿站送货上门”等场景中大规模应用，有效提升车辆、快递员、驿站工作人员的运作效率，并通过订单分配分单、智能装箱、决策能力等能力构建了自动化组织管理流程，为行业提供了一套降本增效的解决方案。

在数字技术助力之下，绿色储运应用场景的边界得以拓展。在生活场景中，可以将智能穿戴、无人配送、智能快递柜等数字应用引入，使智慧物流能够以更多形式触达日常用户。

3. 探索城市地下物流发展空间

探索通过地下管道、隧道等运输通路，对货物实行运输即分拣配送。在具备条件的城市工业基地、物流园区、重点港区等率先开展实践，研究利用城市轨道交通开展客货协同运输。

4. 创新城市货运服务模式结构

强化干线运输与城市配送一体衔接。引导并逐步建立干线运输与城市配送一体的综合配送模式，充分发挥综合运输组合效率和比较优势。优先配置城市外围具备多式联运功能的分拨中心并加快推进建设，畅通对外通道与城市内部道路，加强与配送中心的衔接，支持干线甩挂运输与城市共同配送的一体化运作，积极引导干线货运与城市配送企业之间、同城配送企业之间建立多种形式的合作联盟，共同开展跨区域货运配送的业务合作、同城共同配送的组织协作。

转变发展模式，优化城市货物运输结构是城市货运中减排成本最低、最重要的实施路径，其主要措施如图 5-6 所示。

四 强化能源转型，推广低碳交通运输装备

1. 提升运输装备的节能水平

（1）提升传统动力汽车节能减排技术。研发先进动力系统、变速器、电子电器、高效传动系统以及开展车身轻量化、低阻力等节能汽车关键技术研究，提升运输装备的能效和碳排放水平。尤其是体量最大的乘用车，现有研究预测了其燃油经济性和碳排放水平的发展变化，在燃油经济性方面，乘用车到 2025 年将达到 4L/100km，到 2030 年将达到 3.2L/100km，如图 5-7 所示。

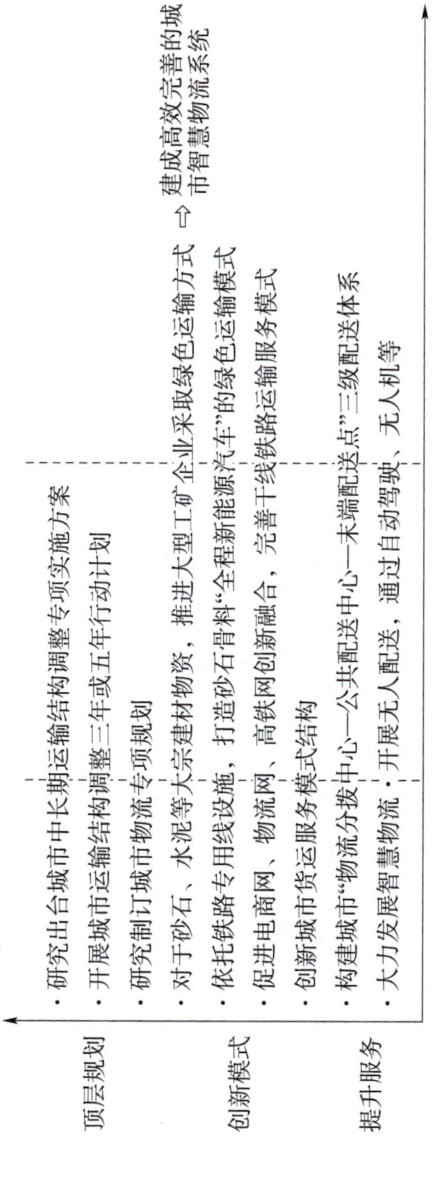

图 5-6　运输结构调整措施路线图

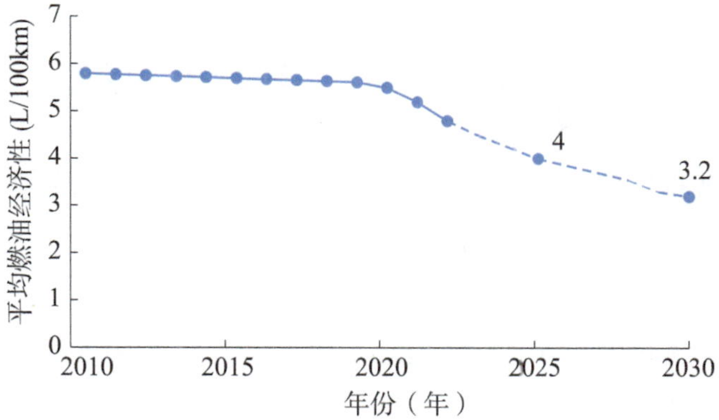

图 5-7　乘用车燃油经济性预测

数据来源：2020 年和 2021 年数据来自工业和信息化部装备工业发展中心《乘用车企业平均燃料消耗量与新能源汽车积分并行管理办法实施情况年度报告（2022）》。

根据国际清洁交通委员会（The International Council on Clean Transportation，ICCT）的最新评估研究，为能如期实现国家“双碳”目标，我国乘用车单车平均的二氧化碳排放水平需要从现阶段的 130g/km 左右降低至 2030 年的 30g/km 左右，并进一步到 2035 年下降到很低水平，如图 5-8 所示。

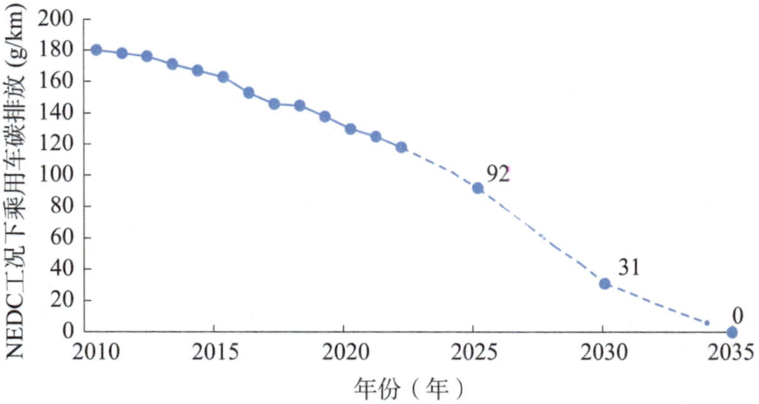

图 5-8　乘用车二氧化碳排放标准变化

（2）加快老旧车辆的淘汰更新。针对使用汽油、柴油、天然气等化石燃料的营运车辆，建立燃料消耗检测体系，推动超标排放汽车“检验—维修—复检”闭环管理。采取经济补偿、严格超标排放监管、强化汽车检测与维护制度等方式，引导加强高能耗、高排放、低效率城市交通运输工具有序退出。

2. 加快推进运输装备电动化进程

在城市客运交通中，发展初期仍以多元动力为主，小型汽车中远期以纯电动为主。公交车等大型汽车中远期以氢燃料电池汽车为主。在充电方式上，将发展快充、慢充、换电、加氢等多种方式相结合。

（1）加快纯电动汽车的推广应用。国家和地方大气污染防治重点地区研究制订加快推广纯电动等新能源汽车的规划，实时提出禁售燃油车的时间表。因地制宜，分阶段实施。首先，积极参与国家公共领域车辆全面电动化先行区试点，在城市公交、出租汽车、网约车、城市物流、邮政、环卫等领域，分阶段实现全面电动化；其次，在小汽车等社会车辆领域继续加快推广新能源车辆。

专栏 5-11 国内案例——加快新能源汽车推广应用

案例 1：制订清洁能源汽车发展规划

海南省是我国第一个明确提出禁售燃油车目标的地区。2019 年 3 月，海南省政府发布了《海南省清洁能源汽车发展规划》，正式宣布将于 2020 年起开始实施岛内禁售燃油车工作，并推动全省公共充电基础设施互联互通。其具体实施办法是政府机关、国企、事业单位用车，公交车、巡游出租车先行禁止采购燃油汽车，然后进一步扩展到轻型物流配送车、网约车、租赁车等社会运营车辆，最后将覆盖到私人汽车。最终在 2030 年前后分领域、分阶段启动实施岛内禁售传统燃油车工作，同时对进岛传统燃油车分阶段实施管控。

案例 2：构建顺应电动化发展新模式

为加快推广新能源小汽车，柳州市出台包含发展规划、推广应用、基础建设、交通管理、财政补贴等在内的一揽子支持政策，形成了自顶层设计到落地执行的完整政策体系，逐步构建起顺应电动化发展的新模式，尤其是丰富的财政激励政策和充足的使用端优惠政策起到了关键性作用。柳州市乘用车新车销售总量中新能源汽车销量占比持续提升，由 2017 年的 9.7% 上升到 2020 年的 28.8%，远超出全国电动化平均水平，在 2019 年就提前实现国家 2025 年的发展要求。

根据国际清洁交通委员会（ICCT）的研究，为能如期实现国家碳达峰碳中和目标，必须加快公共汽电车、乘用车、商用车等的低碳化进程，到

2025 年，公交车辆需要实现新增车辆中电动汽车比例为 100%，到 2035 年，新增乘用车要实现全部电动化。结合第三章的情景分析，预测到 2028 年，新增出租汽车、城市物流车辆需要实现电动汽车比例为 100%，如图 5-9 所示。《2030 年前碳达峰行动方案》提出要有序推进充电桩、配套电网、加注（气）站、加氢站等基础设施建设，提升城市公共交通基础设施水平。

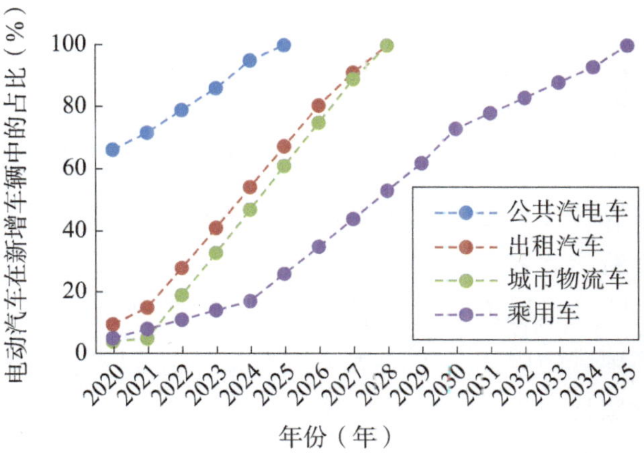

图 5-9　各类车型市场的电动化发展预期目标

专栏 5-12　国内案例——制定绿色金融政策推广新能源车辆

为加快实现绿色发展，中国建设银行广州花都分行通过创新“绿色租融保”业务模式，为广州市公共交通集团有限公司（简称广州市公交集团）申请授信额度，并引入租赁公司办理公开无追索权融资租赁保理业务，为广州市公交集团置换 3138 辆新能源公交车提供约 20 亿元的融资解决方案。广州市公交集团采用融资租赁方式使用新能源公交车，按月仅需归还租金即可，无须承担融资负债，大大减轻了企业负担。经测算，采用该模式引入的纯电动车辆用电成本比普通燃油车每年降低 9.2 万元/车，整个项目每年可节省运营成本约 2.9 亿元。在完善新能源汽车充电站场方面，广州市花都区金融机构创新提供“电桩融”产品服务，探索了充电站领域融资方案，为充电站建设提供前端资金支持，实现在政府补贴到位之前提供资金，有效解决了充电站运营资金短缺问题。

（2）加强氢燃料电池汽车的示范和推广。氢燃料电池通过氢气和氧气电化学反应产生电能（核心部件为双极板、电解质、扩散层、催化剂），具有极高的能量密度并兼具零排放特点，是未来最具潜力的能源利用方式之一。为深入推进能源生产和消费革命，构建清洁低碳、安全高效的能源体系，国家发展改革委、国家能源局出台了《氢能产业发展中长期规划（2021—2035 年）》，提出了氢能近期、中远期的规划目标和重点，提出到 2025 年，氢燃料电池车辆保有量达到约 5 万辆，部署建设一批加氢站。到 2035 年，形成氢能产业体系，构建涵盖交通、储能、工业等领域的多元氢能应用生态。规划中明确了在交通领域的重点任务是：立足本地氢能供应能力、产业环境和市场空间等基础条件，结合道路运输行业发展特点，重点推进氢燃料电池中重型车辆应用，有序拓展氢燃料电池等新能源客、货汽车市场应用空间，逐步建立氢燃料电池电动汽车与锂电池纯电动汽车的互补发展模式。积极探索氢燃料电池在船舶、航空器等领域的应用，推动大型氢能航空器研发，不断提升交通领域氢能应用市场规模。

根据全球能源互联网发展合作组织编制的《中国碳中和之路》，到 2030 年，我国氢燃料电池汽车保有量将超过 300 万辆，其中氢燃料电池商用车保有量有望达到 250 万辆，氢燃料电池乘用车保有量达到 50 万辆；交通领域氢能消费量达 2000 万 tce，加氢站达到 1000 座。到 2050 年，氢燃料电池汽车的造价与电动汽车造价相近。氢燃料电池汽车保有量将达到 2000 万辆，其中重型货车约 300 万辆，占重型货车总量比例达到 90%；全国加氢站达到 1 万座以上。

3. 推进信息网、能源网与交通网融合发展

通过构建新型城市低碳、智慧化交通体系，推动现有城市交通体系整体实现智能化、低碳化革新，实现城市交通和能源深度融合的智能运营模式。新型城市低碳、智慧化交通体系将以交通网、能源网、信息网“三网”深度融合为理念，在路端，综合利用建筑信息模型（BIM）技术和装配式模块化手段，将道路、压感发电、充储放电、无线通信等模块进行系统革新；在云端，综合应用云计算、大数据、物联网、区块链人工智能等“车—路—云”一体化决策系统进行数据处理；在车端，实现车辆智能化充电和决策支持，最终通过技术革新和场景构建，建立起城市路网、储能

与充放电、智能微电网、信息处理中心、车辆等一体化的“数字孪生”绿色智慧交通系统，实现将新型电力系统技术融入城市交通系统。

4. 推广轨道交通节能技术

未来一段时期内，城市轨道交通仍将保持快速增长，城市轨道交通节能也是实现城市交通低碳发展的重要方面。对于新建的城市轨道交通系统，要重视节能纵断面设计、牵引电机选择、车体设计、轻量化和再生制动能利用等；对于已开通运营的城市轨道交通系统，要不断加强运输组织优化（列车运行控制优化、时刻表优化、行车组织等）和列车节能操纵、车站系统节能等措施节约能耗。研发高效新型设备与系统，优化牵引供电系统模式，开展飞轮储能等装置在城市轨道交通再生制动能量回收及利用系统中的应用研究。

5. 推进城市物流用能清洁化

在城市物流中，发展初期仍以多元动力为主，中远期轻型短途运输以纯电动汽车为主，重型长途运输以氢燃料电池汽车为主。在充电方式上，将发展快充、慢充、换电、加氢等多种方式相结合的方式。

（1）提升新能源城市物流车辆技术性能。进一步提升新能源城市物流车辆的续驶里程，研究出台商用车新能源积分政策，鼓励新能源商用车生产制造企业提升生产能力，增强新能源城市物流车辆在城市货运配送领域的适用性和吸引力。

（2）结合示范创建提升新能源城市货运车辆占比。依托城市绿色货运配送示范工程，推动示范城市新能源城市货运配送车辆发展。完善新能源城市货运车辆的财政补贴政策，规范城市货运车辆通行证发放。支持具备条件的城市建立绿色物流车队，引导城市绿色物流车队中新能源车辆、清洁能源车辆或国六排放标准车辆保有量比例率先达到 80% 以上。

（3）试点示范氢燃料电池城市货运车辆应用。在有绿氢保障地区，探索在高附加值冷链运输领域使用氢燃料电池城市货运配送车辆试点示范，进一步明确氢燃料电池城市货运车辆的适用场景和盈亏平衡条件，为下一步氢燃料电池城市货运车辆推广奠定基础。

推广低碳交通运输装备是城市交通领域中基础最好、技术条件最成熟、见效最快的实施路径，其主要政策措施如图 5-10 所示。

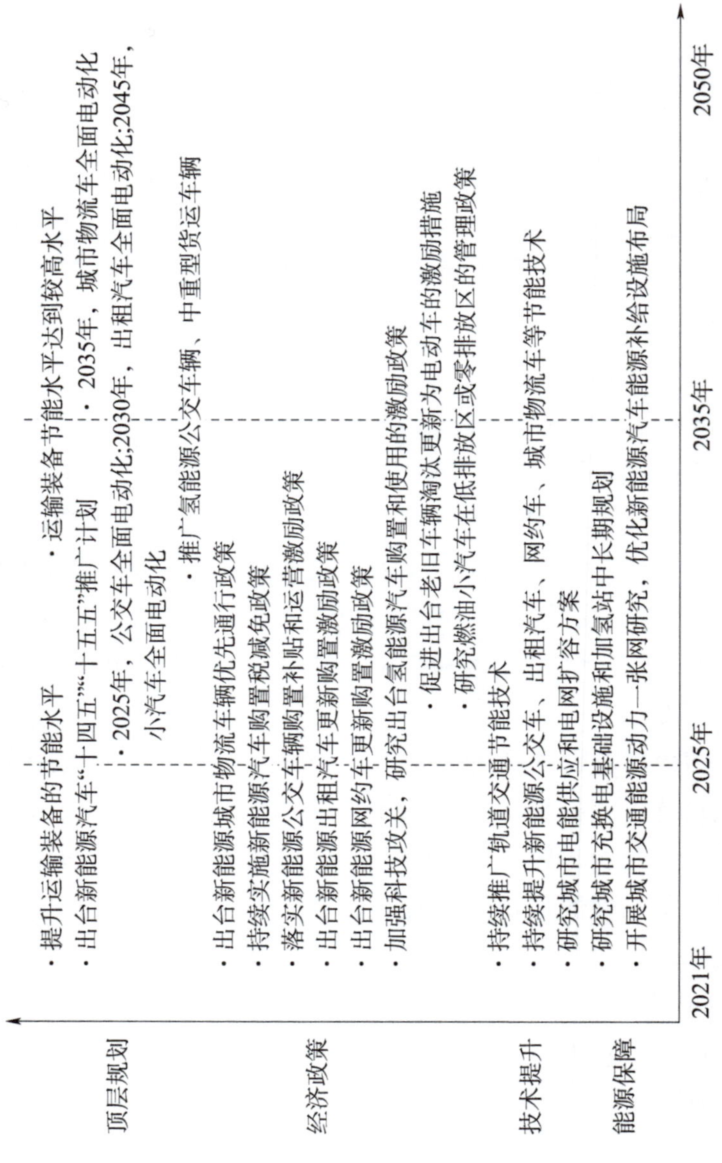

图 5-10　交通能源转型措施路线图

五 加强科技创新，提升智能交通发展水平

1. 加快发展自动驾驶技术

自动驾驶汽车是汽车行业未来重要的发展方向，相关的政策、规划和标准正在不断得到完善。国务院办公厅发布的《新能源产业发展规划(2021—2035年)》指出：到2025年，高水平自动驾驶汽车将实现限定区域和特定场景的商业化应用；到2035年，高水平自动驾驶汽车实现规模化应用。

我国自动驾驶技术正在加快发展。根据麦肯锡报告，2018年我国小汽车总的出行距离为4.6万亿km，据预测，到2030年、2040年，将分别快速增长到9.9万亿km、13.8万亿km。按照不同车辆的服务方式，到2030年，提供出行服务车辆的自动驾驶出行距离将占总出行距离的11%，私人车辆的自动驾驶出行距离将占总出行距离的2%。到2040年，提供出行服务车辆的自动驾驶出行距离占总出行距离的比例将高达55%，私人车辆的自动驾驶出行距离将占总出行距离的11%，如图5-11所示。

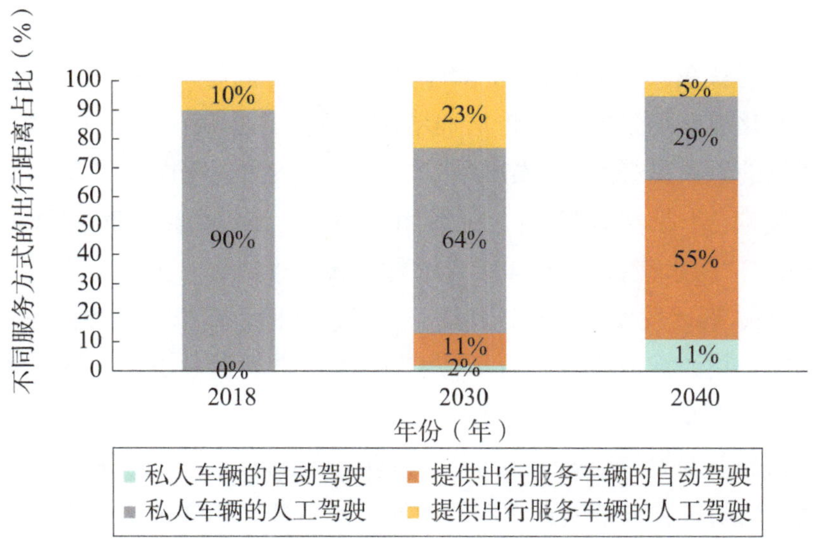

图5-11 自动驾驶推广使用占比预测

目前，在我国交通运输领域中积极引入自动驾驶技术，在货运、客运场景中都得到了不同程度的应用。整体来看，货运场景优先于客运场景引入自动驾驶技术，结构化道路场景也将优先于非结构化道路

场景引入自动驾驶技术，如图 5-12 所示。据罗兰贝格的研究预测，得益于政策引导与社会需求，无人化场内物流将快速发展，自动驾驶通过替代驾驶员和优化驾驶操作，能为封闭场景运输带来现有成本费用 49% 的缩减。

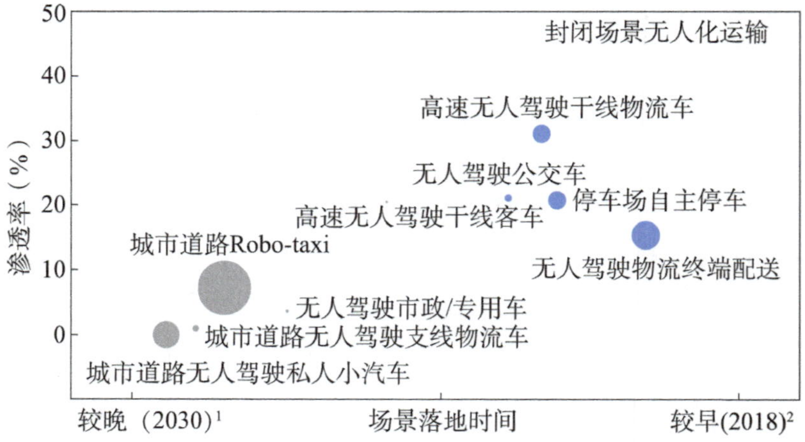

图 5-12　自动驾驶应用场景落地节奏与渗透率

注：1. 指 2030 年当年的渗透率（当年新车销量占比或当年服务单量占比）；
2. 指该场景首次实现规模化商业应用的时间节点。

自动驾驶在城市交通的不同场景中应用也是行业关注的重点。自动驾驶在结构化道路场景的应用将从拥堵道路开始，实现向单车道、多车道、匝道场景的不断演进；在非结构化道路场景的发展过程中，L2 级自动驾驶可能直接向 L4 级实现跨越。在乘用车领域，L4 级自动驾驶出租汽车（Robo-taxi）的出现将早于 L4 级自动驾驶私人小汽车。可逐步扩大城市道路 Robo-taxi 部署规模，不断迭代核心技术、降低车辆成本，加快完善自动驾驶汽车上路的标准法规，为早日实现 L4 级自动驾驶出租车队、私人小汽车大规模商业化落地奠定基础。

我国自动驾驶公交车已经历技术探索阶段和技术测试阶段，目前正处于应用验证阶段，未来随着自动驾驶技术的不断成熟和政策法规等的不断完善，预计在“十五五”期自动驾驶公交车将进入示范应用阶段，实现从场内发展到场外，从封闭园区到开放道路的更多场景应用，到 2035 年自动驾驶公交车预计进入推广应用阶段，实现完全的自动驾驶，自动驾驶公交车的发展路径预测见图 5-13。

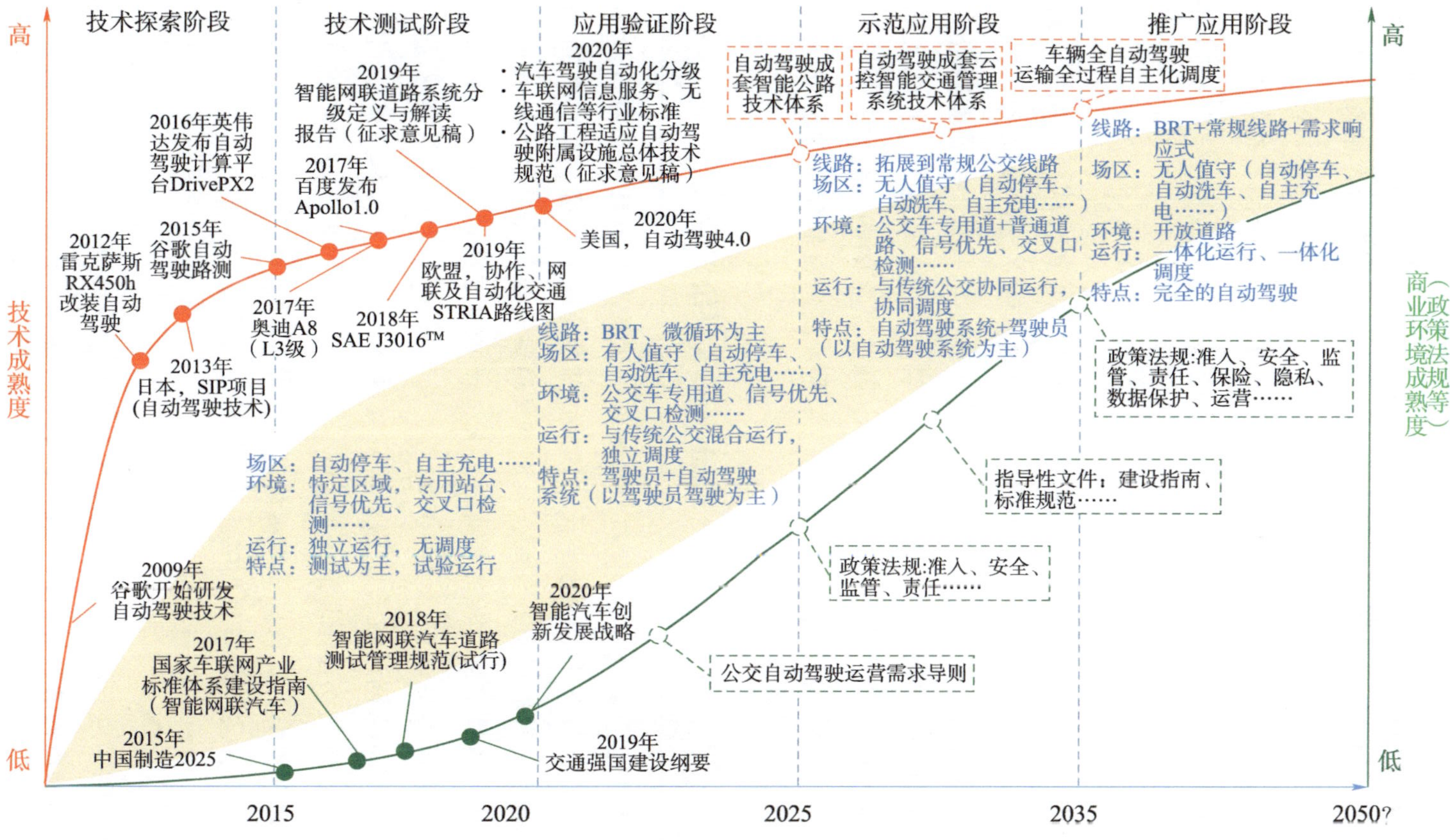

图 5-13 自动驾驶公交车的发展路径预测

2. 加快发展自动驾驶节能技术

通过完善汽车单车的智能算法，实现对车辆运行速度、加速度以及转弯操作等行为的平稳控制，降低车辆运行能耗排放；优化车辆路径选择算法，减少驾驶员进行路径规划所需要时间，提供节能最优运行路径；加强多车协同优化的技术研究，增强5G通信技术、智能路侧装备的使用，实现相邻车辆加/减速状态的智能感知，并自动化调整车辆自身行驶状态，实现多车平稳、节能的加速和制动。

3. 加快推广城市 MaaS 系统

构建网约车、出租汽车、互联网租赁自行车等多方式衔接模块，实现多方式联运换乘平台服务的多样化、人性化；建立支付及票务一体化体系，形成支持二维码支付、NFC（近场通信）手机缴费、手机银行等多种支付方式的支付体系，实现一键下单、一键支付、一码通行；加快实现多交通换乘过程中多种票务的一次性结算，减少乘客的购票时间；搭建基于大数据分析技术的智能化决策系统，实现综合交通系统资源合理优化配置，实时提供全路径出行信息。

专栏5-13 国内案例——推进 MaaS 系统试点工作

近年来，天津市持续推进 MaaS 系统试点工作，致力于打造一体化出行信息服务平台，为市民出行提供便捷服务。目前，天津市 MaaS 出行建设工作取得良好成效，天津市交通运输委员会深化与互联网企业合作，通过依法开放共享地面公交、城市轨道交通、出租汽车等民生领域密切相关数据，支持互联网企业打造一体化出行信息服务平台。当前高德地图在天津已经集成了地铁、公交、出租汽车、网约车、互联网租赁自行车等公共服务，为居民提供一体化的出行信息服务。此外，平台还集成了道路施工、尾号限行、货车限行等城市交通管理信息，实时发布出行服务信息，实现信息资源共享。

4. 提高城市物流智慧化发展水平

建设融信息查询、车辆监管、车货匹配、数据分析、政务发布等功能于一体的城市物流公共信息平台，多管齐下推动城市物流车辆接入城市物流公共信息平台。城市物流企业信息化水平稳步提升，通过信息平台实现物流资源整合、车辆精准匹配共享，以最小的车辆占用和运输距离实现物流资源配置，提高配送效率。快递企业信息平台车辆物流资源整合和精准匹配功能配置率达到100%，城市物流配送企业信息平台车辆物流资源整合和精准匹配功能配置率达到50%。未来我国城市物流智慧化发展主要集中在以下几个方面：

（1）建设智能仓储体系。通过加大智能仓储装备的研发和推广应用力度，鼓励有条件的企业建设智能化立体仓库，不断提升仓储运营管理水平和效率。国家发展改革委印发《“互联网+”高效物流实施意见》，引导企业在重要物流节点和物流集散地规划建设或改造一批国家智能化仓储物流示范基地（园区），推广应用先进信息技术及装备，建立深度感知智能仓储系统，加快智能化发展步伐，提升仓储、运输、分拣、包装等作业效率和仓储管理水平，实现存、取、管全程智能化。《“十四五”智能制造发展规划》等文件提出，要加强智能物流与仓储装备关键技术装备研发，在轻型高速堆垛机、超高超重型堆垛机、高速智能分拣机、高参数自动化立体仓库、高速大容量输送与分拣成套装备、车间物流智能化成套装备等方面寻求突破。推动5G在智能仓储场景应用落地，推动实现5G在物流仓储环节与仓储机器人的融合，实现物流终端控制、商品入库存储、搬运、分拣等作业全流程高度自动化、智能化。

（2）推进无人配送技术在城市物流末端应用。无人配送目前主要包括智能快件箱、无人机、无人车等形式，是邮政快递末端服务的发展趋势之一。从目前来看，智能快件箱是比较成熟的应用形式，目前通过智能快件箱来投递的快件约占快件总数的10%，应用比例已经较高，在疫情防控中也发挥了非常重要的作用。无人机、无人车的应用仍处于特定区域的试验阶段，无人车技术主要应用于快递城市配送、港口码头等环境，无人机主要应用于山区、海岛等环境，处于局部试点阶段，在使用范围、使用场景上还有一些限制，全面普及仍需时日。从未来发展看，国家交通运输行业将加快推动智能快件箱进社区、进机关、进校园、进商厦、进农村、进交通枢纽场站，形成上门投递、智能快件箱投递、服务站投递互相补充的末端投递格局。无人车、无人机应用的技术条件及政策条件将逐步成熟，为无人配送技术的推广应用逐步奠定基础。

（3）创新性探索地下城市物流系统建设。地下物流作为一种绿色环保的先进物流系统，运用自动导向车和两用货车等承载工具，通过大直径地下管道、通道等运输通路，对固体货物实行运输及分拣配送。地下物流系统具有速度快、成本低、全自动化、准确性高等优势，是解决城市交通拥堵、减少环境污染、提高城市货物运输通达性和质量的有效途径。

专栏 5-14 国内案例——探索建立地下物流系统

以京东为代表的电子商务公司正积极探索建设地下物流系统，将有效缓解地面的交通拥堵，提升城市物流效率，同时产生显著的减碳效果。这种快递系统的原理是，将快递装进一个个连接5G的智能胶囊盒子，然后通过地下管道从仓库运到中转站，再从中转站运到每座写字楼下面的快递点，最后交由AI机器人送达。据京东评估，在100万人口的城市如果让42%的物流运输在地下进行的话，每天可减少8000～10000辆的货车通行，减少交通事故30%左右。京东地下城市物流系统的探索仍处于技术研发阶段，其提出的“地下胶囊物流系统”正在雄安新区开展创新实践，是我国城市智慧物流的重大创新方向。

5. 建立智慧出租系统

利用互联网大数据技术，通过智慧出租系统将乘客用车需求与巡游出租汽车联系，实现科学实时匹配供需，提供一键叫车、预约叫车和代叫服务，能查询推荐路线、费用预估和优惠金额等，提升出租汽车的运行效率，满足乘客高质量、个性化出行需求，同时降低出租汽车的空驶率。

专栏 5-15 国内案例——建立智慧出租汽车系统

“天津出租”以网约化的方式，实现天津市巡游出租汽车智慧化调度、智慧化接单和智慧化管理，助推传统出租汽车行业转型升级，提升驾驶员收入和乘客用户体验。“天津出租”App试运营期间，约2万辆巡游出租汽车加入，天津市民通过“天津出租”App线上呼叫巡游出租汽车，巡游出租汽车内设置了智慧码，乘客可通过扫码，提前获知推荐路线和预估费用，乘车行程可分享、可评价、可追溯，解决扬招打车痛点，显著提高了乘客乘坐出租汽车的体验。

6. 建立智慧城市交通管理系统

（1）实现智能信号交通控制与诱导。依据不同道路网的交通流特征数据，建立自适应的交通信号配时系统，实现交通诱导优化，缓和拥堵路段或区域的过度集中交通压力。完善交通控制与诱导的协同，提高现有路网的通行能力和利用率，有效减少车辆停车次数、排队长度和交叉路口通行时间。

（2）建立智慧停车预约和导航系统。在大中城市复杂交通环境下，停车资源的有效、高效分配成为城市交通亟待解决的问题之一。基于高精度停车场地图系统，建立高精度停车预约和导航系统，可以实现点到点的车位预约、车位级导航、反向寻车、无感支付等全流程服务，提高停车场的服务质量和周转效率。

7. 研发和应用生态驾驶培训系统

强化新媒体技术在生态驾驶宣传推广方面的应用，提升和扩大生态驾驶理念宣传效果和普及范围，打造全民参与的生态驾驶文化氛围；研发和应用生态驾驶培训系统，满足驾驶员差异化生态驾驶培训需求，提升生态驾驶辅助系统的用户黏性；加强生态驾驶与车路协同及自动驾驶技术的融合，进一步提升生态驾驶节能减排潜力；制定和出台生态驾驶激励手段和相关政策法规，提升公众对生态驾驶的重视和参与程度。

8. 建立交通碳排放精准治理平台

面向统筹城市交通减碳和治污需要，基于多源动态大数据，精准监测车辆碳排放量，提高交通碳排放时空溯源、成因诊断的精度，建立交通碳排放精准治理平台，形成年度城市交通碳排放清单。将交通碳排放与交通模型结合，分析不同空间尺度交通碳排放特征，全方位评估不同时空交通碳排放特征和不同政策措施的减排降污效果，支持交通碳排放的科学精细治理。

专栏 5-16　国内案例——建设交通运输领域“碳账户”系统

2018 年起，衢州市正式成为浙江省开展交通运输领域碳账户建设试点城市，制定并发布《道路运输企业碳账户碳排放核算与评价指南》，在全国首创“企业碳账户”和“个人碳账户”，对碳排放进行监测和核算，试点首批对象为城市公交企业和 2021 年起新购置新能源汽车的个人。在“企业碳账户”中，衢州分两批将 61 家城市公交、

> 城乡公交、城际客运、巡游出租汽车、规上货运企业纳入碳账户管理范围，之后每年将按照统一的标准对企业进行贴标。在支持政策上，已将交通领域纳入绿色金融体系。根据碳账户赋码情况，实施差异化信贷、保险等政策，推出“低碳贷”等绿色金融产品，激励交通运输企业推广应用新能源清洁能源车船。2021 年，衢州市公交公司从招商银行贷款 7000 万元，根据贴标结果，符合“低碳贷”标准，享受低利息待遇。

加强科技创新、提升智能交通水平是城市交通领域中减碳成本较高、前景较好、难度较大但非常重要的实施路径，其主要政策措施如图 5-14 所示。

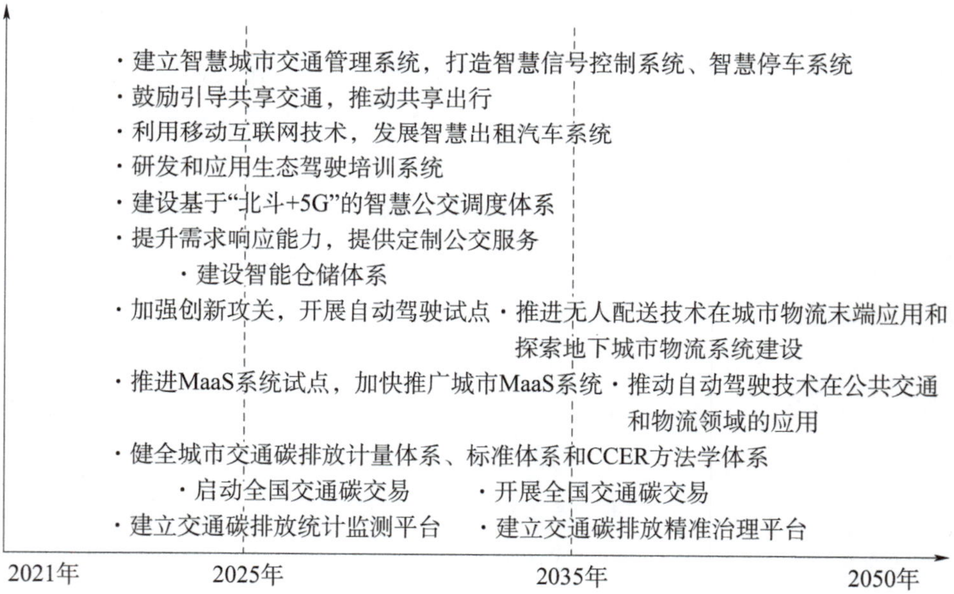

图 5-14　科技创新赋能措施路线图

六　转变消费观念，形成绿色低碳生活方式

消费因素的影响主要是指文化理念及相应生活消费模式对城市交通的能耗与排放起着至关重要的影响，是从需求侧考虑的一种助推提升行业发展水平的实施路径，对实现国家碳达峰碳中和目标至关重要。同时，消费升级提升城市居民生活品质要求，给城市物流结构带来了变化，推动冷链

物流规模的增加和“中央厨房 + 宅配”等模式的出现，对碳排放带来影响。因此，通过媒体、网站、公益活动、培训班等方式，对广大民众进行宣传教育与培训，可不断提升城市低碳交通的社会参与程度。

党的二十大报告指出，要实施全面节约战略，倡导绿色消费。《中共中央 国务院关于完整准确全面贯彻新发展理念做好碳达峰碳中和工作的意见》明确提出加快形成绿色生产生活方式。扩大绿色低碳产品供给和消费，倡导绿色低碳生活方式。把绿色低碳发展纳入国民教育体系。凝聚全社会共识，加快形成全民参与的良好格局。

积极开展“公共交通宣传周”“无车日”等宣传教育活动，使节能和低碳意识在全国各城市深入人心，坚持“135”出行原则，即 1km 以内步行、1 ~ 3km 骑行、3 ~ 5km 乘坐公共交通、5km 以上乘坐地铁、出租汽车或网约车。在日常交通出行中尽可能选择公共交通、骑行、步行等绿色出行方式，提升城市公众参与低碳出行水平，力争在城市中营造出绿色出行新时尚。

转变小汽车的消费观念，纠正部分群众认为“开小汽车是人民群众对美好生活的向往”的错误观念。通过适度发展共享出行（如网约车、汽车租赁等），“小汽车使用”的观念将替代传统的“小汽车拥有”观念。鼓励购买节能型、小排量的小汽车车型。主动放弃驾车在通勤、通学出行中的出行比例。

转变消费观念，形成绿色低碳生活方式是城市交通需求侧一项重要的实施路径，也是一项难度很大但非常关键的发展路径，是事关尽早实现交通行业碳中和目标的重要条件。

第五节 政策措施

城市交通行业要站在“畅通国内大循环，促进国内国际双循环”的新发展格局下，坚定不移地贯彻落实公交优先发展战略，建立高品质可持续的公交服务体系和绿色出行服务体系，加强交通需求管理，引导出行方式选择，打造低碳生活模式，加快建立能支撑国家碳达峰碳中和目标的城市交通出行系统。

一 强化顶层设计，发展低碳模式

1. 强化低碳交通顶层设计

城市交通体系涉及交通运输、工业和信息化、能源、公安、生态环境等多部门，建议在规划阶段统筹考虑多领域需求，协同设计城市交通新体系，结合城市条件和特点，编制城市层面的交通减碳路线图。在此基础上，进一步明确城市交通减碳的目标、时间表和策略路径。组织科技、工业和信息化、生态环境等部门共同推动交通技术装备低碳转型升级，组织电力、石化等行业加快充电、加氢等配套基础设施建设，组织交通运输、工业和信息化、公安、生态环境等部门协同推进交通拥堵、减碳和降污治理。

2. 促进交通与城市协调发展打造低碳生活模式

优化城镇化空间布局和城镇规模结构，充分发挥城市群和都市圈吸纳人口和就业的潜力，构建功能混用、公交导向、多组团集约紧凑发展的城市布局。在城市国土空间规划中，应充分体现土地混合利用和公共交通的一体化发展。

建议修改《中华人民共和国土地管理法》《中华人民共和国土地管理法实施条例》关于土地出让方式、土地招拍挂制度等相关条款，允许将城市交通枢纽的用地性质由“交通用地”调整为“综合用地”，使其能够在一定比例范围内开展一体化的商业、办公等综合开发，提升公交“造血”功能。

3. 打造安全街道、绿色街道、活力街道

在城市交通系统规划中，反思交通“车本位”发展模式，建议引入“完整街道”概念，通过对街道合理地规划、设计、运行和维护，保障道路上所有交通方式出行者的通行权，而不是机动车的出行权。机动化是一种手段，而不是结果，不能因为机动化影响步行、自行车的交通安全，应该确保行人、自行车和汽车各行其道，提高街道安全性，打造安全街道、绿色街道、活力街道。

二 落实公交优先，发展绿色出行

继续贯彻落实城市公交优先发展战略，加快出台《城市公共交通管理

条例》。利用大数据技术等加强出行 OD 分析，以提升公交可达性为目标，建成以“城市公交 + 步行/骑行”为主导的多模式、一体化的低碳交通出行体系。

1. 完善多模式一体化衔接的公共交通体系

推进城市群、都市圈区域公交一体化。制定区域公交一体化发展技术指引，从车辆装备、充电设施、场站配置、管理模式等方面进一步指导各地推进区域公交一体化工作。完善多模式一体化衔接的公共交通体系。解决公交出行的“最后一公里”问题，推进“城市公交 + 步行/骑行”系统绿色出行链发展，不断优化城市出行结构，在北京等超大城市，充分发挥国铁系统运输动能，加快建设北京北站至良乡，以及连接北京北站、北京朝阳站、北京东站、大兴机场的枢纽通勤联络线，减少城际出行链条中的城市内交通碳排放。

2. 提升城市公交服务的深度和广度

目前，超大城市、特大城市和部分大城市对公交优先发展战略给予高度重视，并已建成较完善的公交基础设施。在“双碳”目标下，快速发展型大城市（城区现状人口低于 300 万人、但规划人口在 10 年左右预期会超过 300 万人）和小城市（50 万人口以下的小城市）需要加快提升对城市公交的重视程度。

针对大型城市，建议发展大容量公共交通引导城市“精明增长”。允许有条件、有能力特别是有特殊城市空间形态的大城市超前规划、筹建与城市发展轴和客流通道相符的轨道交通线路，形成由 1 ~ 3 条轨道交通线路构成的脊梁型架构，鼓励建设新型中运量快速公交方式，构建“脊梁型大运量轨道交通 + 新型中运量快速公交”的混合优质公交服务体系。

针对中小型城市，建议加快城市公共交通发展，提供最基本的公共交通出行保障。加强城市道路基础设施建设，为公共交通设施布局提供条件；保持对城市公共交通稳定投入，保障运能稳步增长。同时，结合城市对外客运枢纽布设市内公交服务网络，为主要客流集散点提供便捷化公交服务。

3. 提高城市轨道交通服务能力

①提高城市轨道交通运行效率。因地制宜开展快慢车、跨线运营等多样化的行车组织，通过提高城市轨道交通出行效率吸引更多从私人小汽车

转移的客流。②提高城市轨道交通出行便捷性。规划阶段应合理布局城市轨道交通线路走向和车站选址，通过增加车站出入口数量、提高出入口与周边建筑连通性等提高城市轨道交通出行吸引力。③积极推动城市轨道交通与市郊铁路、城际铁路、干线铁路融合发展。打造多方式高效衔接的综合交通枢纽，实现客运“零距离”换乘，通过提供“一套体系、一网运管、一票通行、一站安检”的服务体系，提升城市轨道交通客流和吸引力。

4. 发展绿色出行交通体系

①超大、特大城市深入推进“轨道 + 常规公交 + 慢行”网络融合，重点发展轨道交通或其他大容量公交；创新定制公交等个性化公交服务；改善步行、自行车出行环境，加强慢行交通与公共交通的衔接。②大城市加快推进大、中运量“公交 + 慢行”网络融合，推荐发展新型中运量公交方式，更多开设公交车专用道，加大公交服务供给；改善和提升步行、自行车出行环境，鼓励 5km 内选择非机动化方式通勤。③中小城市和县城建设绿色出行友好城市，因地制宜，重点发展慢行交通，改善和提升步行、自行车出行环境。

三 实施需求管理，加强拥堵治理

1. 推进交通拥堵和降碳协同治理

将引导小汽车合理使用，推进城市交通拥堵治理作为工作重点。①推进管理体制机制改革。将城市道路规划、建设、标志标线施化、停车管理等职能整合起来，强化对包括小汽车在内的城市综合交通的管理。进一步推进城市交通大部门制，建立城市综合交通发展的体制机制。②强化示范引领。深入推进“十四五”期国家公交都市建设示范工程，深入开展绿色出行创建行动，将引导小汽车合理使用作为重点创建主题，纳入相关创建考核指标。③加强停车管理。将城市静态交通纳入城市交通管理体系，建立健全法律法规、标准规范体系，因城施策，以静制动。④合理引导小汽车使用。通过实施提高小汽车使用成本等经济性措施，降低小汽车的使用数量和使用强度。

2. 智能交通助力交通运行效率提升

未来的交通应是在出行预约的前提下实现人、车、路协同发展，建立畅行的交通系统，实现系统运行效率最优。从技术研究、标准规范制定等多个层面深化预约出行的研究，并进一步扩大实践的范围，提升预约出行的接受度，推进未来交通系统转型。明确与自动驾驶相关的城市交通规划建设与运营管理框架体系，提前部署新型交通基础设施。构建“城市交通大脑”，支持建设城市交通超级计算平台，支持大规模网络最优化计算模型与快速求解算法等研究，实现千万级交通出行的组织优化。

3. 加快推动 MaaS 出行服务广泛应用

推动“互联网 +”便捷城市交通发展，构建以绿色出行为主体，涵盖多种交通方式的城市大公共出行服务体系；探索 MaaS 服务运营机制，提升各运输服务模式的运营组织效率；深化政企合作，打造智慧出行助手，为用户提供多模式全链出行的规划、预约、查询、支付、清分与评价等一体化智慧出行服务，满足个性化高品质出行需求；推动智慧出行与旅游、娱乐等消费领域的深度融合与协同发展，探索可持续商业模式；依托大数据云计算技术，建立数据共享及隐私保护等制度，提升 MaaS 服务的科学监管水平；建立碳足迹跟踪和低碳出行激励机制。

四 发展城市物流，提升运输效率

1. 制订城市物流专项规划

鼓励各地制订城市物流专项规划或将城市物流纳入物流规划统筹考虑，强化体系设计，统筹考虑物流园区、配送中心、末端配送设施、停靠装卸设施等要素，引导大中城市合理规划和布局城市物流节点、优化物流配送组织方式，形成布局合理、运行高效、通行有序、绿色环保的城市配送网络体系。引导节点设施与公路、铁路、水运、航空等不同运输方式的衔接，运用信息技术，优化运输组织，高效货物集散，增加满载，减少空驶，促进节能减排。

2. 制定推广先进组织模式的政策

鼓励共同配送、集中配送、统仓统配等先进的运输组织模式发展，鼓励建设融信息查询、车辆监管、车货匹配、数据分析、政务发布等功能为一体的城市物流公共信息平台，实现车辆资源共享，提高车辆实载率，优化车辆行驶路径，以最小的车辆占用和运输距离实现物流资源配置。鼓励共享仓储资源，就近组织货物，减少仓储资源闲置，实现集约化运营。

五 制定推广政策，加强设施建设

1. 加快新能源汽车推广应用

建议各省（自治区、直辖市）和城市制订新能源汽车推广规划，积极参与国家公共领域车辆全面电动化先行区试点，完善新能源车辆购置和运营补贴政策，因地制宜，确定推广目标，合理确定新能源车辆购置、补贴对象、标准、流程等。

推动小汽车电动化进程，各地应持续加大新能源汽车购买、置换方面的价格优惠政策，并通过调节资源为新能源汽车指标分配、车位分配等方面提供便利，还可以通过建立个人、家庭账户碳信用积分，给予购置人额外支持。

交通运输部联合财政部、工业和信息化部等部委发布关于氢燃料电池汽车运营、加氢站建设及运营方面的补贴政策，对符合技术、运营要求的氢燃料电池汽车每年提供运营补贴，形成氢燃料电池汽车运营成本的绝对优势，加大推广应用力度。

加强技术研发，着力解决新能源物流车辆故障率较高、续驶里程短、载重能力小、电池衰弱严重等技术难题，提升新能源城市物流车辆技术。完善相关支持政策，加强新能源汽车在城市物流领域的推广应用。

2. 完善新能源汽车配套设施建设

完善充电桩配套设施规划，统筹考虑新能源公交车、出租汽车、城市物流车、小汽车等，结合原有的加油站、加气站条件，合理布局城市充电设施，加强配套设施建设。加强用地和资金支持，加快推进充电设施建设，为新能源物流车辆运行提供保障。探索通过“绿色配送示范区”、核发全天通行证、放宽通行时段和区域等方式，为新能源物流车辆提供便利通行条件。

随着电动车保有量增长，无序充电将叠加用电高峰，增大电网增容压力。建议借助科技手段，形成智能、有序、统一的充电设施建设模式，有序协同需求侧和供给侧，同时能保障能源系统的安全运行。

3. 建立新能源汽车电池全生命周期溯源管理体系

进一步推动各级供应链追溯上级供应链碳足迹，并落实奖惩机制，倒逼产业链控制、减少碳排放。回收环节落实权责与实施主体，推动以汽车销售服务店为核心渠道，以新能源车企及第三方机构为实施主体的电池回收网络建设。明确汽车生产企业承担动力蓄电池回收的主体责任，进一步打通电池回收网络，明确仓储、物流、再加工等规范细节，探索可行的商业模式与利益分配方式。

通过实施强制性政策、奖惩机制等措施推动新能源车企及用户积极参与动力蓄电池回收。为解决正规渠道回收率较低的问题，可从车企端和用户端两方面推动。对于车企端，应进一步明确奖惩机制和监管手段，提高新能源车企回收动力蓄电池的主动性。对于用户端，需加强动力蓄电池溯源体系，同时使用奖励、补贴等政策促使用户积极参与动力蓄电池回收。

六 加强能力建设，鼓励金融创新

1. 建立完善城市交通碳排放监测体系

①建立城市交通碳排放监测体系。建立完善对公共汽电车、城市轨道交通、出租汽车、物流企业的全过程碳排放监测体系；打通工业和信息化、公安、交通运输、财政等部门数据壁垒，探索建立私人小汽车、物流车辆碳排放监测体系。②完善城市交通碳足迹。探索应用大数据手段建立城市交通出行的消费者碳足迹，将鼓励绿色消费与个人碳足迹结合起来，提供优惠保险费、优惠公交乘车等激励措施；探索应用大数据手段建立城市物流车辆碳足迹。③建立一个交通二氧化碳排放相关数据采集与集成平台。通过搭建交通碳排放数据采集与集成平台，厘清数据获取问题，汇聚交通碳排放相关多源数据流，全方位评估不同时空交通碳排放特征和不同政策措施的减排降污效果，支持交通碳排放科学精细治理。

2. 加快推动城市交通参与碳交易

依据《碳排放权交易管理办法（试行）》，结合行业特点，加快完善交通碳交易的制度和市场机制。主要包括：①明确城市交通参与碳交易的主体范围、时间节点、准入退出门槛等，逐步将城市公交、地铁、出租汽车等分阶段纳入碳交易范围。②合理设计适合城市交通特点的碳配额分配方案，充分考虑公共交通优先发展对改善城市出行结构的积极作用，对城市公交、地铁领域碳配额给予必要支持。③及时做好城市交通碳交易方法学研究储备。④遴选具备条件的重点排放企业，组织开展城市交通碳交易试点。

3. 加快建立绿色出行碳普惠激励机制

以“碳积分”为介质，研究制定基于大数据的绿色出行减碳计算方法学和评估标准、补贴机制，明确“碳积分”的计算规则和补贴方法，丰富碳普惠应用场景（如绿色出行、常规公交、轨道交通、共享单车等），加快建立交通、金融、企业等多部门联合的绿色出行碳普惠机制。政府部门可通过补贴、奖励等措施，引导更多的市民选择更加绿色的出行方式。与此同时，推动基于 MaaS 的绿色出行与金融领域的融合，加快推动金融机构（如保险公司、银行等）对建立绿色出行碳普惠机制的支持，为绿色出行 MaaS 的发展赋能。

七 完善标准体系，加强试点示范

1. 制定城市交通碳达峰相关的核算标准

针对城市交通基础设施和运输装备，开展节能降碳设计、建设、运营、监控、评价等标准制修订，制定温室气体排放核算与报告方法标准，构建碳排放统计监测、报告和核查标准体系，完善物流绿色设备设施、运输和评价等标准。

2. 开展全国“城市绿色出行示范区”建设工程

借鉴国外建设城市交通零排放区的发展经验，建议研究制定城市绿色出行示范区的建设指南和评价指标体系。充分考虑区域发展重点，不同地区、不同城市的能源消费结构与碳排放特点，明确基本内涵要求、建设指引、典型案例等，为地方开展相关工作提供参考依据。

结合碳达峰交通强国建设试点，建议遴选有条件的城市率先开展城市绿色出行示范区建设试点，试点城市制定《建立城市绿色出行示范区实施导则》，分阶段设立近、中、远期建设目标，明确城市绿色出行示范区发展模式、各项措施的实施计划，提出重点任务、保障措施等。主要建设内容包括强化低碳设施建设、优化交通组织模式、推广低碳运输装备、实施交通需求管理、实施智能交通工程、低碳服务与用户体验、其他特色技术与方法等方面。建立城市碳排放监测平台，加强能耗和碳排放统计，完善工作机制，加强示范效果评估和宣传推广。

参 考 文 献

[1] 生态环境部. 中国应对气候变化的政策与行动 2020 年度报告[EB/OL]. (2021-07-13)[2023-02-14]. https://www.mee.gov.cn/ywgz/ydqhbh/syqhbh/202107/t20210713_846491.shtml.

[2] 陈迎. 碳中和概念再辨析[J]. 中国人口·资源与环境,2022,32(4):1-12.

[3] IPCC. Climate change 2022: mitigation of climate change[M/OL]. [2022-06-13]. https://www.ipcc.ch/report/ar6/wg3/.

[4] 中华人民共和国中央人民政府. 国务院关于印发 2030 年前碳达峰行动方案的通知[EB/OL]. [2022-01-20]. http://www.gov.cn/zhengce/content/2021-10/26/content_5644984.htm.

[5] 袁志逸,李振宇,康利平,等. 中国交通部门低碳排放措施和路径研究综述[J]. 气候变化研究进展,2021,17(1):27-35.

[6] 交通运输部科学研究院. 交通运输碳达峰、碳中和知识解读[M]. 北京:人民交通出版社股份有限公司,2021.

[7] 傅志寰,孙永福. 交通强国战略研究[M]. 北京:人民交通出版社股份有限公司,2019.

[8] 卢春房. 城市交通实现双碳的思考[EB/OL]. [2023-12-12]. https://live.ckcest.cn/open/pc/play? id=10001269.

[9] 高园,欧训民. IPCC AR6 报告解读:强化技术和管理创新的交通运输部门减碳路径[J]. 气候变化研究进展,2022,18(5):567-573.

[10] 李忠奎,周晓航,郭杰,等. 中国交通低碳发展战略研究[M]. 北京:人民交通出版社股份有限公司,2017.

[11] 王庆一. 2020 能源数据[R]. 北京: 绿色发展创新中心, 2021.

[12] 赵宗建. 城市低碳交通运输体系建设研究[D]. 西安:长安大学,2013.

[13] 黄志辉, 纪亮, 尹洁, 等. 中国道路交通二氧化碳排放达峰路径研究[J]. 环境科学研究,2022,35(2):385-393.

[14] 安锋,康利平,秦兰芝,等. 中国传统燃油汽车退出时间表研究[R]. 北

京:能源与交通创新中心(iCET),2019.

[15] 新能源汽车网. 中国工业经济联合会会长李毅中:落实"双碳"目标,任务紧迫、形势严峻[R/OL]. (2022-04-06)[2023-02-14]. https://m.xnyauto.com/news/45688.html.

[16] Department for Transport. The Road to Zero: Next steps towards cleaner road transport and delivering our Industrial Strategy[R/OL]. (2018-07-09)[2023-02-14]. https://assets.publishing.service.gov.uk/government/uploads/system/uploads/attachment_data/file/739460/road-to-zero.pdf.

[17] San Francisco Department of the Environment. Focus 2030: A Pathway to Net Zero Emissions[EB/OL]. (2019-07)[2024-02-29]. https://sfenvironment.org/sites/default/files/fliers/files/sfe_focus_2030_report_july2019.pdf.

[18] Energy Transition Commission. Mission Possible-Reaching Net-Zero Carbon Emissions from Harder-to-Abate Sectors by Mid-Century[R/OL]. (2018-11)[2023-02-14]. https://www.energy-transitions.org/publications/mission-possible/.

[19] Greater London Authority. Mayor's Transport Strategy[R]. London: Greater London Authority, 2018.

[20] IPCC. 2006 IPCC guidelines for national greenhouse gas inventory[R]. Hayama:the Institute for Global Environmental Strategies, 2006.

[21] Bongardt D, Breithaupt M. Beyond the Fossil City: Towards low Carbon Transport and Green Growth[R]. Eschborn, 2010.

[22] 白尔铮. 费托合成燃料的经济性及发展前景[J]. 化工进展,2004,(4):370-374.

[23] 中国清洁空气联盟. 改善城市交通,遏制中国空气污染[R/OL](2014-12-19)[2023-02-14]. http://www.cleanairchina.org/product/6842.html.

[24] 蔡闻佳,王灿,陈吉宁. 中国公路交通业 CO_2 排放情景与减排潜力[J]. 清华大学学报(自然科学版),2007,(12):2142-2145.

[25] 陆潘涛, 韩亚龙, 戴瀚程. 1.5℃和2℃目标下中国交通部门2050年的节能减排协同效益[J]. 北京大学学报(自然科学版), 2021, 57(3):517-528.

[26] 方伟,曹学伟,高晓巍. 技术预测与技术预见:内涵、方法及实践[J]. 全球科技经济瞭望,2017,32(3):46-53.

[27] European Commission. A European strategy for low-emissionmobility[EB/OL]. (2016-07-20)[2023-12-12]. https://ec. europa. eu/commission/presscorner/detail/en/MEMO_16_2497.

[28] 蒋小谦,奚文怡,房伟权,等. 武汉市交通碳排放达峰路径研究[R]. 北京: 世界资源研究所,2019.

[29] 邵丹, 李涵. 城市客运交通电动化碳减排效益和碳达峰目标——以上海市为例[J]. 城市交通,2021,19(5):53-58+42.

[30] Lefevre B,Enriquez A. Transport Sector Key to Closing the World's Emissions Gap. [EB/OL]. (2014-09-19)[2023-12-12]. https://www. wri. org/insights/transport-sector-key-closing-worlds-emissions-gap.

[31] International Energy Agency. Tracking Transport 2020[EB/OL]. [2022-01-20]. https://www. iea. org/reports/trackingtransport-2020.

[32] 高德地图,中国社会科学院,等. 2018 年度中国主要城市交通分析报告[R/OL]. (2019-01-21)[2023-02-14]. http://www. 199it. com/archives/823584. html.

[33] 中华人民共和国气候变化第一次两年更新报告[EB/OL]. (2016-12)[2023-02-14]. http://www. mee. gov. cn/ywgz/ydqhbh/wsqtkz/201904/P020190419522735276116. pdf.

[34] 张树伟,姜克隽,刘德顺. 中国交通发展的能源消费与对策研究[J]. 中国软科学,2006(5):58-62.

[35] 李枭, 余海涛. 碳达峰目标下道路运输行业低碳发展路径思考与建议[J]. 交通节能与环保,2021,17(5):1-3,13.

[36] 欧阳斌,凤振华,李忠奎,等. 交通运输能耗与碳排放测算评价方法及应用——以江苏省为例[J]. 软科学,2015,29(1):139-144.

[37] 周乃杰. 公路运输节能降耗发展策略研究[J]. 黑龙江科技信息,2017(14):251.

[38] 刘建国,朱跃中,田智宇. "碳中和"目标下我国交通脱碳路径研究[J]. 中国能源,2021,43(5):6-12+37.

[39] 国家发展和改革委员会,国家能源局. 能源技术革命创新行动计划

(2016—2030 年)[EB/OL].(2016-06-01)[2023-02-14].http://www.nea.gov.cn/2016-06/01/c_135404377.htm.
[40] 王颖,宋苏,邱诗永,等.拥堵收费和低排放区国际经验研究[R].北京:世界资源研究所,2016.
[41] 邱诗永,宋苏,王颖,等.北京低排放区和拥堵收费政策减排效果方法研究[R].北京:世界资源研究所,2018.
[42] 亚洲开发银行.北京交通需求管理政策[R/OL].(2017-07)[2023-02-14].https://www.adb.org/zh/publications/travel-demand-management-options-beijing.
[43] 任虔英.国外地铁节能新技术[C]//陕西省电网节能质量技术学会.2015 年全国电网节能与电能质量学术交流会.中铁第一勘察设计院集团有限公司,2015:2.
[44] 能源汇.碳中和,将给物流业带来哪些变化[R/OL].(2021-04-30)[2023-02-14].https://xw.qq.com/amphtml/20210430A01RKZ00.
[45] 褚晨晨.碳中和视角下城市零碳交通发展策略研究[C]//中国城市规划学会,成都市人民政府.面向高质量发展的空间治理—2021 中国城市规划年会论文集(06 城市交通规划),山东建筑大学,2021:9.
[46] 上海市城乡建设和交通发展研究院.2021 年上海市综合交通运行年报[R].上海:上海市城乡建设和交通发展研究院,2021.
[47] 上海市交通发展研究中心.2021 上海市交通行业发展报告[R].上海:上海市交通发展研究中心,2021.
[48] 中国汽车工程学会.节能与新能源汽车技术路线图 2.0[M].北京:机械工业出版社,2020.
[49] 上海市经济信息中心.上海节能低碳和应对气候变化网温室气体换算小工具[Z].上海:上海市经济信息中心,2022.
[50] 邵丹,李涵.城市客运交通电动化碳减排效益和碳达峰目标——以上海市为例[J].城市交通,2021,19(5):53-58.
[51] Buehler R,Pucher J. Sustainable Transport in Freiburg: Lessons from Germany's Environmental Capital[J]. International Journal of Sustainable Transportation,2011,5(1):43-70.
[52] 约翰·普切尔,拉尔夫·比勒,孙苑鑫.难以抵挡的骑行诱惑:荷兰、丹

麦和德国的自行车交通推广经验研究[J].国际城市规划,2012(5):26-42.

[53] 刘涟涟,陆伟.德国城市中心步行区规划策略:以弗赖堡为例[J].国际城市规划,2013(1):104-110.

[54] 能源基金会.以张家口为代表的寒冷地区氢燃料电池公交车应用评估及发展建议[R/OL].(2022-04-26)[2023-02-14].https://www.efchina.org/Reports-zh/report-ctp-20220426-2-zh.

[55] 深圳之窗.2021年深圳市公交出行宣传周介绍[Z/OL].(2021-09-18)[2023-02-14].https://m.shenchuang.com/show/1607310.shtml.

[56] 李丽,王晓颖.双碳目标下北京城市交通结构优化研究[J].交通节能与环保, 2022, 18(2):5.

[57] 祝月艳,吴松泉,石红.英国推动电动汽车发展的政策措施及对我国的经验借鉴[J].汽车纵横,2020(10):54-60.

[58] 中国电动汽车百人会.汽车、交通、能源协同实现碳达峰碳中和目标、路径与政策研究[R].北京:中国电动汽车百人会,2021.

[59] 余柳.新加坡面向碳中和的长期发展战略解读[R/OL].(2021-12-03)[2024-02-27].https://mp.weixin.qq.com/s/aEIlit7PjFgNoL1qHRIm1A.

[60] 碳中和背景下德国能效政策研究报告[R/OL].(2022-05-25)[2024-02-27].https://baijiahao.baidu.com/s?id=1733784440779945493&wfr=spider&for=pc.

[61] 中国交通低碳转型发展战略与路径研究课题组.碳达峰碳中和目标下中国交通低碳转型发展战略与路径研究[M].北京:人民交通出版社股份有限公司,2021.

[62] 李振宇,江玉林,牛犇.城市交通低碳发展路径与政策[M].北京:人民交通出版社股份有限公司,2016.

[63] 毛保华,陈硕,吴雪妍,等.碳达峰目标下我国城市客运交通发展的引导策略研究[J].交通运输研究,2022,8(3):21-29.

[64] 伊文婧.共享出行对客运交通能耗的影响研究[J].中国能源,2019,41(5):17-22.

[65] Paris City Hall. Zone àFaibles Emissions[EB/OL].(2021-07-15)[2024-02-29].https://www.data.gouv.fr/fr/datasets/zone-a-faibles-emissions-

zfe/#: ~ : text = La% 20Ville% 20de% 20Paris% 20a, qualit% C3% A9% 20de% 20l'air.

[66] 清洁空气政策伙伴关系. 基于双碳目标加速道路交通电动化转型[R/OL]. (2022-06-28)[2023-02-14]. https://baijiahao.baidu.com/s?id=1736845606855896551&wfr=spider&for=pc.

[67] 赵若粤. 太原市地面常规公交与城市轨道交通合作研究[J]. 智能城市,2021,7(19):124-125.

[68] 卫蓝,包路林,王建宙. 北京低碳交通发展的现状、问题及政策措施建议[J]. 公路,2011(5):209-213.

[69] 杨新苗,王亚华,田中兴. 中国特色绿色交通城市发展战略与对策研究[J]. 城市发展研究,2018,25(5):19-24.

[70] 程豪. 碳排放怎么算:2006 年 IPCC 国家温室气体清单指南[J]. 中国统计,2014(11):28-30.

[71] 中华人民共和国国务院办公厅. 国务院办公厅关于印发新能源汽车产业发展规划(2021—2035 年)的通知[EB/OL]. (2020)[2021-04-03]. http://www.gov.cn/zhengce/content/2020-11/02/content_5556716.htm.

[72] 中华人民共和国国务院新闻办公室. 中国交通的可持续发展[R/OL]. (2020)[2021-03-02]. http://www.gov.cn/xinwen/2020-12/22/content_5572212.htm.

[73] 中共中央　国务院. 中共中央　国务院印发交通强国建设纲要[R/OL]. 2019[2021-03-02]. http://www.gov.cn/zhengce/2019-09/19/content_5431432.htm.

[74] 交通运输部,国家发展改革委. 交通运输部　国家发展改革委关于印发《绿色出行创建行动方案》的通知[R/OL]. 2020[2021-03-02]. http://www.gov.cn/zhengce/zhengceku/2020-07/26/content_5530095.htm.

[75] 中共中央　国务院. 中共中央　国务院印发《国家综合立体交通网规划纲要》[R/OL]. 2021[2021-03-02]. http://www.gov.cn/zhengce/2021-02/24/content_5588654.htm.

[76] 许晔,王钧,刘爽爽,等. 深圳市主要道路交通碳排放特征与低碳交通发展情景研究[J]. 北京大学学报(自然科学版),2018,54(1):146-156.

[77] 吴江月,周江评. 英国净零交通关键政策、达标路径与发展经验[J]. 城市交通, 2021,19(5):26-35,65.

[78] Department of Transport. Decarbonising Transport: Setting the Challenge [R/OL]. 2020[2021-08-01]. https://assets. publishing. service. gov. uk/government/uploads/system/uploads/attachment_data/file/932122/decarbonising-transport-setting-the-challenge. pdf.

[79] Department of Transport. Decarbonising Transport: A Better, Greener Britain [R/OL]. 2021[2021-08-01]. https://assets. publishing. service. gov. uk/government/uploads/system/uploads/attachment_data/file/1007194/decarbonising-transport-a-better-greener-britain. pdf.

[80] 奚文怡,蒋慧,鹿璐,等. 城市的交通"净零"排放:路径分析方法、关键举措和对策建议[R]. 北京:世界资源研究所,2020.

[81] 王颖,宋苏,邱诗永,等. 拥堵收费和低排放区国际经验研究[R]. 北京:世界资源研究所,2016.

[82] 安锋,康利平,秦兰芝,等. 中国传统燃油汽车退出时间表研究[R]. 北京:能源与交通创新中心(iCET),2019.

[83] European Commission. A European Strategy for Low-Emission Mobility [EB/OL]. (2016-07-20)[2024-02-26]. https://eur-lex. europa. eu/resource. html? uri = cellar: e44d3c21-531e-11e6-89bd-01aa75ed71a1. 0002. 02/DOC_1&format = PDF.

[84] Nic L. Global climate change mitigation potential from a transition to electric vehicles[R]. (2015-12-05)[2024-02-29]. https://www. theicct. org/sites/default/files/publications/ICCT_ghg-reduction-potential-evs_201512. pdf.

[85] Bloomberg New Energy Finance. New Energy Outlook 2017[EB/OL]. (2017-07-20)[2024-03-05]. https://assets. bbhub. io/professional/sites/24/NEO-Executive-Summary-2021. pdf.

[86] 中国汽车工程学会, 节能与新能源技术路线图战略咨询委员会. 节能与新能源汽车技术路线图[R]. 北京:中国汽车工程学会,2016.

[87] iCET. 2017 中国乘用车燃料消耗量发展年度报告[R]. 北京:能源与交通创新中心(iCET),2017.

[88] 毛保华,卢霞,黄俊生,等. 碳中和目标下氢能源在我国运输业中的发展路径[J]. 交通运输系统工程与信息, 2021,21(6):234-243.
[89] 黄黎晨,曹乔松. 碳中和目标下交通领域绿色发展对策分析[J]. 城市交通, 2021,19(5):36-42.
[90] European Commission. A hydrogen strategy for a climate neutral Europe [EB/OL]. (2020-07-08) [2021-10-01]. https://eur-lex. europa. eu/legal-content/EN/TXT/? uri = CELEX:52020DC0301.
[91] Department of energy. Hydrogen program plan [EB/OL]. (2020-11-12) [2021-10-23]. https://www. hydrogen. energy. gov/pdfs/hydrogen-program-plan-2020. pdf.
[92] 日本内阁官方. 氢能基本战略. [EB/OL]. (2017-12-26)[2021-10-20]. https://www. cas. go. jp/ jp/ seisaku/saisei_energy/ pdf/ hydrogen_basic_strategy. pdf.
[93] 邵志刚,衣宝廉. 氢能与燃料电池发展现状及展望[J]. 中国科学院院刊,2019,34(4):469-477.
[94] 陆潘涛,韩亚龙,戴瀚程. 1.5℃和2℃目标下中国交通部门2050年的节能减排协同效益[J]. 北京大学学报(自然科学版),2021,57(3):517-528.
[95] 中国政府网. 一张图看懂 GB 19578—2021《乘用车燃料消耗量限值》[EB/OL]. (2021-02-23)[2024-02-29]. https://www. gov. cn/xinwen/2021-02/23/5588420/files/102c596abb8c4280bc26d317827103fd. pdf.
[96] 刘建国,田智宇,朱跃中. 中国交通能源与碳达峰[M]. 北京:中国计划出版社,2021.
[97] 余柳. 国际视角下城市交通碳中和策略与路径研究[J]. 城市交通, 2021, 19(5):19-25 +81.
[98] 德州市交通运输投资发展集团. 德州首个“绿色低碳”公交场站启用[Z/OL]. (2022-10-13)[2023-02-14]. https://mp. weixin. qq. com/s/ZQQmtGo5boytPe22-xdzVg.
[99] 能源与交通创新中心. 广东省道路交通净零排放路线图[R]. 广东:能源与交通创新中心,2022.
[100] 中国城市轨道交通协会. 中国城市轨道交通绿色城轨发展行动方案

[EB/OL].(2022-08-19)[2023-12-12]. https://oss. camet. org. cn/u/cms/www/202208/26105158zq0a. pdf.

[101] 宇恒可持续交通研究中心. 中国城市绿色出行现状情况评估与未来发展策略[R]. 北京:宇恒可持续交通研究中心,2022.

[102] Huo, H., Q. Zhang, K. B. He, et al. 2012b. "Vehicle-Use Intensity in China: Current Status and Future Trend." Energy Policy 43 (C): 6-16.

[103] 欧训民,袁志逸,欧阳丹华. 中国碳中和愿景下交通部门能源碳排放研究[M]. 北京:经济管理出版社,2022.

[104] 王海林. 中国低碳交通转型机制与政策的模型仿真[D]. 北京: 清华大学, 2017.

[105] 世界资源研究所. 迈向碳中和目标:中国道路交通领域中长期减排战略[R]. 北京:世界资源研究所,2021.

[106] Wang H L, Ou X M, Zhang X L. Mode, technology, energy consumption and resulting CO_2 emissions in China's transport sector up to 2050[J]. Energy Policy, 2017(109):719-733.

[107] 刘俊伶, 孙一赫, 王克, 等. 中国交通部门中长期低碳发展路径研究[J]. 气候变化研究进展, 2018, 14(5): 513-521.

[108] 戴薇, 涂剑波. 共享经济蓝皮书: 自动驾驶技术与共享出行发展[M]. 北京: 社会科学文献出版社, 2019.

[109] 中国汽车工程学会. 节能与新能源汽车技术路线图 2.0 [M]. 北京: 机械工业出版社, 2020.

[110] Santhanakrishnan N, Emmanouil C, Constantinos A. Shared autonomous vehicle services: a comprehensive review [J]. Transportation Research Part C:Emerging Technologies, 2020(111):255-293.

[111] Brand C, Anable J, Tran M. Accelerating the transformation to a low carbon passenger transport system: the role of car purchase taxes, feebates, road taxes and scrappage incentives in the UK[J]. Transportation Research Part A: Policy and Practice, 2013(49):132-148.

[112] Beevers S, Carslaw D. The impact of congestion charging on vehicle emissions in London[J]. Atmospheric Environment, 2005(39):1-5.

[113] 冯相昭,赵梦雪,王敏,等. 中国交通部门污染物与温室气体协同控制

模拟研究[J]. 气候变化研究进展, 2021,17(3)：279-288.
[114] 黄莹,郭洪旭,廖翠萍,等. 基于LEAP模型的城市交通低碳发展路径研究——以广州市为例[J]. 气候变化研究进展, 2019, 15(6)：670-683.
[115] 李晓易,吴睿. 交通运输温室气体核算边界和测算方法研究[J]. 气候变化研究进展,2023,19(1):84-90.
[116] 戈秋虞,徐艺诺,邱荣祖,等. 基于系统动力学的城市客运交通减碳情景模拟研究[J]. 气候变化研究进展,2023,19(1):357-370.
[117] 中金公司研究部,中金研究院. 碳中和经济学[M]. 北京：中信出版社,2021.
[118] 李振宇,李超,廖凯. 城市交通碳排放监测评估研究与实践[M]. 北京:人民交通出版社股份有限公司,2017.
[119] LiZ,Zhu J,Liao K,Song W. Carbon Emission Reduction Effect Methodology of Constructing Transit Metropolis,Proceedings of the 22nd COTAInternational Conference of Transportation Professionals[C]. Changsha. 2022. Wasington:American Society of Civil Engineers,2022:1213-1220.
[120] 中国能源建设集团有限公司,等. 交通与能源融合发展报告2022[R]. 北京:中国能源建设集团有限公司,2022.
[121] 天津市交通运输委员会,等. 天津市交通运输领域绿色低碳发展实施方案[EB/OL]. (2022-12-30)[2024-03-05]. https://jtys. tj. gov. cn/ZWGK6002/ZCWJ_1/WZFWJ/202302/t20230206_6097336. html.
[122] 上海市交通委员会,等. 上海市交通领域碳达峰实施方案[EB/OL]. (2023-01-18)[2024-03-05]. https://www. shanghai. gov. cn/gwk/search/content/c611f44e6ee247739088c15679ba35e3.
[123] Chen Y, Gonder J, Young S, et al. Quantifying Autonomous Vehicles National Fuel Consumption Impacts: A Data-Rich approach [J]. Transportation Research Part A:Pdicy and Practice,2019(102):134-145.
[124] Gawron J,Keoleian G,De Kleine R,et al. Life Cycle Assessment of Connected and Automated Vehicles:Sensing and Computing Subsystem and Vehicle Level Effects[J]. Environmental Science & Technology,2018,52(5),3249-3256.

[125] 徐猛,刘涛,钟绍鹏,等. 城市智慧公交研究综述与展望[J]. 交通运输系统工程与信息,2022,22(2):91-108.

[126] 广州地铁集团有限公司,等. 轨道交通气候行动报告——迈向2060碳中和,绿色轨道交通发展机遇与挑战[R]. 广州:广州地铁集团有限公司,2022.

[127] 磨建功,董欣. 低碳城市空间形态影响因素归纳[C]// 中国城市规划学会. 城市时代,协同规划—2013 中国城市规划年会论文集 C09-绿色生态与低碳规划,北京建筑工程学院建筑与城市规划学院,西北大学城市与环境学院,2013:12.